LE NOUVEL ENTRAÎNEZ-VOUS

conjugaison

niveau intermédiaire

450

nouveaux
exercices

Odile GRAND-CLÉMENT

CLE

INTERNATIONAL

Direction éditoriale
Michèle Grandmangin

Responsable de projet
Édition multi-supports
Raphaëlle Mourey

Assistante d'édition
Brigitte Faucard

Conception graphique/Mise en page
DESK

© CLE International 2003 – ISBN 978.2.09.033591.0

AVANT-PROPOS

Le *Nouvel-Entraînez-vous, 450 nouveaux exercices de conjugaison* s'adresse à un public de niveau **intermédiaire** ou **avancé** en français. Il a comme objectif le **réemploi et la mémorisation des formes verbales** préalablement étudiées. Les exercices proposés permettent à l'apprenant de s'entraîner à conjuguer les verbes français en contexte.

Divisé en quinze chapitres, cet ouvrage couvre tous les modes et temps de la conjugaison française, à l'exception de l'imparfait du subjonctif. Le mode **indicatif** y occupe une place privilégiée, avec deux temps qui dominent : le présent, indispensable pour la formation des autres temps, et le passé composé, essentiel dans les situations de communication. Le passé simple et le passé antérieur sont traités plus brièvement, leur application étant limitée à la compréhension et à l'expression écrites. Les autres modes, **impératif, conditionnel, subjonctif, participe et infinitif**, présentant moins de difficultés morphologiques, constituent un quart de l'ouvrage, qui se termine par quelques exercices sur **la voix passive** à différents temps.

L'ordre d'apparition des verbes est le même que celui du *450 nouveaux exercices de conjugaison, niveau débutant*, à savoir : les verbes *être* et *avoir*, immédiatement suivis des verbes en *-er* (verbes du 1er groupe) et des semi-auxiliaires (*aller, venir, faire, pouvoir, vouloir, devoir, falloir* et *savoir*), puis classés d'après leur infinitif, les verbes en *-ir* (1er et 2e groupe), verbes en *-re*, et en *-oir*.

Les exercices composés de 8 phrases chacun, sont présentés avec des **consignes simples** et **un exemple** pour guider l'apprenant. Ils sont classés dans un même chapitre par ordre de **difficulté progressive**. Leur typologie est connue des apprenants : exercices à trous, exercices à choix multiple, exercices de transformation et de mise en relation. Le vocabulaire reste simple pour ne pas constituer un obstacle, mais, au contraire, éclairer le ou les différents *sens du verbe*.

Les bilans, à la fin de chaque chapitre, permettent une révision et une évaluation des acquisitions.

Le livret *Corrigés*, placé à l'intérieur de l'ouvrage, est une aide appréciable dans le cadre d'un apprentissage en autonomie.

L'entraînement proposé dans cet ouvrage n'est pas un maniement purement mécanique des formes verbales : grâce à une **mise en situation vivante et authentique**, l'apprenant mémorise non seulement **la morphologie** mais aussi **la valeur sémantique** des verbes et apprend à utiliser les différents temps de manière appropriée. Le contenu de cet ouvrage est également disponible sur **CD-ROM**, grâce auquel l'apprenant peut refaire les exercices jusqu'à ce que le contenu soit bien assimilé. Il peut être aussi utilisé pour des révisions qui permettent de rafraîchir ses connaissances en matière de conjugaison.

SOMMAIRE

I. PRÉSENT DE L'INDICATIF

A. VERBES *ÊTRE* ET *AVOIR*

1 | **Reliez les éléments.**

a. Cette chanson
b. Nous
c. Tu
d. Les invités
e. Cet incident
f. Il
g. Ce
h. Vous

1. n'as pas de plan de la ville ?
2. a de très graves conséquences.
3. sommes heureux de vous rencontrer.
4. sont des choses qui arrivent !
5. est très gaie.
6. êtes incroyables !
7. est temps de se mettre au travail.
8. ne sont pas encore là.

2 | **Rayez ce qui ne convient pas.**

Exemple : Tu ai/**es**/est très intelligent.

a. La musique *ai/es/est* trop forte.
b. Tu *ai/es/est* bien ici ?
c. J'*ai/es/est* mal à la tête.
d. La ville n'*ai/es/est* pas très loin.
e. Tu n'*ai/es/est* pas en colère ?
f. La pièce *ai/es/est* très claire.
g. J'*ai/es/est* trop chaud.
h. La vue *ai/es/est* splendide.

3 | *Ont* **ou** *sont* **? Rayez ce qui ne convient pas.**

Exemple : Les fêtes de Noël ont/**sont** un moment de joie.

a. Les rues *ont/sont* illuminées.
b. Les magasins *ont/sont* très animés.
c. Les gens *ont/sont* l'habitude de dépenser beaucoup à cette saison.
d. Les vitrines *ont/sont* bien décorées.
e. Les jouets *ont/sont* beaucoup de succès.
f. Les parents *ont/sont* parfois du mal à trouver des idées de cadeaux.
g. Les enfants *ont/sont* envie de mille choses.
h. Les grands-parents *ont/sont* l'occasion de voir leurs petits-enfants.

4 | Complétez avec *être* ou *avoir*.

Exemple : Vous **avez** bon cœur : vous **êtes** généreux.

a. Lise .... un grand sens de l'humour : elle .... vraiment drôle.

b. Nous .... beaucoup de points communs et .... très proches.

c. Les examinateurs n'................. aucune pitié : ils .... intraitables.

d. Tu .... un nouveau costume ! Tu .... très chic !

e. Je .... consciente que j'................. beaucoup de défauts.

f. Ce restaurant .... sympathique et .... une agréable petite terrasse.

g. On .... de la chance car on .... en bonne santé.

h. Vous .... du mal à comprendre car vous n'................. pas d'ici.

5 | Mettez dans l'ordre.

Exemple : A/partir/t/de/?/intention/-/il/l'/- → ***A-t-il l'intention de partir ?***

a. vous/-/Êtes/très/?/vraiment/pressé → ....

b. très/tu/envie/-/As/venir/?/de → ....

c. Est/prête/-/elle/?/déjà → ....

d. très/-/vous/?/faim/Avez → ....

e. t/A/-/mal/-/comprendre/elle/?/à/du → ....

f. la/Est/-/solution/ce/?/bonne → ....

g. une/t/proposer/-/il/?/-/idée/à/A → ....

h. possibilité/-/il/autre/Y/t/?/a/-/une → ....

B. VERBES EN *-ER*

6 | Cochez la valeur du présent dans chaque phrase.

Exemple : Les nouvelles du monde entier affluent chaque jour à l'A.F.P.

   1. ☒ *Présent actuel*   **2.** ☐ Passé   **3.** ☐ Futur proche

a. L'année où elle le rencontre, il prépare le concours de l'agrégation.

   1. ☐ Présent actuel   **2.** ☐ Passé   **3.** ☐ Futur proche

b. Tu diriges une équipe d'ingénieurs ?

   1. ☐ Présent actuel   **2.** ☐ Passé   **3.** ☐ Futur proche

c. En décembre prochain, les députés examinent un nouveau projet de loi.

   1. ☐ Présent actuel   **2.** ☐ Passé   **3.** ☐ Futur proche

d. C'est dans la rue de la Ferronnerie, à Paris, que Ravaillac assassine le bon roi Henri.

   1. ☐ Présent actuel   **2.** ☐ Passé   **3.** ☐ Futur proche

e. À quelle heure arrivez-vous vendredi ?

   1. ☐ Présent actuel   **2.** ☐ Passé   **3.** ☐ Futur proche

f. Nous comptons sur vous pour transmettre l'information.

   1. ☐ Présent actuel   **2.** ☐ Passé   **3.** ☐ Futur proche

g. Je plaisante et, tout à coup, elle éclate en sanglots.

    1. ☐ Présent actuel   **2.** ☐ Passé   **3.** ☐ Futur proche

h. Cette année-là, la France remporte le prix international de la chanson.

    1. ☐ Présent actuel   **2.** ☐ Passé   **3.** ☐ Futur proche

7 | Reliez les éléments.

a. L'Assemblée Nationale	1. votes pour les élections municipales ?
b. Dans les cérémonies officielles, on	2. déclarez vos impôts en France ?
c. Tu ————————————	3. ne milite pour aucun parti politique.
d. Nous	4. représente le peuple français.
e. Vous	5. ne faisons plus de service militaire.
f. Le premier ministre	6. joue la Marseillaise.
g. Le 1ᵉʳ mai, les syndicats	7. nomme les ministres.
h. Je	8. défilent pour la fête du travail.

8 | Complétez au présent avec la terminaison qui convient : -e, -es ou -ent.

Exemple : Le mot Terre désign**e** la planète.

a. Les étoiles brill…… dans le ciel.

b. Tu rêv…… d'aller sur Mars ?

c. La lune nous éclair…… la nuit.

d. Parfois la terre trembl……

e. Les volcans entr…… en éruption.

f. Les fleuves débord……

g. Le vent arrach…… les arbres.

h. Tu respect…… la nature ?

9 | Dites le contraire : employez le verbe de sens opposé *(privatiser, dépenser, augmenter, déconseiller, annuler, chuter, prêter, monter, retirer).*

Exemple : On nationalise cette banque. → ***On privatise cette banque.***

a. Je vous conseille de prendre un crédit sur 20 ans.

→ ....

b. Nous vous empruntons cette somme sans intérêt.

→ ....

c. Mes beaux-parents économisent beaucoup d'argent.

→ ....

d. Tu déposes une grosse somme ?

→ ....

e. Le coût de la vie diminue.

→ ....

f. Les prix baissent.

→ ....

g. Vous confirmez ce virement bancaire ?

→ ....

h. Les actions grimpent.

→ ....

10 **Répondez.**

Exemple : Est-ce que tu répares ce que tu casses ? → Oui, je *répare ce que je casse.*

a. Est-ce que tu mémorises ce que tu notes par écrit ?

→ Oui, je ....

b. Est-ce que vous pensez que vous progressez ?

→ Oui, nous ....

c. Quand vous invitez vos amis, est-ce que vous cuisinez ?

→ Bien sûr, quand nous ....

d. Est-ce que tu compares les prix quand tu achètes ?

→ Évidemment, je ....

e. Quand vous discutez d'un sujet sensible, est-ce que vous gardez votre calme ?

→ Normalement oui, quand nous ....

f. Est-ce que vous trouvez tout ce que vous cherchez sur Internet ?

→ Non, nous ....

g. Quand tu consultes ton médecin, tu lui poses beaucoup de questions ?

→ Oui, quand je ....

h. Est-ce que tu rêves beaucoup et est-ce que tu racontes tes rêves ?

→ Non, je ....

11 **Rayez ce qui ne convient pas.**

Exemple : La situation *évolue*/~~*évoluent*~~ de jour en jour.

a. Les ouvriers *crie/crient* leur colère.

b. Ils *multiplie/multiplient* les grèves.

c. On *distribue/distribuent* des tracts.

d. La direction ne *plie/plient* pas.

e. Je *paries/parie* que cela va mal finir.

f. Les journaux *publie/publient* des articles alarmistes.

g. Le gouvernement *étudie/étudient* des solutions.

h. Tout le monde *bénéficie/bénéficient* d'un délai de réflexion.

12 **Complétez au présent.**

Exemple : Une histoire bouleversante est une histoire qui vous *bouleverse*.

a. Un enfant remuant est un enfant qui .... beaucoup.

b. Un voyage fatigant est un voyage qui vous ....

c. Des opinions divergentes sont des opinions qui ....

d. La semaine précédente est la semaine qui ....

e. Une chaise pliante est une chaise qu'on ....

f. Une situation désespérante est une situation qui vous ....
g. Une lotion purifiante est une lotion qui ....
h. Une personne provocante est une personne qui .... les autres.

13 **Répondez négativement avec** *nous***.**

    Exemple :   Est-ce que vous engagez de nouveaux employés ?

    → ***Non, nous n'engageons pas de nouveaux employés.***

a. Est-ce que vous déménagez cette année ?

→ ....

b. Est-ce que vous remplacez votre vieux canapé ?

→ ....

c. Est-ce que vous recommencez à fumer ?

→ ....

d. Est-ce que vous mélangez le sucré et le salé ?

→ ....

e. Est-ce que vous dérangez les voisins avec votre musique ?

→ ....

f. Est-ce que vous rédigez une thèse de doctorat ?

→ ....

g. Est-ce que vous mangez beaucoup de viande ?

→ ....

h. Est-ce que vous placez votre argent en bourse ?

→ ....

14 **Complétez au présent avec les verbes entre parenthèses.**

    Exemple :   Nous ***changeons*** de tactique. (changer)

a. Nous vous .... un défi. (lancer)

b. Vous .... notre point de vue ? (partager)

c. Nous ....   la sécurité. (renforcer)

d. Comment ....-vous ce mot ? (prononcer)

e. Nous .... les passagers à attacher leur ceinture. (obliger)

f. Vous .... en première ou en seconde ? (voyager)

g. Nous .... ces méthodes. (dénoncer)

h. Nous .... un article sur la question. (rédiger)

15 **Changez le singulier en pluriel et vice versa.**

    Exemple :   J'appelle un taxi. → ***Nous appelons un taxi.***

    Vous congelez le poisson que vous achetez sur le marché ?

    → ***Tu congèles le poisson que tu achètes sur le marché ?***

a. Vous appelez souvent le centre de renseignements ?

→ ....

b. Tu projettes d'aller passer un week-end en Normandie ?

→ ....

c. Nous rejetons totalement cette proposition.

→ ....

d. Comment épelez-vous ce mot ?

→ ....

e. Je te rappelle que tu as rendez-vous à 10 heures.

→ ....

f. Vous jetez l'argent par les fenêtres.

→ ....

g. Je jette ces vieux journaux, d'accord ?

→ ....

h. Il m'appelle de temps en temps.

→ ....

16 Reliez les éléments.

a. Les citoyens   1. vouvoient leur institutrice.
b. Cette conférence   2. ne paies pas de loyer ?
c. J'   3. payent des impôts.
d. Vous   4. vous envoyons une lettre recommandée.
e. Les enfants   5. appuyez sur ce bouton.
f. Nous   6. m'ennuie.
g. La mairie   7. emploie dix jardiniers.
h. Tu   8. essaie de comprendre.

17 Complétez avec -é ou -è.

Exemple : Vous préférez dedans ou dehors ?

a. Ce couple él...ve ses enfants d'une manière très stricte.
b. Pourquoi est-ce que tu n'accél...res pas maintenant ?
c. Nous esp...rons que tout va bien.
d. Vous r...glez comment ?
e. Tu poss...des des actions de cette entreprise ?
f. Mes parents nous emm...nent au restaurant ce soir.
g. Vous consid...rez que c'est une cause perdue ?
h. Je te rép...te que c'est urgent.

18 Complétez au présent avec les verbes entre parenthèses.

Exemple : Cet écrivain **achève** son douzième roman. (achever)

a. Son style .... la complexité de sa personnalité. (refléter)
b. Les critiques .... que c'est un génie. (considérer)
c. Nous .... à cette opinion. (adhérer)
d. Vous .... l'impact de son œuvre ! (exagérer)
e. Moi, je .... ses premiers romans. (préférer)
f. La parution de ce livre .... à un long silence. (succéder)

g. L'auteur nous .... dans un monde fantastique. (emmener)

h. Il .... une imagination étonnante. (posséder)

C. SEMI-AUXILIAIRES

19 | Cochez à quelle valeur du présent correspondent ces phrases.

Exemple : Le rapport ne doit pas être en anglais.

  1. ☐ Probabilité 2. ☐ Capacité 3. ☒ *Obligation* 4. ☐ Demande

a. Peux-tu me passer le sel ?

  1. ☐ Probabilité **2.** ☐ Capacité **3.** ☐ Obligation **4.** ☐ Demande

b. Ils ne peuvent pas dire pourquoi ils font cela.

  1. ☐ Probabilité **2.** ☐ Capacité **3.** ☐ Obligation **4.** ☐ Demande

c. Les étudiants doivent remettre leur copie à la fin de l'heure.

  1. ☐ Probabilité **2.** ☐ Capacité **3.** ☐ Obligation **4.** ☐ Demande

d. À cette heure, elle doit être chez elle.

  1. ☐ Probabilité **2.** ☐ Capacité **3.** ☐ Obligation **4.** ☐ Demande

e. Anne-Marie peut taper aussi vite qu'une dactylo.

  1. ☐ Probabilité **2.** ☐ Capacité **3.** ☐ Obligation **4.** ☐ Demande

f. Vous pouvez me donner l'heure exacte ?

  1. ☐ Probabilité **2.** ☐ Capacité **3.** ☐ Obligation **4.** ☐ Demande

g. Mon collègue sait très bien négocier des contrats.

  1. ☐ Probabilité **2.** ☐ Capacité **3.** ☐ Obligation **4.** ☐ Demande

h. Vous devez bien avoir une idée sur la question.

  1. ☐ Probabilité **2.** ☐ Capacité **3.** ☐ Obligation **4.** ☐ Demande

20 | Complétez avec *pouvoir* à la forme affirmative ou négative.

Exemple : Un pays ingouvernable est un pays qu'on *ne peut pas* gouverner.

a. Un argument dissuasif est un argument qui .... dissuader.

b. Un mouchoir jetable est un mouchoir que vous .... jeter.

c. Des attitudes inadmissibles sont des attitudes qu'on .... admettre.

d. Un effet mesurable est un effet que tout le monde .... mesurer.

e. Une faute pardonnable est une faute que je .... pardonner.

f. Un dessert irrésistible est un dessert auquel tu .... résister.

g. Un élément incontrôlable est un élément que nous .... contrôler.

h. Un air irrespirable est un air qu'on .... respirer.

21 | *Aller* ou *venir* ? Rayez les réponses incorrectes.

Exemple : Est-ce que tout l'argent *va*/~~vient~~ vraiment à la recherche ?

a. Tu *vas/viens* chez moi ce soir ?

b. Toutes les deux *vont/viennent* chez le même coiffeur.

c. Énervé, il *va/vient* et *va/vient* dans la pièce.

d. Nous *allons/venons* chercher mes cousins à l'aéroport.

e. Ces bijoux lui *vont/viennent* de sa grand-mère.

f. D'où *allez/venez*-vous ?

g. Ne quittez pas ! je *vais/viens* voir s'il est là.

h. Une idée me *va/vient* à l'esprit.

22 | Mettez dans l'ordre.

Exemple : vont/Les/ne/pas/./affaires/bien → ***Les affaires ne vont pas bien.***

a. qui/parler/voulez/?/À-/vous → ....

b. ne/Personne/ici/jamais/./vient → ....

c. vous/peux/ne/./pas/renseigner/Je → ....

d. pas/réserver/ne/faut/./Il → ....

e. fumer/pas/devez/ne/./Vous/ici → ....

f. Ils/rien/doivent/modifier/./ne → ....

g. savent/absolument/ne/Ils/rien/./ → ....

h. Personne/les/ne/croire/./veut → ....

23 | *Savoir* ou *connaître* ? Rayez ce qui ne convient pas.

Exemple : Tu ~~connais~~/**sais** à quelle heure commence le spectacle ?

a. Vous *connaissez/savez* le titre de ce roman ?

b. Je ne *connais/sais* pas quoi penser de tout cela.

c. Les gens ne *connaissent/savent* pas ce qui se passe.

d. Nous *connaissons/savons* les raisons de son refus.

e. Sébastien *connaît/sait* comment y aller.

f. Vous *connaissez/savez* que c'est une vraie folie !

g. Je ne *connais/sais* pas cette région de France.

h. Les autres *connaissent/savent* le lieu du rendez-vous.

24 | Complétez avec *avoir* et *faire*.

Exemple : Nous ***avons*** pitié d'eux. Ils nous ***font*** pitié.

a. Cette histoire me .... peur. J'................. vraiment peur.

b. Il .... le plaisir de t'inviter à l'inauguration. Cela lui .... très plaisir.

c. J'................. mal : mon genou me .... horriblement mal.

d. Il .... chaud ici : on .... trop chaud.

e. Nous .... de la peine : cela nous .... de la peine d'apprendre cette nouvelle.

f. Vous .... confiance en elle, n'est-ce pas ? Vous lui .... confiance ?

g. Ce gâteau me .... envie. J'................. envie de l'acheter.

h. Tu me .... honte ! Tu n'................. pas honte de dire cela ?

25 Posez des questions avec le verbe *devoir* et les éléments donnés.

    Exemple :   Que/nous/faire.

                → ***Qu'est-ce que nous devons faire ?/Que devons-nous faire ?***

a. Quand/vous/prendre le train.

→ ....

b. Qui/je/annoncer.

→ ....

c. Combien/ils/à leur propriétaire.

→ ....

d. À qui/nous/écrire.

→ ....

e. Pourquoi/tu/y aller.

→ ....

f. Quel jour/il/rendre ce travail.

→ ....

g. Pourquoi/on/remplir cette fiche.

→ ....

h. Comment/elle/répondre à cette lettre.

→ ....

26 Formez des phrases en utilisant le verbe *faire*.

    Exemple :   Il/la/travailler. → ***Il la fait travailler.***

a. Elle/me/comprendre. → ....

b. Ils/les/chanter. → ....

c. Je/te/manger. → ....

d. Il/la/danser. → ....

e. Tu/me/rire. → ....

f. Vous/nous/marcher. → ....

g. Ils/nous/payer. → ....

h. Je/le/lire. → ....

27 Complétez ces proverbes avec les verbes entre parenthèses.

    Exemple :   Quand le vin est tiré il ***faut*** le boire. (falloir)

a. Qui .... le plus, ... le moins. (pouvoir)

b. La parole .... d'argent mais le silence .... d'or. (être)

c. L'habit ne .... pas le moine. (faire)

d. L'appétit .... en mangeant. (venir)

e. Il .... les yeux plus grands que le ventre. (avoir)

f. Qui .... voyager loin ménage sa monture. (vouloir)

g. Il ne .... pas vendre la peau de l'ours avant de l'avoir tué. (falloir)

h. Qui .... doucement .... sûrement. (aller)

28 Mettez au pluriel.

> *Exemple :* Un professeur doit suivre un programme précis.
>
> → ***Les professeurs doivent suivre un programme précis.***

a. L'inspecteur vient inspecter la classe.

→ ....

b. En France, un enfant va à l'école dès l'âge de 3 ans.

→ ....

c. Un élève sait normalement lire à 7 ans.

→ ....

d. Un collégien doit apprendre au moins une langue étrangère.

→ ....

e. Un lycéen fait beaucoup de devoirs à la maison.

→ ....

f. Un étudiant a plus de liberté qu'un lycéen.

→ ....

g. Ce jeune homme ne peut pas trouver facilement du travail.

→ ....

h. Un adulte veut parfois reprendre des études.

→ ....

29 **Complétez avec les verbes qui conviennent** *(être, avoir, aller, venir, faire, pouvoir, vouloir, devoir, falloir, savoir).*

> *Exemple :* Je ne **suis** pas là à Noël, je **vais** en Suisse.

a. Ségolène .... l'air jeune : elle ne .... pas son âge.

b. Vous ne .... pas où .... mes lunettes ?

c. Tu .... boire quelque chose ? J'................. des jus de fruits ou du cidre.

d. Vous .... fatigué, vous .... vous reposer.

e. Nous n'................. pas votre adresse. ....-vous nous la donner ?

f. Il .... me dire quand vous .... à Paris.

g. Que ....-vous quand vous .... déprimé ?

h. Je .... voir si vous .... tout ce qu'il vous ....

D. VERBES EN -IR, -RE, -OIR

30 **Rayez ce qui ne convient pas.**

> *Exemple :* Pourquoi est-ce que les négociations n'~~aboutit~~/**aboutissent** pas ?

a. Avec cette lotion, les ongles *durcit/durcissent.*

b. L'avion *atterrit/atterrissent* dans une heure.

c. Les enfants *grandit/grandissent.*

d. Ce shampooing *éclaircit/éclaircissent* les cheveux.

e. Les ingénieurs *réfléchit/réfléchissent* sur ce problème.

f. Virginie *réunit/réunissent* tous ses amis le jour de l'an.

g. Cette nouvelle pièce *enrichit/enrichissent* ma collection.

h. Le film *finit/finissent* à 19 heures.

31 **Posez des questions avec *vous* et les verbes entre parenthèses.**

Exemple : **Finissez**-vous tard le soir ? (finir)

a. ....-vous quelquefois ? (rougir)

b. Comment ....-vous l'« amitié » ? (définir)

c. ....-vous aux conséquences de vos actes ? (réfléchir)

d. ....-vous toujours avec conviction ? (applaudir)

e. ....-vous tout ce que vous faites ? (réussir)

f. ....-vous votre maison ? (fleurir)

g. ....-vous dans l'immobilier ? (investir)

h. ....-vous la solution la plus facile ? (choisir)

32 **Cochez les verbes qui fonctionnent comme des verbes en *-er*, au présent.**

Exemple : ☒ ouvrir

a. ☐ souffrir

b. ☐ sortir

c. ☐ courir

d. ☐ offrir

e. ☐ servir

f. ☐ découvrir

g. ☐ cueillir

h. ☐ agir

33 **Répondez affirmativement ou négativement, selon votre situation.**

Exemple : Quand vous marchez dans votre ville, découvrez-vous de nouvelles rues ?

→ ***Oui, quand je marche dans ma ville, je découvre de nouvelles rues.***

→ ***Non, quand je marche dans ma ville, je ne découvre pas de nouvelles rues.***

a. Quand vous arrivez dans une pièce surchauffée, ouvrez-vous la fenêtre ?

→ ....

b. Si on vous agresse, est-ce que vous réagissez violemment ?

→ ....

c. Le 1ᵉʳ janvier organisez-vous une fête et offrez-vous des cadeaux ?

→ ....

d. Accueillez-vous beaucoup d'étrangers chez vous ou préférez-vous rester avec vos compatriotes ?

→ ....

e. Si vous découvrez qu'un ami vous ment, en souffrez-vous beaucoup ?

→ ....

f. Quand vous finissez de déjeuner avec des invités, offrez-vous toujours un café ?

→ ....

g. En général, le samedi, courez-vous les magasins ou restez-vous chez vous ?

→ ....

h. Parcourez-vous beaucoup de kilomètres par an et partez-vous à l'étranger ?

→ ....

34 Mettez au singulier.

Exemple : Ces fleurs sentent bon. → *Cette fleur sent bon.*

a. Mes amis partent loin de moi. → ....

b. Les petits dorment dans la chambre. → ....

c. Ces cigares viennent de Cuba. → ....

d. Ces terres appartiennent à mon oncle. → ....

e. Les bateaux sortent du port. → ....

f. Ces lignes servent à marquer la limite. → ....

g. Les jardiniers entretiennent la propriété. → ....

h. Les clients n'obtiennent pas satisfaction. → ....

35 Posez des questions avec *vous* et les éléments donnés.

Exemple : Revenir bientôt.

→ *Est-ce que vous revenez bientôt ? / Revenez-vous bientôt ?*

a. Partir en vacances. → ....

b. Bien dormir. → ....

c. Courir un risque. → ....

d. Sortir bientôt de l'hôpital. → ....

e. Tenir vos comptes. → ....

f. Bien entretenir sa voiture. → ....

g. Devenir facilement irritable. → ....

h. Soutenir cette politique. → ....

36 Complétez avec les verbes *naître*, *vivre* ou *mourir*.

Exemple : Je **meurs** de faim.

a. Nous .... d'impatience de la voir.

b. Ils .... d'amour et d'eau fraîche !

c. Nous .... dans une civilisation de l'image.

d. Dans les contes, les filles .... dans les roses.

e. Nous .... tous libres et égaux.

f. Trop de personnes .... dans les accidents de la route.

g. Le petit éléphant .... après 22 mois de gestation.

h. Je .... dans une petite ville de province.

37 Reliez les éléments pour former le verbe.

a. Nous di

b. Vous appre

c. Nous ven

d. Vous écri

e. Vous tradui

f. Nous inscri

g. Vous reconnai

h. Vous atten

1. sez.

2. vons.

3. vez.

4. nez.

5. ssez.

6. dez.

7. sons.

8. dons.

38 Complétez avec les verbes donnés entre parenthèses et le verbe *être*.

Exemple : Vous *prenez* vos désirs pour des réalités : vous *êtes* très optimistes. (prendre)

a. Elle ....la vie comme elle vient : elle .... philosophe. (prendre)

b. On n'................. que lui : il .... très bruyant. (entendre)

c. Ils .... leurs jambes à leur cou : ils .... effrayés. (prendre).

d. Vous .... les autres pour des imbéciles ! Vous .... vexants ! (prendre)

e. Je n'y .... rien : je .... perdu ! (comprendre)

f. Elle ne .... pas de son petit nuage : elle .... rêveuse. (descendre)

g. Nous ne l'................. pas de cette oreille : nous ne .... pas d'accord. (entendre)

h. Je n'................. que cela : je .... prêt. (attendre)

39 Mettez au pluriel.

Exemple : Je crains le mauvais temps. → *Nous craignons le mauvais temps.*

a. Cet artiste peint sur les murs de la ville. → ....

b. Tu me rejoins au café des Halles. → ....

c. La température atteint parfois 45 degrés. → ....

d. Je plains son mari ! → ....

e. Cet investisseur craint un krach boursier. → ....

f. Tu n'éteins jamais ton ordinateur ? → ....

g. Je joins une photo à ma lettre. → ....

h. Tu repeins ton appartement ? → ....

40 Complétez.

Exemple : Je vous *envoie* une lettre et j'y *joins* une photo. (envoyer/joindre)

a. Vous .... quand vous .... (éteindre/partir)

b. Je .... ses collègues qui l'................. à longueur de journée. (plaindre/entendre)

c. Nous .... et nous .... la cuisine. (nettoyer/repeindre)

d. Ils .... et ils .... une nouvelle crise. (pressentir/craindre)

e. Vous .... d'abord et nous vous .... plus tard. (partir/rejoindre)

f. Ils n'................. pas, ils nous .... de payer. (attendre/contraindre)

g. Si tu .... 100 points, tu .... ton objectif. (obtenir/atteindre)

h. Nous .... beaucoup et .... l'utile à l'agréable. (voyager/joindre)

41 | **Reliez les éléments (plusieurs possibilités).**

a. Ces projets de voyage

b. Vous

c. Les jeunes enfants

d. Est-ce que je

e. La télévision

f. Nous

g. Tu

h. Vous

1. admettons nos erreurs.

2. nous distrait.

3. me permets d'ajouter un mot ?

4. soustrais la T.V.A. ?

5. buvez trop de boissons sucrées.

6. nous décevez beaucoup.

7. croient au Père Noël.

8. me plaisent.

42 | **Complétez au présent avec la terminaison qui convient : -ts ou -t.**

Exemple : Je vous transme**ts** immédiatement ce message.

a. Cette association comba...... le racisme sous toutes ses formes.

b. Je te prome...... de te téléphoner quand j'arrive.

c. Tu comme...... une faute très grave !

d. Cette station de radio éme...... 24 heures sur 24.

e. Je vous soume...... une nouvelle idée.

f. Il adme...... qu'il n'a pas toujours raison.

g. Tu ba...... tout le monde à ce jeu.

h. Je me...... une jupe longue ou un pantalon ?

43 | **Trouvez les questions, avec *vous*, correspondant aux réponses.**

Exemple : Oui, j'émets des réserves. → ***Est-ce que vous émettez des réserves ? /***
Émettez-vous des réserves ?

a. Non, je ne promets pas de rester. → ....

b. Non, je ne mets pas de gants. → ....

c. Oui, je débats de ce problème avec mes amis. → ....

d. Oui, je remets mon rapport demain. → ....

e. Oui, j'admets que ce n'est pas simple. → ....

f. Oui, je vous permets de me tutoyer. → ....

g. Non, je ne compromets pas mes collègues. → ....

h. Oui, je combats l'injustice. → ....

44 | **Complétez au présent avec les verbes entre parenthèses.**

Exemple : Tu me **déçois** quand tu **crois** à toutes ces histoires. (décevoir/croire)

a. Quand on .... le ciel, on .... qu'il va pleuvoir. (voir/croire)

b. Alors qu'il .... dans le sud, on .... un beau soleil au nord. (pleuvoir/
prévoir)

c. Aujourd'hui on .... des machines qui .... le futur. (concevoir/prévoir).

d. Vous .... qu'on .... toujours des informations fiables ? (croire/recevoir)

e. Moi, je ne .... pas et parfois les prévisions me .... (croire/décevoir)

f. Les hommes .... que ce que les scientifiques .... est exact. (croire/prévoir)

g. Nous .... tant d'informations ! Est-ce que cela en .... vraiment la peine ? (recevoir/valoir)

h. Est-ce que vous ne .... que ce que vous .... ? (croire/voir)

45 | **Complétez ces proverbes avec les verbes entre parenthèses.**

Exemple : Qui ne ***dit*** mot ***consent***. (dire/consentir)

a. Qui .... (dormir/dîner)

b. Le monde .... à ceux qui se lèvent tôt. (appartenir)

c. Qui .... à la chasse .... sa place. (aller/perdre)

d. Chat échaudé .... l'eau froide. (craindre)

e. Plus on .... de fous, plus on .... (être/rire)

f. En mai, fais ce qu'il te .... (plaire)

g. Quand on .... du loup on en .... la queue. (parler/voir)

h. Mieux .... tard que jamais. (valoir)

46 | **Rayez ce qui ne convient pas.**

Exemple : J'***exclus***/~~excluent~~ cette possibilité.

a. Les enfants mal élevés *interrompt/interrompent* leurs parents.

b. Je le *convaincs/convainc* assez facilement.

c. Les scientifiques ne *résout/résolvent* pas tous les mystères.

d. Les kangourous *vit/vivent* en Australie.

e. Elle *suit/suivent* un régime très strict.

f. Léa et Jean *acquiert/acquièrent* une certaine notoriété.

g. Le prix n'*inclus/inclut* pas le transport aérien.

h. La police *poursuit/poursuivent* les criminels.

47 | **Complétez avec les terminaisons : -s ou -t.**

Exemple : Dans la liste des invités, j'inclu**s** Brigitte.

a. Cela ne résou... pas le problème.

b. J'acquier... petit à petit une certaine expérience.

c. Excusez-moi ! Je vous interromp... une minute.

d. Normalement, il conclu... cette affaire ce soir.

e. Je vi... dans la plus belle ville du monde.

f. Selon la tradition, on romp... le pain, on ne le coupe pas.

g. Tu sui........ un cours d'histoire de l'Art ?

h. La courbe du chômage croî... sensiblement.

E. VERBES PRONOMINAUX

48 Soulignez les verbes qui sont à la forme pronominale.

Exemple : On <u>se comprend</u> sans <u>se parler</u>.

a. Je te conseille de t'inscrire le plus tôt possible.

b. Il me dit comment je dois m'organiser.

c. Ils se lancent dans cette aventure sans se poser de questions.

d. Elle se demande si elle va te prêter sa voiture.

e. On se dit qu'il faut se réunir plus souvent.

f. Vous nous prévenez et nous nous arrangeons pour venir.

g. Je te rappelle que tu te lèves à 6 heures demain.

h. Il se propose de se porter volontaire.

49 Cochez la valeur du verbe à la forme pronominale.

Exemple : On se tient au courant.

　　　　1. ☐ Réfléchi　**2.** ☒ *Réciproque*　**3.** ☐ Passif

a. Nous nous entendons très bien.　　**1.** ☐ Réfléchi　**2.** ☐ Réciproque　**3.** ☐ Passif

b. Ils s'envoient des méls tous les jours. **1.** ☐ Réfléchi　**2.** ☐ Réciproque　**3.** ☐ Passif

c. Je m'étonne moi-même !　　　　　**1.** ☐ Réfléchi　**2.** ☐ Réciproque　**3.** ☐ Passif

d. On se revoit la semaine prochaine ?　**1.** ☐ Réfléchi　**2.** ☐ Réciproque　**3.** ☐ Passif

e. Ce vêtement se nettoie à sec.　　　**1.** ☐ Réfléchi　**2.** ☐ Réciproque　**3.** ☐ Passif

f. Les amoureux s'embrassent sur les bancs publics.

　　　　　　　　　　　　　　　　1. ☐ Réfléchi　**2.** ☐ Réciproque　**3.** ☐ Passif

g. Tu te tortures pour rien !　　　　　**1.** ☐ Réfléchi　**2.** ☐ Réciproque　**3.** ☐ Passif

h. Ça se vend comme des petits pains ! **1.** ☐ Réfléchi　**2.** ☐ Réciproque　**3.** ☐ Passif

50 Reliez les éléments.

a. Nous	A. vous	1. force à travailler.
b. Je	B. s'	2. considère privilégiés.
c. On	C. nous	3. assieds ici.
d. Vous	D. se	4. en vais.
e. Tu	E. me	5. attirent.
f. Les opposés	F. te	6. rends compte ?
g. Tu	G. m'	7. entraînez ensemble ?
h. Je	H. t'	8. apprécions beaucoup.

51 Complétez avec le pronom qui convient.

Exemple : Les deux sœurs *s'*asseyent au bout de la table.

a. Je ....installe à côté de la fenêtre.

b. Vous .... mettez devant moi.

c. Benjamin .... place entre Bernard et Zoé.

d. Catherine et Hélène ....éloignent un peu.

e. Puis nous .... avançons.

f. Les autres .... rapprochent un peu.

g. Toi, tu .... recules.

h. Et maintenant tout le monde .... donne la main.

52 | **Dites le contraire : remplacez par un verbe de sens opposé.**

Exemple : Vous parlez. → ***Vous vous taisez.***

a. On se fatigue. → ....

b. Tu t'énerves. → ....

c. Ils s'adorent. → ....

d. Nous nous amusons. → ....

e. La situation empire. → ....

f. J'oublie. → ....

g. Les formalités se simplifient. → ....

h. Vous vous réveillez ? → ....

53 | **Mettez dans l'ordre.**

Exemple : encore/Nous/pas/ne/./marions/nous

→ ***Nous ne nous marions pas encore.***

a. jamais/Tu/ne/./question/en/remets/te → ....

b. comparez/ne/Vous/pas/!/lui/à/vous → ....

c. Je/plus/./inquiète/du/ne/tout/m' → ....

d. rien/de/se/ne/doute/./Il → ....

e. encore/-/vous/disputez/vous/?/Pourquoi → ....

f. peu/se/de/contentent/./Ils → ....

g. ne/produit/conserve/bien/./se/pas/Ce → ....

h. en/Personne/s'/occupe/./ne/plus → ....

54 | **Posez des questions avec *vous* et les éléments donnés.**

Exemple : Se détendre le dimanche. → ***Est-ce que vous vous détendez le dimanche ?/***

Vous détendez-vous le dimanche ?

a. S'attacher aux détails. → ....

b. Se créer un monde imaginaire. → ....

c. Se confier à ses amis. → ....

d. Se fâcher avec ses amis. → ....

e. Se sentir bien dans sa peau. → ....

f. Se révolter contre l'injustice. → ....

g. Se rendre compte de sa chance. → ....

h. S'énerver facilement. → ....

55 Répondez négativement.

Exemple : Vous tenez-vous au courant de l'actualité littéraire ?

→ Non, nous *ne nous tenons pas au courant de l'actualité littéraire.*

a. Te souviens-tu de ce livre ?

→ Non, je ....

b. S'agit-il d'un roman ?

→ Non, il ....

c. Te rappelles-tu le nom de l'auteur ?

→ Non, je ....

d. Est-ce que l'histoire se termine bien ?

→ Non, l'histoire ....

e. T'intéresses-tu aux romans policiers ?

→ Non, je ....

f. T'achètes-tu souvent des C.D. de musique ?

→ Non, je ....

g. Vous forcez-vous à avoir des activités culturelles ?

→ Non, nous ....

h. Est-ce que tu te rends souvent dans une bibliothèque ?

→ Non, je ....

56 Transformez les phrases en utilisant un verbe pronominal.

Exemple : On sert ce digestif après le déjeuner ou le dîner.

→ *Ce digestif se sert après le déjeuner ou le dîner.*

a. On accompagne ce dessert d'une crème anglaise.

→ ....

b. On prépare ce plat la veille.

→ ....

c. On déguste cette spécialité dans le sud de la France.

→ ....

d. On place les couverts de chaque côté de l'assiette.

→ ....

e. On envoie les cartes de vœux pendant tout le mois de janvier.

→ ....

f. En France, on trouve les boîtes à lettres près des bureaux de tabac.

→ ....

g. À Paris, on loue les appartements très cher.

→ ....

h. On n'achète pas les médicaments dans les supermarchés.

→ ....

57 Complétez avec les verbes entre parenthèses.

Exemple : Ce mot *se compose* d'un nom et d'un adjectif. (se composer)

a. Ce mot .... comme il .... (s'écrire/se prononcer)

b. Cette expression .... de manière imagée. (s'employer)

c. Cela ne .... pas. (se dire)

d. Certains adjectifs .... avant ou après les noms. (se placer)

e. Le passé surcomposé .... beaucoup dans le Sud-Ouest. (s'utiliser)

f. Ces verbes .... avec l'auxiliaire *être*. (se conjuguer)

g. Toute langue .... au contact des autres langues. (se transformer)

h. Ces deux mots .... pour former une expression de temps. (s'associer)

58 Répondez affirmativement ou négativement selon votre situation.

Exemple : Vous trouvez-vous souvent dans des situations difficiles ?

→ *Oui, je me trouve souvent dans des situations difficiles./*

Non, je ne me trouve pas souvent dans des situations difficiles.

a. Vous servez-vous d'un ordinateur ?

→ ....

b. Vous organisez-vous toujours bien ?

→ ....

c. Vous posez-vous beaucoup de questions sur la vie ?

→ ....

d. Vous plaisez-vous dans votre logement ?

→ ....

e. Vous plaignez-vous souvent ?

→ ....

f. Vous découragez-vous facilement ?

→ ....

g. Vous entendez-vous bien avec vos voisins ?

→ ....

h. Vous investissez-vous beaucoup dans votre travail ?

→ ....

Bilans

59 **Complétez.**

La colocation

Vous **(1)** .... *(pouvoir)* louer un grand appartement même si vous **(2)** .... *(disposer)* d'un budget modeste. Comment ? Grâce à la colocation, un système que de plus en plus d'étudiants **(3)** .... *(choisir)*. Mais si vous **(4)** .... *(vouloir)* être un bon colocataire, il **(5)** .... *(falloir)* être tolérant. Certains **(6)** .... *(privilégier)* leur indépendance, d'autres **(7)** .... *(préférer)* profiter des bénéfices de la vie collective : la colocation **(8)** .... *(permettre)* d'élargir son cercle de relations et **(9)** .... *(remédier)* à la solitude. Mais attention ! « Les bons comptes **(10)** .... *(faire)* les bons amis » : factures d'électricité et loyer **(11)** .... *(devoir)* être réglés régulièrement car si un colocataire ne **(12)** .... *(payer)* pas, les autres **(13)** .... *(être)* solidaires. En général, tout **(14)** .... *(se passer)* bien et même les propriétaires, qui **(15)** .... *(craindre)* parfois de se lancer dans cette aventure, **(16)** .... *(se rendre)* à l'évidence : la formule **(17)** .... *(plaire)*.

60 **Complétez.**

Les plaisirs de la colocation

– Je **(1)** .... *(se lever)* à 6 heures tous les matins et c'est moi qui **(2)** .... *(faire)* le café. Mais je **(3)** .... *(considérer)* que je ne **(4)** .... *(devoir)* pas en plus faire la vaisselle de la veille ! Je vous **(5)** .... *(rappeler)* que, si on ne **(6)** .... *(nettoyer)* pas régulièrement, la cuisine **(7)** .... *(devenir)* une porcherie !

– Ce n'**(8)** .... *(être)* pas parce que j'**(9)** .... *(oublier)* de temps en temps de laver mon assiette que tu **(10)** .... *(aller)* en faire toute une histoire ! Toi, quand tu **(11)** .... *(se doucher)*, tu me **(12)** .... *(réveiller)*. Tu ne **(13)** .... *(comprendre)* pas que je **(14)** .... *(se coucher)* très tard et que j'**(15)** .... *(essayer)* de récupérer le matin ? Que **(16)** .... *(vouloir)*-tu ! on ne **(17)** .... *(vivre)* pas au même rythme.

– Vous m'**(18)** .... *(excuser)* si j'**(19)** .... *(intervenir)* dans votre conversation, mais nous **(20)** .... *(devoir)* parler du frigidaire. On **(21)** .... *(jeter)* la moitié des aliments à la fin de la semaine. Pourquoi est-ce que nous ne **(22)** .... *(mettre)* pas tout en commun, même si nous ne **(23)** .... *(manger)* pas toujours ensemble ?

– Parce que nous ne **(24)** .... *(partager)* pas les mêmes idées : les carnivores et les végétariens ne **(25)** .... *(voir)* pas la vie du même œil... n'est-ce pas, Gilles ?

II. IMPARFAIT DE L'INDICATIF

A. VERBES *ÊTRE* ET *AVOIR*

61 | *Être* ou *avoir* ? Rayez ce qui ne convient pas.

  Exemple :   Tu **avais**/~~étais~~ toujours mal quelque part.

a. Je n'*étais/avais* jamais malade.

b. Nous *étions/avions* l'habitude de traîner dans la rue.

c. On *était/avait* bon moral.

d. Qu'*étiez/aviez*-vous en train de faire ?

e. Elles *étaient/avaient* vingt ans.

f. Ils *étaient/avaient* sur le point de divorcer.

g. Il y *était/avait* trois énormes chiens.

h. Est-ce que vous *étiez/aviez* l'autorisation ?

62 | Reliez les éléments.

a. Le ciel   1. avait une mission.

b. Tu   2. étiez si gentils !

c. Nous   3. était sans nuages.

d. Vous   4. étaient majestueuses.

e. On   5. avais parfois raison.

f. Les montagnes   6. avaient l'air heureux.

g. Il   7. avions confiance dans l'avenir.

h. Les enfants   8. y avait une légère brume.

63 | Trouvez les questions correspondant aux réponses.

  Exemple :   Non, nous n'étions pas tristes. → ***Étiez-vous tristes ?***

a. Non, je n'avais pas la nostalgie de mon pays. → ....

b. Non, je n'étais pas très sociable. → ....

c. Non, nous n'avions pas beaucoup d'argent. → ....

d. Non, nous n'étions pas pessimistes. → ....

e. Oui, nous avions envie d'apprendre. → ....

f. Oui, j'étais toujours occupé. → ....

g. Oui, nous étions une bonne équipe. → ....

h. Non, je n'avais pas de regrets. → ....

64 Complétez avec *être* ou *avoir* à l'imparfait.

Exemple : Les gens **étaient** chez eux. Il n'y **avait** plus personne sur la plage.

a. C'................. comme si nous .... seuls au monde.

b. Nous .... émerveillés car le ciel .... tout orange.

c. Le va et vient de la mer .... rassurant.

d. On .... l'impression qu'on .... sur une île.

e. Les lumières de la côte n'................. pas visibles.

f. Tu .... la tête sur mon épaule et .... silencieux.

g. La scène .... quelque chose d'irréel.

h. J'................. en paix et n'................. aucune envie de partir.

B. Verbes en *-ER*

65 Rayez ce qui ne convient pas.

Exemple : J'*aimais*/~~aimait~~/~~aimaient~~ cette fête de la Saint-Jean.

a. Les villageois *apportais/apportait/apportaient* du bois.

b. Ils le *disposais/disposait/disposaient* sur la place.

c. On *allumais/allumait/allumaient* le feu.

d. Les gens *chantais/chantait/chantaient*.

e. Je *participais/participait/participaient* à la fête.

f. On *sautais/sautait/sautaient* par-dessus le feu.

g. Les yeux *brillais/brillait/brillaient* de joie.

h. Tout le monde *célébrais/célébrait/célébraient* l'été.

66 Répondez affirmativement avec *nous*.

Exemple : Vous possédiez une grande propriété ?
→ ***Oui, nous possédions une grande propriété.***

a. Vous organisiez des stages ? → ....

b. Vous logiez tout le monde ? → ....

c. Vous rencontriez des personnes intéressantes ? → ....

d. Vous marchiez beaucoup ? → ....

e. Vous profitiez du soleil ? → ....

f. Vous respiriez le bon air ? → ....

g. Vous admiriez de beaux paysages ? → ....

h. Vous rêviez de liberté ? → ....

67 Complétez à l'imparfait avec les verbes entre parenthèses.

Exemple : Dans les années cinquante, I.B.M. **créait** le premier ordinateur. (créer).

a. La guerre d'Algérie .... (éclater).

b. Les Français .... le « nouveau franc ». (adopter)

c. L'Abbé Pierre .... une association d'aide aux sans-abri. (fonder)

d. Six pays européens .... l'acte de naissance de la C.E.E. (signer)

e. Françoise Sagan .... son premier roman. (publier)

f. Les visiteurs du Salon des Arts Ménagers .... les innovations. (admirer)

g. La télévision .... encore un objet de luxe. (rester)

h. Le Club Méditerranée .... déjà des vacances organisées. (proposer)

68 **Mettez au présent, puis à l'imparfait.**

Exemple : Enlever → nous **enlevons**, j'**enlevais**.

a. Jeter → nous ...., tu ....

b. Considérer → nous ...., je ....

c. Adhérer → nous ...., ils ....

d. Prononcer → nous ...., elle ....

e. Bouger → nous ...., on ....

f. Appeler → nous ...., j' ....

g. Préférer → nous ...., elles ....

h. Compléter → nous ...., il ....

69 **Complétez à l'imparfait avec les verbes entre parenthèses.**

Exemple : Tout le cirque **se préparait**. (se préparer).

a. Les clowns .... (se maquiller)

b. Les acrobates .... (s'entraîner)

c. Le dompteur .... (s'habiller)

d. Les animaux .... (s'agiter)

e. La femme serpent .... (se tortiller)

f. Le magicien et sa compagne .... (se disputer)

g. Les enfants .... sur leur banc. (s'amuser)

h. Les parents .... (s'impatienter)

70 **Mettez à l'imparfait.**

Exemple : Ces fermiers élèvent des oies pour le foie gras.

→ ***Ces fermiers élevaient des oies pour le foie gras.***

a. J'achète des produits à la ferme. → ....

b. Je vous emmène voir les animaux. → ....

c. On longe la rivière. → ....

d. Les petits lancent des pierres. → ....

e. Ils dérangent les canards qui nagent. → ....

f. On partage le repas avec les fermiers. → ....

g. On mange du saucisson à l'ail. → ....

h. L'hiver, il neige dans cette région. → ....

21 Complétez à l'imparfait avec les verbes entre parenthèses.

Exemple : Ces paroles **renforçaient** nos convictions. (renforcer)

a. Cette affaire .... les autorités. (déranger)

b. La cour de justice .... cet homme. (juger)

c. Nous .... à douter de sa culpabilité. (commencer)

d. Le jury .... d'attitude. (changer)

e. Vous .... une révision du procès. (exiger)

f. Je .... ce point de vue. (partager)

g. On .... des irrégularités. (dénoncer)

h. Les témoignages .... (converger)

22 Soulignez les verbes qui sont à l'imparfait.

Exemple : Nous <u>appréciions</u> les fêtes de famille.

a. Vous remerciez tout le monde.

b. Nous n'oubliions personne.

c. Nous étudions dans la même école.

d. Vous vérifiez la présence des élèves.

e. Nous photographiions les professeurs en cachette.

f. Vous copiiez sur votre voisin.

g. Nous n'apprécions pas la cantine.

h. Vous criiez comme des fous.

23 Complétez à l'imparfait avec les verbes entre parenthèses.

Exemple : Nous **étudiions** le grec ancien et cela nous **ennuyait** à mourir. (étudier/ennuyer)

a. Vous .... les pages qui nous .... (photocopier/intéresser)

b. Nous .... la feuille de papier en huit et cela .... une cocotte. (plier/faire)

c. Nous .... ceux qui nous .... (remercier/aider)

d. Vous .... si tout .... exact. (vérifier/être)

e. Nous .... nos affaires et nous .... cher notre étourderie. (oublier/payer)

f. Vous .... de tricher et vous .... les réponses. (essayer/copier)

g. Vous .... rarement votre bureau car vous y .... vos secrets. (nettoyer/ranger)

h. Nous .... toutes les méthodes que nous .... inventer. (employer/pouvoir)

C. SEMI-AUXILIAIRES

24 Reliez les éléments.

a. Si tu étais déprimée,

b. Tu ne pouvais pas t'imaginer

c. Si tu savais

d. Cela faisait deux ans

e. Le vent venait du nord

f. Nous ne savions pas

g. Quand j'avais le temps,

h. Vous faisiez le guet

1. comme c'était beau !
2. et il faisait froid.
3. quelle foule il y avait !
4. je venais souvent ici.
5. il fallait venir me voir !
6. pendant que nous allions voler des pommes.
7. ce que nous devions faire.
8. qu'ils voulaient avoir un enfant.

25 Complétez avec un pronom (plusieurs possibilités).

Exemple : **Vous** ne saviez pas où aller ?

a. .... fallait remplir un questionnaire.

b. .... devait se présenter à un guichet.

c. .... faisions la queue puis .... avions un numéro d'appel.

d. .... devait y avoir une centaine de personnes.

e. .... savais que .... ne pouvais rien faire.

f. .... voulais parler aux responsables.

g. .... allaient et venaient dans les couloirs.

h. .... veniez de loin !

26 Rayez ce qui ne convient pas.

Exemple : Je **voulais**/~~voulait~~/~~voulaient~~ vivre intensément.

a. Tes amis et toi *faisais/faisait/faisaient* souvent la fête.

b. On *pouvais/pouvait/pouvaient* profiter de notre liberté.

c. Tu *faisais/faisait/faisaient* tes études d'architecture.

d. On *devais/devait/devaient* vivre avec peu d'argent.

e. Je *pouvais/pouvait/pouvaient* passer des nuits blanches.

f. On *voulais/voulait/voulaient* faire le tour du monde.

g. Je *devais/devait/devaient* faire des petits boulots.

h. Les autres *allais/allait/allaient* régulièrement aux cours.

27 Répondez négativement avec *nous*.

Exemple : Deviez-vous avoir un visa ? → **Non, nous ne devions pas avoir de visa.**

a. Vouliez-vous visiter tous les sites archéologiques ?

→ ....

b. Saviez-vous que c'était risqué ? → ....

c. Aviez-vous peur ? → ....

d. Alliez-vous dans des grands hôtels ? → ....

e. Veniez-vous souvent dans cette région ?

→ ....

f. Pouviez-vous photographier ? → ....

g. Deviez-vous suivre un itinéraire précis ? → ....

h. Étiez-vous nombreux ? → ....

28 **Complétez avec le verbe** *pouvoir* **à l'imparfait.**

Exemple : À cette époque, les ouvriers ne ***pouvaient*** pas prendre beaucoup de vacances.

a. On .... faire beaucoup d'heures supplémentaires.

b. Les employeurs .... licencier plus facilement.

c. Tout le monde ne .... pas faire d'études secondaires.

d. Mais nous .... trouver du travail assez facilement.

e. Les pères ne .... pas prendre de congé parental.

f. Tu ne .... pas voter si tu avais moins de 21 ans.

g. Je ne .... pas sortir seule le soir.

h. Vous ne .... pas contester le jugement d'un professeur.

29 **Mettez dans l'ordre.**

Exemple : ils/Où/-/heure/allaient/?/cette/à

→ ***Où allaient-ils à cette heure ?***

a. lui/-/Fallait/?/dire/tout/il → ....

b. étaient/voyage/souvent/Ils/./très/en → ....

c. amuser/voulait/./On/s'/simplement → ....

d. absolument/ne/./Elle/rien/savait → ....

e. très/pouvait/Cela/./être/amusant → ....

f. il/oui/Avait/-/raison/non/?/ou → ....

g. une/Deviez/réponse/-/vous/?/donner → ....

h. faisiez/-/ce/Que/là/vous/?/jour/-/ → ....

80 **Mettez à l'imparfait**

Exemple : Ils savent qu'il faut être patients.

→ ***Ils savaient qu'il fallait être patients.***

a. Soit il va à Lyon, soit elle vient à Paris. → ....

b. Cela fait six mois qu'il veut lui déclarer son amour.

→ ....

c. Il a trop de responsabilités et il doit rester à son poste.

→ ....

d. Vous savez que ce n'est pas facile. → ....

e. Il faut s'organiser. Nous ne pouvons pas improviser.

→ ....

f. On fait ce qu'on peut. → ....

g. Que font-ils quand il y a des grèves ? → ....

h. Ils doivent changer leurs projets même s'ils ont des engagements.

→ ....

D. VERBES EN *-IR*, *-RE*, *-OIR*

81 **Reliez les éléments.**

a. Quand nous ne finissions pas notre assiette,

b. Le salon ouvrait sur un grand jardin

c. Nous découvrions

d. Plus ils vieillissaient,

e. Je réfléchissais à la manière

f. Vous obteniez tout

g. Tu ne tenais pas compte

h. Sa femme souffrait d'une maladie

1. dont nous pouvions débloquer cette situation.

2. ce que vous vouliez.

3. qui l'affaiblissait de jour en jour.

4. que ma tante entretenait avec amour.

5. on nous punissait.

6. de ce que les autres disaient.

7. qu'il s'agissait d'un malentendu.

8. plus ils devenaient pessimistes.

82 **Complétez avec un pronom (plusieurs possibilités).**

Exemple : **Je/Tu** choisissais la meilleure place.

a. .... sortiez souvent ?

b. .... accueillait des malheureux.

c. .... souffrions beaucoup.

d. .... revenaient tous les jours.

e. .... découvrais la vie.

f. .... offriez votre aide.

g. .... ouvraient le bal.

h. .... réussissions à les aider.

83 **Complétez avec *-s* ou *-ss*.**

Exemple : Je fini**ss**ais mes études et je me condui**s**ais déjà en adulte.

a. Nous agi......ions avec spontanéité et nous ne réfléchi......ions pas beaucoup.

b. Je di......ais tout ce qui me pa......ait par la tête.

c. Tu rougi......ais quand tu fai......ais des plaisanteries.

d. Vous grandi......iez et vous embelli......iez chaque jour.

e. On construi......ait des châteaux en Espagne et cela me plai......ait.

f. Les autres détrui......aient nos illusions, mais nous les reconstrui......ions.

g. Nos rêves disparai......aient mais nous réussi......ions à garder l'espoir.

h. Tout le monde se connai......ait et se di......ait « tu ».

84 **Répondez.**

Exemple : Tu réunissais tous tes amis ? → Oui, je *réunissais tous mes amis.*

a. Vous serviez de l'alcool ? → Non, nous ....

b. Vous vous endormiez à l'aube ? → Oui, nous ....

c. Vous entreteniez de bonnes relations ? → Oui, nous ....

d. Tu te sentais à l'aise ? → Oui, je ....

e. Vous découvriez l'amitié ? → Oui, nous ....

f. Tu appartenais à un clan ? → Non, je ....

g. Vous vous connaissiez depuis longtemps ? → Oui, nous ....

h. Vous vous entendiez tous bien ? → Oui, nous ....

85 **Dites le contraire en utilisant un verbe de sens opposé.**

Exemple : Nous arrivions tôt le matin. → ***Nous partions tôt le matin.***

a. Tu ratais tes examens. → ....

b. Nous entrions sans faire de bruit. → ....

c. On montait l'escalier quatre à quatre. → ....

d. Vous vous réveilliez tard. → ....

e. La semaine commençait bien. → ....

f. Avec le train, tu gagnais beaucoup de temps. → ....

g. Il ignorait tout de notre vie. → ....

h. J'oubliais son visage. → ....

86 **Reliez les éléments pour former le verbe.**

a. Tu appren   1. ions.

b. Vous descen   2. daient.

c. J'enten   3. ais.

d. Ils ven   4. iez.

e. Nous pren   5. ait.

f. Elle répon   6. dais.

g. Vous appren   7. dait.

h. On pren   8. diez.

87 **Complétez avec** *-n* **ou** *-gn.*

Exemple : Il peignait des paysages marins.

a. Elle joi......ait les mains en signe de supplication.

b. Nous appre......ions tout par cœur.

c. Ils crai......aient le mauvais temps.

d. Tu rejoi......ais tes amis.

e. Vous compre......iez son attitude.

f. J'étei......ais les lumières.

g. Nous pre......ions beaucoup de précautions.

h. On ne se plai......ait jamais.

88 **Mettez à l'imparfait.**

Exemple : Le soir descend sur la ville. → ***Le soir descendait sur la ville.***

a. Certains rejoignent un être aimé. → ....

b. D'autres se perdent dans les rues. → ....

c. D'autres encore se rendent à un rendez-vous.

→ ....

d. On prend le train, le bus ou le métro. → ....

e. Les vitrines des boutiques s'éteignent. → ....

f. Les magasins descendent leur rideau de fer. → ....

g. Dans les kiosques, on vend le journal du soir. → ....

h. On entend la pluie tomber. → ....

89 | Mettez dans l'ordre.

Exemple : nous/Avant/écrivions/,/./nous/souvent

→ *Avant, nous nous écrivions souvent.*

a. disiez/-/lui/?/vous/Que → ....

b. du/me/plus/Je/./nom/souvenais/ne → ....

c. dans/Ils/./petit/vivaient/un/chalet → ....

d. le/depuis/connaissiez/?/quand/Vous → ....

e. lettres/On/beaucoup/./recevait/de → ....

f. pleuvait/ne/./Il/jamais/presque → ....

g. On/parler/ne/entendait/s'/./pas → ....

h. te/plaisais/-/bas/Tu/là/?/ne/pas → ....

90 | Complétez à l'imparfait.

Exemple : Nous ne te croy**ions** pas.

a. Elle s'assey......... sur ce banc.

b. Nous ri......... de ses plaisanteries.

c. Vous la voy......... souvent ?

d. Tu t'assey......... sur mes genoux.

e. On se croy......... en Afrique.

f. J'apercev......... une silhouette.

g. Ils se suiv......... en file indienne.

h. Nous n'y croy......... plus.

91 | Posez des questions à l'imparfait avec *vous* et les éléments donnés.

Exemple : Habiter en ville.

→ *Est-ce que vous habitiez en ville ? / Habitiez-vous en ville ?*

a. Croire à la justice. → ....

b. Suivre un régime. → ....

c. Voir souvent le médecin. → ....

d. Connaître beaucoup de monde. → ....

e. Recevoir des hommes politiques. → ....

f. Boire du lait tous les jours. → ....

g. Se servir d'une machine à écrire. → ....

h. Se plaindre souvent. → ....

Bilans

92 | **Mettez à l'imparfait.**

– *Tu es bon en histoire ?*

– *Moi ? je suis une vraie catastrophe ! Il faut mémoriser un nombre incalculable de dates et je ne peux pas. En plus, la manière dont on nous l'enseigne ne nous incite pas à la curiosité : on lit pendant tout le cours et nous devons apprendre presque tout par cœur. C'est sec et abstrait. Je m'endors. Bref, cela ne m'intéresse pas.*

– *Moi, j'adore ça. Notre prof nous fascine. Quand il raconte le siège d'Alésia par les Romains, on s'y croit vraiment ! Il nous emmène visiter des monuments. Nous pouvons lui poser plein de questions, il y répond toujours. Nous essayons de le coller mais nous n'y arrivons pas. Il connaît tout ! Incroyable...*

– *Vous avez de la chance....*

....

....

....

....

....

....

....

....

....

....

93 | **Complétez à l'imparfait.**

*La Gaule, qui **(1)** .... (recouvrir) à peu près la France actuelle, n'**(2)** .... (être) pas une nation unie : une soixantaine de peuples **(3)** .... (vivre) sur ce territoire dans la division et la guerre. Tous les ans, les chefs de tribus **(4)** .... (se réunir) cependant et **(5)** .... (essayer) de régler les problèmes qui les **(6)** .... (opposer) à leurs voisins. Les Gaulois, qui **(7)** .... (descendre) des Celtes, **(8)** .... (avoir) la réputation d'être braves, gais et bavards. Ils **(9)** .... (boire) une bière d'orge qui **(10)** .... (s'appeler) la cervoise. Les Gaulois **(11)** .... (croire) en une multitude de dieux. Les druides, à la fois prêtres et juges, **(12)** .... (intervenir) dans leur vie quotidienne et **(13)** .... (exécuter) des rites très particuliers : ils **(14)** .... (cueillir) le gui sacré... mais aussi **(15)** .... (faire) des sacrifices d'animaux et d'êtres humains.*

III. PASSÉ COMPOSÉ

A. AVEC AVOIR

94 | **Reliez les éléments.**

a. Comme elle a eu beaucoup de travail,   1. il nous a souri.

b. On a dû changer nos projets   2. parce qu'il a beaucoup plu.

c. Il a été ministre de la culture   3. mais vous avez fait des remarques pertinentes.

d. Ils ont écrit au président   4. elle n'a pas pu venir nous voir.

e. Vous avez dit des bêtises,   5. qu'il a fallu refuser des gens.

f. Lorsqu'il nous a vus,   6. j'ai quand même bien avancé.

g. Même si je n'ai pas réussi à finir,   7. mais il ne leur a pas répondu.

h. Il y a eu tant de monde   8. et il a mis en place des réformes.

95 | **Complétez avec le participe passé des verbes entre parenthèses.**

Exemple :   Nous n'avons pas *pu*. (pouvoir)

a. Il a .... le faire. (falloir)

b. Vous avez .... faire face. (savoir)

c. Ils ont .... lui expliquer. (devoir)

d. Pourquoi n'avez-vous pas .... ? (vouloir)

e. Il a .... très beau. (faire)

f. Tu as .... une excellente idée. (avoir)

g. Elles ont .... très bien. (être)

h. On a .... le médecin. (appeler)

96 | **Rayez ce qui ne convient pas.**

Exemple :   C'est toi qui m'~~a~~/as dit cela.

a. C'est moi qui *a/ai* lu à voix haute.

b. Toi et moi *avons/ont* tout compris.

c. Tout le monde *a/ont* attendu sous la pluie.

d. Ils vous *avez/ont* bien accueillis ?

e. La police l'*a/ont* pris sur le fait.

f. Elle nous *a/avons* offert des chocolats.

g. Tu leur *a/as* fait plaisir.

h. Vous et lui *avez/ont* menti.

97 Mettez dans l'ordre.

Exemple : ont/vite/Ils/./très/couru → ***Ils ont couru très vite.***

a. Je/./plus/ne/revu/jamais/ai/l' → ....

b. reconnu/bien/avons/./l'/Nous → ....

c. Il/accepter/jamais/a/n'/./voulu → ....

d. l'/prévenu/Vous/encore/?/pas/avez/ne → ....

e. fait/très/as/./Tu/bien → ....

f. vous/aperçu/jour/autre/Je/./l'/ai → ....

g. ont/lui/rien/Ils/./dit/ne → ....

h. plus/a/n'/On/nouvelles/./de/reçu → ....

98 Donnez l'infinitif, puis le passé composé.

Exemple : Tu exagères ! → ***Exagérer.   Tu as exagéré.***

a. Ils préfèrent. → ....

b. Tu appuies sur cette touche. → ....

c. Elle essaie. → ....

d. On projette ce film. → ....

e. Tu règles l'addition ? → ....

f. Je rappelle. → ....

g. Elles te photographient. → ....

h. On l'emmène. → ....

99 Mettez au passé composé.

Exemple : Nous ne répondons pas à cette attaque.

→ ***Nous n'avons pas répondu à cette attaque.***

a. On ne croit pas à cette histoire. → ....

b. Vous ne recevez pas ce papier ? → ....

c. Tu ne mets pas de petite annonce ? → ....

d. Ils ne souffrent pas d'allergie ? → ....

e. Elle ne vit pas en Nouvelle-Calédonie. → ....

f. Je n'entends rien. → ....

g. Elles ne nous écrivent pas. → ....

h. Nous ne choisissons pas encore. → ....

100 Transformez en utilisant le verbe *faillir* au passé composé.

Exemple : J'avais l'intention de t'appeler, mais je ne l'ai pas fait.

→ ***J'ai failli t'appeler.***

a. On s'est presque trompé. → ....

b. Un peu plus... et tu te faisais mal ! → ....

c. Ils voulaient partir, mais ils ne l'ont pas fait. → ....

d. Elle allait le dire, mais elle s'est retenue. → ....

e. Nous avons presque raté le train. → ....

f. Je n'étais pas loin de m'évanouir. → ....

g. Vous avez presque heurté le trottoir ! → ....

h. Elles ont presque été licenciées. → ....

101 **Posez des questions au passé composé avec les éléments donnés.**

Exemple : Vous/rire. → *Est-ce que vous avez ri ?/Avez-vous ri ?*

a. Tu/traduire le texte. → ....

b. On/construire un aéroport. → ....

c. Elle/peindre sa chambre. → ....

d. Ils/rejoindre leur groupe. → ....

e. Il/confondre les deux mots. → ....

f. Vous/perdre la tête. → ....

g. Cela/vous plaire. → ....

h. Je/vous convaincre. → ....

102 **Trouvez l'infinitif.**

Exemple : Les Romains ont conquis la Gaule. → *conquérir*

a. Elle a acquis une belle propriété. → ....

b. Il a beaucoup plu. → ....

c. Nous avons conçu un prototype. → ....

d. On a extrait le précieux métal. → ....

e. Le tribunal a requis 5 ans de prison. → ....

f. Cela n'a pas valu la peine. → ....

g. Ils n'ont rien résolu. → ....

h. Il m'a ému. → ....

103 **Complétez avec les terminaisons :** *-i*, *-is* **ou** *-it*.

Exemple : Le médecin a pres**crit** des médicaments.

a. On a interd...... la circulation aux voitures.

b. Elle a conqu...... le public.

c. La météo a préd...... un week-end pluvieux.

d. Les bâtiments ont sub...... des dommages.

e. Il a suff...... d'un fort orage.

f. Les habitants ont fu...... la région.

g. Il a condu...... l'ambulance.

h. Ils ont acqu...... une grande expérience.

104 **Faites l'accord du participe passé, si nécessaire.**

Exemple : Les résultats qu'il a obtenu**s** sont tout à fait satisfaisants.

a. Je les ai prévenu...... immédiatement.

b. La maladie dont elle a souffert ...... est très rare.

c. Ils nous ont accueilli…… chaleureusement.

d. La voiture qu'il a vendu…… était en bon état.

e. Ils leur ont transmis…… toute l'information.

f. Ma machine à coudre, que j'ai fait…… réparer, est vieille.

g. Tu parles de cette affaire que tu as conclu…… hier ?

h. Avez-vous inclus…… les frais de déplacement ?

105 **Complétez au passé composé avec les verbes entre parenthèses (attention à l'accord du participe passé).**

Exemple : Les sénateurs **ont débattu** toute la nuit. (débattre)

a. On les ……………………… en pleine séance. (interrompre)

b. Elle ……………………… des moments difficiles. (vivre)

c. Nous les ……………………… (convaincre)

d. Il leur ……………………… de cinq minutes pour tout régler. (suffire)

e. Cet exploit leur ……………………… des félicitations. (valoir)

f. Vous ……………………… votre erreur. (admettre)

g. Cette exposition nous ……………………… (décevoir)

h. Ils ……………………… par une métaphore. (conclure)

106 **Répondez en utilisant les mots entre parenthèses.**

Exemple : Le garçon vous a-t-il déjà servi(e)(s) ? (pas encore)

→ Non, il **ne nous/m' a pas encore servi(e) (s).**

a. Tu as vraiment cru ta sœur ? (jamais)

→ Non, je …………………………………………………………………………………

b. Ont-ils défini les limites de leur étude ? (pas encore)

→ Non, ils …………………………………………………………………………………

c. Avez-vous appartenu à un club de scrabble ? (déjà)

→ Oui, j'…………………………………………………………………………………

d. A-t-il soumis son projet ? (pas encore)

→ Non, il …………………………………………………………………………………

e. Vous a-t-elle rendu service ? (bien)

→ Oui, elle …………………………………………………………………………………

f. As-tu choisi tes collaborateurs pour leur expérience ? (toujours)

→ Oui, je …………………………………………………………………………………

g. Avez-vous applaudi les musiciens ? (beaucoup)

→ Oui, nous …………………………………………………………………………………

h. Ont-elles résolu leurs problèmes ? (pas du tout)

→ Non, elles …………………………………………………………………………………

B. AVEC *ÊTRE*

107 **Accordez le participe passé si nécessaire.**

Exemple : Elle et moi sommes parti**(e)s** à pied.

a. Les autres sont resté...... là-bas.

b. Vous êtes passé...... par la forêt ?

c. Je suis revenu...... hier soir.

d. La température est monté...... de 10 degrés.

e. Les rivières sont sorti...... de leurs lits.

f. Le printemps est arrivé.......

g. Tu es retourné...... voir tes plantations ?

h. Nous sommes rentré...... un peu fatigués.

108 **Complétez au passé composé avec les verbes entre parenthèses.**

Exemple : On **est allé(s)** au match tous ensemble. (aller)

a. Une idée m' .... à l'esprit. (venir)

b. Tous les musiciens .... sur la scène. (monter)

c. Elle .... de haut ! (tomber)

d. Vous .... juste à temps pour dîner. (rentrer)

e. Sa mère .... d'une crise cardiaque. (décéder)

f. Nous .... le même jour ! (naître)

g. Mes copains de Toulouse .... (arriver)

h. Je .... une vraie sauvage. (devenir)

109 **Mettez dans l'ordre.**

Exemple : est/encore/pas/Elle/!/n'/arrivée

→ ***Elle n'est pas encore arrivée !***

a. mort/./il/trois/y/ans/est/Il/a → ....

b. Tu/homme/!/un/devenu/es → ....

c. dans/pas/On/intervenu/la/./est/discussion/n' → ....

d. sommes/./Nous/cinq/repassés/heures/à ....

e. auteur/oubli/dans/./Cet/tombé/l'/est → ....

f. Je/pas/en/revenue/n'/!/suis → ....

g. plus/retournés/jamais/n'/Ils/./y/sont → ....

h. en/-/partis/Êtes/croisière/?/déjà/vous → ....

110 **Répondez à la forme négative.**

Exemple : Êtes-vous parvenus à calmer la situation ?

→ ***Non, nous ne sommes pas parvenus à calmer la situation.***

a. Êtes-vous allés sur place ? → ....

b. Es-tu devenu cynique ? → ....

c. Sont-ils morts de mort naturelle ? → ....

d. Est-ce arrivé accidentellement ? → ....

e. L'inspecteur est-il rentré chez lui ? → ....

f. Les résultats sont-ils revenus du laboratoire ?

→ ....

g. Êtes-vous arrivés à une conclusion ?

→ ....

h. La famille est-elle repartie ? → ....

111 | **Reliez les éléments.**

a. Tu	A. me	1. sont battues pour cela !
b. Nous	B. s'	2. sont étonnés.
c. Je	C. t'	3. es rendu compte de ta chance ?
d. Ils	D. nous	4. est trompé de train.
e. Vous	E. se	5. est cru le meilleur.
f. On	F. vous	6. suis fait mal.
g. Elles		7. sommes pris au jeu.
h. Il		8. êtes mis à rire.

112 | **Transformez avec le verbe** *se faire* **au passé composé.**

Exemple : On lui a volé son portefeuille. → *Il/Elle s'est fait voler son portefeuille.*

a. On l'a agressée. → ....

b. On les a cambriolés. → ....

c. On m'a remboursé le billet d'avion. → ....

d. On t'a renvoyé du collège ? → ....

e. On l'a sifflé. → ....

f. On nous a livré à domicile. → ....

g. On vous a licencié ? → ....

h. On les a invitées au restaurant. → ....

113 | **Accordez le participe passé si nécessaire.**

Exemple : Vous vous êtes bien amusé*(e)s* ?

a. La séance s'est terminé...... à 18 heures.

b. Nous nous sommes quitté...... devant le cinéma.

c. Marie s'est dépêché...... de rentrer chez elle.

d. Ses parents se sont mis...... en colère.

e. Son frère s'est moqué...... d'elle.

f. Elle s'est enfermé...... dans sa chambre.

g. Le lendemain, on s'est tous réveillé...... de bonne humeur.

h. Et toi, tu t'es baladé...... toute la journée ?

114 Complétez au passé composé avec les verbes entre parenthèses.

Exemple : L'usine **ne s'est pas arrêtée**. (ne pas s'arrêter)

a. Les méthodes de production .... (se transformer)

b. La situation financière .... (se stabiliser)

c. Les conditions de travail .... (s'améliorer)

d. Nous .... aux changements. (s'adapter)

e. Le nouveau P.D.G. .... très performant. (se révéler)

f. Les commandes .... par trois. (se multiplier)

g. De nouveaux employés .... à l'équipe. (s'intégrer)

h. L'entreprise .... rapidement. (se développer)

115 Faites des phrases au passé composé avec les éléments donnés.

Exemple : Elle/se casser la jambe.

→ **Elle s'est cassé la jambe.**

a. Nous/se laver les mains. → ....

b. Ils/se cogner la tête. → ....

c. Vous/se couper les cheveux. → ....

d. Je/se pincer le doigt. → ....

e. Elle/se brûler la main. → ....

f. Tu/se tordre la cheville. → ....

g. Il/se teindre les cheveux. → ....

h. Elle/se maquiller les yeux. → ....

116 Soulignez les verbes qui sont construits avec des compléments indirects.

Exemple : Nous nous sommes adoré(e)s.

Ils <u>se sont parlé</u>.

a. Vous vous êtes entendu(e)s ?

b. Ils se sont souri.

c. Nous nous sommes plu.

d. Elles se sont vues.

e. Nous nous sommes rejoint(e)s.

f. Ils se sont téléphoné.

g. Nous nous sommes félicité(e)s.

h. Vous vous êtes compris(es) ?

117 Posez des questions avec *vous* selon le modèle.

Exemple : Se baigner la nuit.

→ **Est-ce que vous vous êtes déjà baigné(e)(s) la nuit ?/**

Vous êtes-vous déjà baigné(e)(s) la nuit ?

a. Se soigner par les plantes.

→ ....

b. Se déguiser en sorcier / sorcière.

→ ....

c. Se présenter à des élections.

→ ....

d. S'asseoir au bord d'un lac.

→ ....

e. Se sentir humilié(e)(s).

→ ....

f. Se passionner pour un sport.

→ ....

g. S'offrir un beau voyage.

→ ....

h. S'ennuyer au cinéma.

→ ....

118 **Mettez dans l'ordre.**

Exemple : s'/Il/jamais/ne/remarié/./est → ***Il ne s'est jamais remarié.***

a. se/lycée/./Ils/connus/au/sont → ....

b. est/On/./au/jamais/sérieux/s'/ne/pris → ....

c. Nous/pas/./sommes/ne/plaints/nous → ....

d. êtes/ne/revus/Vous/?/pas/vous → ....

e. endormie/vite/est/./Elle/s'/très → ....

f. Tu/pas/t'/?/inscrit/encore/es/ne → ....

g. se/associés/mouvement/Ils/./au/sont → ....

h. inquiétée/me/./suis/ne/Je/pas → ....

119 **Complétez au passé composé avec les verbes entre parenthèses.**

Exemple : Les oiseaux **se sont tus.** (se taire)

a. La nouvelle .... (se répandre)

b. Les lumières .... (s'éteindre)

c. On .... sur une autre planète. (se croire)

d. Nous .... sur un banc. (s'asseoir)

e. Je .... à l'aise. (ne pas se sentir)

f. Elle .... à pleurer. (se mettre)

g. Vous .... de la machine ? (ne pas se servir)

h. Ils .... sur le prix. (ne pas s'entendre)

C. AVEC *ÊTRE* OU *AVOIR* ?

120 Cochez si le verbe se conjugue au passé composé avec *être*, *avoir* ou avec les deux.

Exemple : sortir 1. ☐ être 2. ☐ avoir 3. ☒ *être ou avoir*

a. marcher	1. ☐ être	2. ☐ avoir	3. ☐ être ou avoir
b. paraître	1. ☐ être	2. ☐ avoir	3. ☐ être ou avoir
c. passer	1. ☐ être	2. ☐ avoir	3. ☐ être ou avoir
d. rester	1. ☐ être	2. ☐ avoir	3. ☐ être ou avoir
e. rentrer	1. ☐ être	2. ☐ avoir	3. ☐ être ou avoir
f. convenir	1. ☐ être	2. ☐ avoir	3. ☐ être ou avoir
g. prévenir	1. ☐ être	2. ☐ avoir	3. ☐ être ou avoir
h. descendre	1. ☐ être	2. ☐ avoir	3. ☐ être ou avoir

121 *Être* ou *avoir* ? Complétez.

Exemple : Elle *est* allée dans l'arrière-cuisine.

a. Elle .... montée sur un tabouret.

b. Elle .... descendu un moule à gâteau.

c. Elle .... mélangé les œufs, la farine et le lait.

d. Elle .... monté les œufs en neige.

e. Elle .... arrivée à faire une pâte onctueuse.

f. Elle .... mis le moule au four.

g. Vingt minutes après, elle .... sorti le gâteau.

h. Et nous nous .... régalés !

122 Mettez au passé composé.

Exemple : Les étudiants montent un spectacle.

→ *Les étudiants ont monté un spectacle.*

a. Nous sortons les déguisements. → ....

b. La famille vient nous voir. → ....

c. On passe beaucoup de temps à préparer le spectacle.

→ ....

d. Tu montes et descends sans arrêt les escaliers.

→ ....

e. Les acteurs entrent en scène. → ....

f. Je reste dans les coulisses. → ....

g. Nous sortons le champagne. → ....

h. Tout le monde repart heureux. → ....

123 Posez des questions avec les éléments donnés.

Exemple : Comment/tu/venir.

→ *Comment est-ce que tu es venu(e) ?/Comment es-tu venu(e) ?*

a. Dans quel hôtel/vous/descendre.

→ ....

b. Que/il/sortir de sa poche.

→ ....

c. Quand/elle/passer son permis.

→ ....

d. Où/ils/monter la tente.

→ ....

e. Pourquoi/tu/retourner la lettre.

→ ....

f. Quel jour/vous/partir.

→ ....

g. Il/prévenir les voisins.

→ ....

h. Comment/tu/tomber.

→ ....

124 **Reliez les éléments (plusieurs possibilités).**

a. Tu	A. s'est	1. ouverte.
b. Les gens	B. a	2. offert des cadeaux.
c. Je	C. ont	3. arrêté de fumer.
d. La porte	D. se sont	4. changé d'avis.
e. Vous	E. me suis	5. invitée.
f. Nous	F. as	6. perdus ?
g. On	G. avons	7. pris 3 places.
h. Ils	H. vous êtes	8. assis.

125 **Complétez au passé composé.**

> *Exemple :* Il *a rendu* l'argent car il *s'est rendu* compte que c'était malhonnête. (rendre/ se rendre)

a. Elle .... sa démission et .... 3 mois pour trouver du travail. (donner/se donner)

b. Ils .... à leur bonne étoile et ils .... invincibles. (croire/se croire)

c. Nous lui .... une montre et nous .... un DVD. (offrir/s'offrir)

d. Plus tard, je l'..................... car je .... que c'était son anniversaire. (rappeler/se rappeler)

e. On leur .... de partir car on .... qu'il était tard. (dire/se dire)

f. Vous .... trop de temps pour finir et vous .... en retard (mettre/se mettre)

g. Tu .... tout le monde, mais toi, est-ce que tu .... ? (servir/se servir)

h. J'..................... mes clés et en plus, je .... dans le parking ! (perdre/se perdre)

126 Rayez ce qui ne convient pas.

Exemple : Est-ce que vous *êtes*/~~avez~~ parvenus à un compromis ?

a. Qu'*est-il/a-t-il* advenu de ton manteau de fourrure ?

b. Nous *sommes/avons* sorti nos vêtements d'été.

c. *J'ai/Je suis* retourné les poches de sa veste.

d. Ils nous *sont/ont* prévenus à la dernière minute.

e. Un incident *est/a* survenu en son absence.

f. Cela ne vous *est/a* pas convenu ?

g. Le défilé *est/a* passé devant chez moi.

h. Tu *es/as* monté ces meubles tout seul ?

127 Complétez avec les verbes entre parenthèses.

Exemple : Il *s'est présenté* à l'examen mais il *a échoué* (se présenter/ échouer).

a. Quand vous le leur ...., est-ce qu'ils .... ? (dire/se radoucir)

b. Elle .... le prévenir, il .... compte de son avertissement. (avoir beau/ne pas tenir)

c. Lorsque vous .... cela, vous .... en colère ? (découvrir/ se mettre)

d. Depuis que je ...., je .... à le joindre. (revenir/ne pas réussir)

e. Ils .... un logiciel dont nous .... (concevoir/se servir)

f. Tu y .... et cela .... t'........................ ? (aller/ne pas plaire)

g. Il .... beaucoup .... depuis qu'elle .... (vieillir/partir)

h. Nous .... un taxi et nous .... les bagages. (appeler/descendre)

128 Mettez dans l'ordre.

Exemple : je/./ai/rien/entré/,/je/vu/suis/Quand/n'

→ *Quand je suis entré, je n'ai rien vu.*

a. est/fait/y/il/./une/et/proposition/Il/allé/a

→ ....

b. nous/Nous/./payé/sommes/et/avons/sortis

→ ....

c. On/beau/et/a/partis/./est/on/temps/eu

→ ....

d. suis/quand/./vu/J'/accident/je/ai/l'/revenu

→ ....

e. y/Ils/nés/vécu/et/ont/y/ils/./sont/toujours

→ ....

f. mais/essayé/pas/y/Tu/?/arrivé/as/tu/es/n'

→ ....

g. Quand/eu/vous/,/vous/êtes/?/avez/peur/montés

→ ....

h. a/parole/venue/Elle/./pris/elle/et/la/est

→ ....

129 Complétez avec *ai*, *es* ou *est*.

Exemple : C'est toi qui **es** resté jeune !

a. Les cheveux ? elle se les .... fait couper très court.

b. Moi qui .... tout préparé pour vous !

c. Il n'y a qu'elle qui .... intervenue.

d. Tu t'......... trompé de numéro.

e. Que s'.........-il passé ?

f. Et les mains, tu te les .... lavées ?

g. On s'......... trompé de direction.

h. C'est lui qui .... parti au Vietnam.

D. PASSÉ COMPOSÉ, PASSÉ RÉCENT, PASSÉ SURCOMPOSÉ, IMPARFAIT

130 Mettez au passé récent.

Exemple : Nous nous sommes réunis. → ***Nous venons de nous réunir.***

a. Je m'en suis rendu compte.→ ....

b. Vous vous en êtes servis ? → ....

c. Tu t'es lavé ? → ....

d. Ils se sont baignés. → ....

e. On s'est mis d'accord. → ....

f. Vanessa s'est plainte auprès de moi. → ....

g. Nous nous sommes excusés. → ....

h. Les enfants se sont endormis. → ....

131 Répondez au passé récent.

Exemple : Tu as éteint ton ordinateur ? → Oui, je ***viens de l'éteindre.***

a. Vous êtes assis depuis longtemps ? → Non, nous ....

b. Tu as reçu cette publicité il y a longtemps ? → Non, je ....

c. Ils y sont allés ? → Oui, ils ....

d. Tu as entendu les nouvelles ? → Oui, je ....

e. Pascal n'est pas encore parti ? → Si, il ....

f. Vous n'en avez pas pris ? → Si, nous ....

g. Édith est revenue ? → Oui, elle ....

h. Tu as découvert la cachette ? → Oui, je ....

132 Passé récent ou passé composé ? Rayez ce qui ne convient pas.

Exemple : Vous venez de ***vous contredire**/vous êtes contredits* à l'instant.

a. Le mois dernier, on *vient d'élire/a élu* les représentants syndicaux.

b. Que vous êtes pâles ! Vous *venez d'avoir/avez eu* un choc émotionnel.

c. Il *vient d'appeler/a appelé* trois fois dans la semaine.

d. Ranime le feu ! il *vient de s'éteindre/s'est éteint.*

e. L'autre jour, *je viens de faire/j'ai fait* une gaffe.

f. En l'espace de 2 mois, ils *viennent de perdre/ont perdu* une fortune à la Bourse.

g. Nous sortons de la banque ; nous *venons d'ouvrir/avons ouvert* un compte.

h. Tu *viens de conduire/as conduit* dix heures sans t'arrêter ! Tu dois être épuisé !

133 Passé récent à l'imparfait et passé composé. Complétez avec les verbes entre parenthèses.

Exemple : Nous ***venions de parler*** de fantôme quand la porte ***s'est ouverte.*** (parler/s'ouvrir)

a. Lorsqu'ils ...., elle .... de l'hôpital. (se rencontrer/sortir)

b. Il .... à la clinique car il .... qu'il était père. (courir/apprendre)

c. Je .... quand soudain le téléphone ....(rentrer/sonner)

d. Nous .... la voiture lorsque nous .... un accident ! (acheter/avoir)

e. On ...., quand, tout à coup, on .... un cri. (s'endormir/entendre)

f. La pluie .... Très vite, le soleil .... et un arc-en-ciel .... (s'arrêter/revenir/apparaître)

g. Tu .... de préparer le dîner quand ils .... ? (finir/se décommander)

h. Ils nous .... parce qu'ils .... une décision importante. (appeler/prendre)

134 Reliez les éléments.

a. Si seulement ils pouvaient tomber d'accord !

b. Vous m'avez offert un bouquet magnifique !

c. Ce film m'a déçue

d. Elle nous a interpellés

e. Ah ! si vous saviez

f. Comme elle dormait bien,

g. Si au moins tu prévoyais un peu !

h. Nous nous sommes contrôlés

1. car les acteurs jouaient très mal.

2. comment ils ont réagi !

3. Mais ils n'ont pris aucune décision.

4. Mais tu n'as pas su anticiper.

5. comme si nous étions responsables.

6. Il ne fallait pas !

7. car il valait mieux rester calmes.

8. je ne l'ai pas réveillée.

135 Mettez au passé.

Exemple : Il me dit qu'il emmène ses enfants au cirque.

→ *Il m'a dit qu'il emmenait ses enfants au cirque.*

a. Elle reconnaît qu'elle agit sans réfléchir.

→ ....

b. Ils prétendent qu'ils entretiennent de bonnes relations.

→ ....

c. Vous promettez que vous allez être ponctuels.

→ ....

d. Je te rappelle que tu dois régler cette facture.

→ ....

e. Tu répètes qu'il faut s'organiser. → ....

f. Nous sentons qu'il craint de se lancer dans cette aventure.

→ ....

g. On apprend qu'il écrit un roman.

→ ....

h. Ils veulent savoir si vous croyez à leur projet.

→ ....

136 Rayez ce qui ne convient pas.

Exemple : C'est alors qu'ils **ont cru**/~~croyaient~~ que l'avion ~~est tombé~~/**tombait.**

a. Quand elle *s'est aperçue/s'apercevait* de son absence, elle *l'a cherché/le cherchait.*

b. Vous *avez roulé/rouliez* trop vite quand la police vous *a arrêté(e)(s)/arrêtait* ?

c. *J'ai pris/Je prenais* mon bain lorsque le concierge *a frappé/frappait* à la porte.

d. Au moment où il *est parti/partait*, elle *a éclaté/éclatait* en sanglots.

e. Ils *ont choisi/choisissaient* un texte qui *a convenu/convenait* aux circonstances.

f. Alors, nous nous *sommes mis/mettions* en grève car il n'y *a pas eu/avait pas* de solution.

g. On *a monté/montait* les marches qui *ont mené/menaient* au temple.

h. Pendant que je t'*ai attendu/attendais*, j'ai rencontré/je rencontrais un ancien ami.

137 Passé composé ou imparfait ? Complétez.

Exemple : Je **n'ai pas chanté** cette chanson depuis longtemps. (ne pas chanter)

a. Elle .... par trois petites notes. (commencer)

b. On la .... à plusieurs voix. (chanter)

c. Maintenant, j'......................... les paroles. (oublier)

d. François m'......................... à la guitare. (accompagner)

e. Tout le monde .... le refrain. (répéter)

f. Nous .... la chanter en famille. (adorer)

g. Hier, j'y .... avec nostalgie. (penser)

h. Et aujourd'hui, vous m'......................... ce CD. (donner)

138 Répondez à l'imparfait ou au passé composé avec les éléments donnés.

Exemple : Pourquoi a-t-on fermé l'usine ?

(ne plus être compétitive) → *Parce qu'elle n'était plus compétitive.*

Quand s'est-il évanoui ?

(apprendre) → *Quand il a appris la mort de son père.*

a. Pourquoi t'es-tu perdu ? (ne pas connaître le quartier)

→ ....

b. Quand avez-vous découvert son talent ? (lire son premier livre)

→ ....

c. Pourquoi s'est-il fait licencier ? (commettre une faute grave)

→ ....

d. Pourquoi n'ont-ils pas pu suivre les cours ? (s'inscrire trop tard)

→ ....

e. Quand ont-ils joué au cricket ? (vivre en Inde)

→ ....

f. Pourquoi s'est-elle fait opérer ? (souffrir trop)

→ ....

g. Pourquoi est-il devenu célèbre ? (composer un opéra)

→ ....

h. Quand vous êtes-vous rencontrés ? (être jeunes)

→ ....

139 Imparfait ou passé composé ? Mettez au passé.

À cinq heures du soir, il quitte son bureau car il se sent un peu fiévreux. Il prend son autobus, rentre chez lui où personne ne l'attend. Dès qu'il arrive, il se laisse tomber sur son canapé qui commence à être défraîchi. Il s'allonge un moment, ferme les yeux et s'assoupit. Les enfants du voisin, qui courent dans l'escalier, le réveillent. Alors, il se lève et s'installe devant son ordinateur qui se trouve dans sa chambre. Il entre son code d'accès, attend : aucune image n'apparaît sur l'écran. Il s'énerve, vérifie si tout est bien branché, fait des commentaires à voix haute. Et il voit soudain sur son écran un insecte qui remue... Est-ce un virus ?

....

....

....

....

....

....

....

....

....

140 Complétez au passé composé et à l'imparfait avec les verbes entre parenthèses.

Exemple : Cette star *s'est vu* proposer un rôle dans un film qui *se passait* en Égypte. (se voir/se passer)

a. Cet employé .... répondre qu'il .... démissionner. (s'entendre/devoir)

b. Ils .... mourir car ils ne .... plus se battre. (se laisser/ vouloir)

c. L'écrivain .... aller à des confidences qui le .... (se laisser/desservir)

d. Je .... dire que je .... (s'entendre/mentir)

e. Il .... critiquer par ses confrères car il .... comme eux. (se sentir/ne pas penser)

f. Vous .... accuser alors que vous .... innocent ? (se laisser/être)

g. Comme ils .... de sanctions, ils .... accuser de laxisme. (ne pas prendre/se voir)

h. Puisque tu .... au poste, tu .... embaucher facilement. (correspondre/se faire)

141 Soulignez les verbes qui sont au passé surcomposé.

Exemple : Lorsque vous <u>avez eu compris</u> ce qui se passait, qu'avez-vous fait ?

a. Ils se sont mis en route dès qu'ils ont eu appris la nouvelle.

b. Quand elle a eu fini de déjeuner, elle est sortie.

c. Après qu'il a eu neigé, il a gelé et les routes sont devenues dangereuses.

d. Tu étais fier de toi quand tu as eu publié ton premier livre ?

e. Une fois que nous avons eu réglé nos dettes, nous nous sommes sentis mieux.

f. Les inspecteurs ont eu vite fait de résoudre l'énigme qui perturbait la population.

g. Je suis allé remercier mon avocat dès que j'ai eu gagné mon procès.

h. Aussitôt qu'on a eu obtenu des garanties, on a accepté de signer le contrat.

142 Mettez au passé surcomposé.

Exemple : Tu promets. → *Tu as eu promis.*

a. Nous recevons. → ....

b. Ils boivent. → ....

c. Elle oblige. → ....

d. Vous soumettez. → ....

e. Tu conclus. → ....

f. On détruit. → ....

g. Je rejoins. → ....

h. Il convainc. → ....

143 Mettez au passé surcomposé et au passé composé selon le modèle.

Exemple : Vous/concevoir le projet/le mettre à exécution.

→ *Une fois que vous avez eu conçu le projet, vous l'avez mis à exécution.*

a. Ils/tester le produit/le commercialiser.

→ ....

b. Nous/vérifier la liste des destinataires/envoyer le courrier.

→ ....

c. Vous/repeindre tout l'appartement/déménager ?

→ ....

d. Il/réunir la somme nécessaire/la leur donner.

→ ....

e. Les électeurs/voter/rentrer chez eux.

→ ....

f. Tu/réussir cet examen/chercher du travail.

→ ....

g. On/augmenter les salaires/cesser les embauches.

→ ....

h. Je/vendre ma maison/acheter un appartement.

→ ....

Bilans

144 Complétez au passé avec les verbes entre parenthèses.

– *Vous* **(1)** .... *(répondre) à notre annonce qui* **(2)** .... *(paraître) dans Le Monde Économique et votre candidature* **(3)** .... *(retenir) notre attention. Vous* **(4)** .... *(vivre) à Moscou car votre père* **(5)** .... *(être) diplomate, n'est-ce pas ?*

– *Oui, j'y* **(6)** .... *(rester) jusqu'à l'âge de 15 ans puis nous* **(7)** .... *(s'installer) à New York où j'* **(8)** .... *(faire) mes études.*

– *Quelle sorte d'étudiant* **(9)** ....-vous *(être) ?*

– *J'* **(10)** .... *(être) plutôt contestataire et je* **(11)** .... *(prendre) des initiatives. Par exemple, j'* **(12)** .... *(créer) un club « Solidarité Sud » qui* **(13)** .... *(permettre) à des étudiants de partir en mission humanitaire.*

– *Une fois que vous* **(14)** .... *(obtenir) vos diplômes, l'entreprise Klug vous* **(15)** .... *(proposer) un poste de responsable de clientèle au Pérou ?*

– *Oui, j'y* **(16)** .... *(passer) deux ans, mais je* **(17)** *n'y* .... *pas* .... *(rester) car je* **(18)** .... *(commencer) à m'ennuyer. Alors je* **(19)** .... *(rentrer) en France.*

Je **(20)** .... (ne pas vouloir) reprendre un travail comme salarié mais j'**(21)** .... (monter) ma propre entreprise que j'**(22)** ....(revendre) deux ans plus tard et je **(23)** .... (partir) faire le tour du monde.

145 Mettez au passé.

Nicolas de Staël naît à Saint-Petersbourg en 1914. Cinq ans après sa naissance, ses parents émigrent en Pologne. Après leur mort, il se rend à Bruxelles où il entre à l'Académie Royale des Beaux-Arts. Ses peintres préférés sont Cézanne, Matisse et Soutine. Il voyage beaucoup en Europe, visite les musées et étudie les maîtres anciens. En 1941, il s'installe à Nice où il entreprend ses premières natures mortes. En 1943, il se lie d'amitié avec Braque à Paris. C'est l'époque où les peintres, qui forment « l'École de Paris », ne veulent plus d'un art purement descriptif mais désirent exprimer leur émotion face au spectacle du monde. Nicolas de Staël commence ainsi à marier l'abstrait et le figuratif. En moins de douze ans, il peint 1000 œuvres. De nombreuses expositions en France, en Angleterre et aux États-Unis le font connaître. En 1953, il se retire dans le Vaucluse, puis à Antibes où il se suicide.

....
....
....
....
....
....
....
....
....
....
....
....
....

IV. PLUS-QUE-PARFAIT

A. ÊTRE, AVOIR, VERBES EN -ER ET SEMI-AUXILIAIRES

146 Passé composé ou plus-que-parfait ? Cochez.

Exemple : Il avait été général.   1. ☐ Passé composé   2. ☒ *Plus-que-parfait*

a. Vous avez pu lui en parler ?   **1.** ☐ Passé composé   **2.** ☐ Plus-que-parfait

b. Ils avaient eu une vie agréable.   **1.** ☐ Passé composé   **2.** ☐ Plus-que-parfait

c. On n'a pas su répondre.   **1.** ☐ Passé composé   **2.** ☐ Plus-que-parfait

d. Tu avais dû refaire le chemin.   **1.** ☐ Passé composé   **2.** ☐ Plus-que-parfait

e. Il a fallu tout ranger.   **1.** ☐ Passé composé   **2.** ☐ Plus-que-parfait

f. Nous n'avions pas pu participer.   **1.** ☐ Passé composé   **2.** ☐ Plus-que-parfait

g. Ludivine a fait son possible.   **1.** ☐ Passé composé   **2.** ☐ Plus-que-parfait

h. Vous étiez venus en mai.   **1.** ☐ Passé composé   **2.** ☐ Plus-que-parfait

147 Reliez les éléments.

a. Il était sous le choc

b. Comme nous avions regardé la météo,

c. J'étais morte de fatigue

d. On n'avait jamais su pourquoi

e. Ils étaient allés en Égypte

f. Depuis que nous étions revenus de voyage,

g. Cela n'avait pas été facile :

h. Il a déclaré

1. comme si j'avais fait une marche de 30 kilomètres !

2. et ils avaient adoré ce pays.

3. nous savions qu'il allait pleuvoir.

4. elle avait fait beaucoup d'efforts.

5. car il n'avait pas imaginé un tel drame.

6. que vous aviez eu tort.

7. tout allait mal.

8. elle avait voulu s'installer ici.

148 Transformez le passé composé en plus-que-parfait.

Exemple : Nous y sommes allé(e)s. → *Nous y étions allé(e)s.*

a. Ils sont venus vous voir. → ....

b. Vous avez eu de la chance. → ....

c. J'ai pu parler. → ....

d. Tu as été gentil. → ....

e. On a tout fait. → ....

f. Nous avons dû payer. → ....

g. Elle a su s'exprimer clairement. → ....

h. Il a fallu partir. → ....

149 Mettez dans l'ordre.

> *Exemple :* nous/peur/,/Ce/tu/./fait/-/jour/avais/là
> → ***Ce jour-là, tu nous avais fait peur.***

a. Il/gravement/avait/malade/./été → ....

b. n'/jamais/avais/Je/./besoin/eu/en → ....

c. fait/ils/le/-/tout/Avaient/?/nécessaire → ....

d. était/./père/son/venu/à/Son/n'/pas/mariage → ....

e. se/avait/tôt/fallu/./Il/très/réveiller → ....

f. voulu/pas/./n'/le/avait/Elle/déranger → ....

g. changer/de/Nous/./dû/stratégie/avions → ....

h. allé/n'/Tu/?/jamais/y/étais → ....

150 Répondez (utilisez les éléments donnés parfois entre parenthèses).

> *Exemple :* Aviez-vous commandé l'article sur catalogue ?
> → Oui, nous ***l'avions commandé sur catalogue.***
> Étais-tu déjà allé(e) dans ce magasin ? (ne jamais)
> → Non, je ***n'étais jamais allé(e) dans ce magasin.***

a. Avaient-ils acheté quelque chose ? (rien) → Non, ils ....

b. Avait-elle essayé ce pull ? → Non, elle ....

c. Avais-tu rapporté le ticket de caisse ? → Oui, je ....

d. Aviez-vous pu faire un échange ? → Oui, nous ....

e. Avait-il fallu vous justifier ? → Non, il ....

f. Aviez-vous su expliquer votre problème ? → Oui, nous ....

g. Avaient-elles discuté avec la vendeuse ? → Non, elles ....

h. Sa meilleure amie était-elle venue aussi ? → Non, elle ....

151 Rayez ce qui ne convient pas.

> *Exemple :* Elles ont remercié les personnes qui les avaient ~~aidé/aidés/~~**aidées**.

a. Voilà les arguments qu'il avait *développé/développés/développées*.

b. Ils avaient *collectionné/collectionnés/collectionnées* des pièces rares.

c. Elle ne répondait pas aux questions que nous lui avions *posé/posés/posées*.

d. La voyante, qu'il avait *consulté/consultée/consultées*, le lui avait dit.

e. On avait *classé/classés/classées* les personnes par ordre alphabétique.

f. Les tracts ? Nous les avions déjà *distribué/distribués/distribuées*.

g. Était-elle *allé/allée/allées* lui rendre visite avant ?

h. On n'avait pas *augmenté/augmentés/augmentées* les salaires depuis 3 ans.

152 Mettez au plus-que-parfait.

> *Exemple :* Je me suis informé(e) sur la date et l'heure.
> → ***Je m'étais informé(e) sur la date et l'heure.***

a. On s'est donné rendez-vous à 17 heures. → ....

b. Tu ne t'es pas déplacé(e). → ....

c. Les conférenciers se sont présentés. → ....

d. Ils se sont installés sur la scène. → ....

e. Nous nous sommes placés au premier rang. → ....

f. Tout s'est bien passé. → ....

g. Le congrès s'est déroulé sans incident. → ....

h. À la fin, le public s'est levé pour applaudir. → ....

153 Complétez avec l'auxiliaire qui convient et faites l'accord si nécessaire.

Exemple : Je m'*étais* trompé*(e)* : j'*avais* sous-estimé ses qualités.

a. Elle .... pu... venir car nous .... passé...... la prendre.

b. Ils s'................. éloigné...... de l'objectif qu'ils s'................. fixé...

c. J'................. inventé... un nouveau jeu qui les .... amusé......

d. Tout le monde l'................. regardé...... car elle s'.......... coloré... les cheveux en bleu.

e. Il m'................. montré... les photos qu'il .... fait...... la veille.

f. Vous .... entré...... mais vous n'................. pas resté...... longtemps.

g. La situation s'................. dégradé...... quand le père .... quitté... la maison.

h. Comme nous .... gagné... le match, nous nous .... félicité......

154 Mettez au plus-que-parfait avec les verbes entre parenthèses.

Exemple : On *avait classé* les candidatures qu'on *avait sélectionnées.* (classer/sélectionner)

a. La situation .... depuis qu'on .... les équipes. (se dégrader/changer)

b. Ce musicien .... un opéra qui .... un succès international. (composer/avoir)

c. Ils .... par éliminer ceux qui .... les règles. (commencer/ne pas respecter)

d. Elle .... sur ses positions alors que tout le monde l'......................... (rester/critiquer)

e. Vous m'......................... que vous .... joindre le directeur. (affirmer/ne pas pouvoir)

f. Comme je .... dans cette ville, je .... un plan. (ne jamais aller/s'acheter)

g. Nous .... assister à une conférence où nous .... (devoir/s'ennuyer).

h. Quand tu .... l'année dernière, on .... une bonne soirée. (venir/passer).

B. VERBES EN -IR, -RE ET -OIR

155 Complétez en faisant l'accord si nécessaire.

> *Exemple :* Nous nous étions bien entendu**(e)s** et étions convenu**(e)s** de travailler ensemble.

a. Ils n'avaient pas admis……… que les décisions que vous aviez pris……… étaient bonnes.

b. Mes sœurs m'avaient offert……… une robe que j'avais porté……… tout l'été.

c. Le jour où tu étais parti……… nous avions tous pleuré………

d. Quelqu'un avait jeté……… la bouteille qui avait contenu……… ces substances chimiques.

e. On avait détruit……… ces bâtiments car ils étaient devenu……… insalubres.

f. Je m'étais alors demandé……… si ces paroles vous avaient ému………

g. Les représentants, qu'ils avaient choisi………, avaient répondu……… à toutes les questions.

h. Comme on lui avait promis……… monts et merveilles, elle s'était attendu……… à autre chose.

156 Mettez dans l'ordre.

> *Exemple :* était/./On/compris/pas/s'/ne/./bien → ***On ne s'était pas bien compris.***

a. n'/pas/cet/Ils/tenu/./élément/avaient/de/compte

→ ....

b. n'/vu/nulle/jamais/part/avais/Je/./cela → ....

c. souffert/ils/de/absence/-/Avaient/?/son → ....

d. sur/nous/./étions/ce/Nous/assis/banc → ....

e. temps/avait/Combien/-/attendu/de/?/elle

→ ....

f. avait/suicide/enquête/conclu/./L'/finalement/au

→ ....

g. nous/étions/déjà/./Nous/fois/servis/deux

→ ....

h. étiez/vue/Vous/?/-/de/perdus/vous → ....

157 Répondez avec les éléments donnés.

> *Exemple :* Pourquoi était-il fâché contre elle ? (ne pas répondre à sa lettre)
> → ***Parce qu'elle n'avait pas répondu à sa lettre.***

a. Pourquoi avait-il peur ? (recevoir des menaces)

→ ....

b. Pourquoi es-tu allé voir ce film ? (en entendre parler)

→ ....

c. Pourquoi était-elle trempée ? (ne pas prendre de parapluie)

→ ....

d. Pourquoi avaient-ils changé de traitement ? (ne pas voir d'amélioration)

→ ....

e. Pourquoi les as-tu félicités ? (bien se conduire)

→ ....

f. Pourquoi êtes-vous surpris de ma remarque ? (ne jamais dire cela)

→ ....

g. Pourquoi ne se sont-ils pas parlé ? (ne pas se reconnaître)

→ ....

h. Pourquoi n'a-t-il pas assisté à la réunion ? (ne pas revenir des États-Unis)

→ ....

158 **Transformez au plus-que-parfait.**

Exemple :   Ils venaient d'ouvrir un nouveau magasin.

→ *Ils avaient ouvert un nouveau magasin.*

a. Elle venait de découvrir le secret. → ....

b. Tu venais de vivre un événement historique. → ....

c. Il venait de se battre avec ses camarades. → ....

d. Vous veniez de vous inscrire à ce club ? → ....

e. Nous venions de conclure un accord important. → ....

f. Elle venait de repeindre sa salle de bains. → ....

g. Ils venaient d'élire leur représentant. → ....

h. Il venait de recevoir sa convocation. → ....

159 **Complétez au plus-que-parfait avec les verbes entre parenthèses (attention à l'accord du participe passé).**

Exemple :   Avant de donner leur accord, ils *s'étaient entretenus* avec le P.D.G.

(s'entretenir)

a. Cette vie d'artiste, il l'........................ (choisir)

b. Nous .... le pire. (craindre)

c. Malgré tout, la chance lui .... (sourire)

d. Avec l'âge, elle .... cynique. (devenir)

e. Je .... de roman d'Éric Holder. (ne jamais lire)

f. Tout cela n'........................ personne. (convaincre)

g. Pourtant vous .... une goutte d'alcool ! (ne pas boire)

h. Il .... dans la plus grande solitude. (mourir)

C. IMPARFAIT, PASSÉ COMPOSÉ ET PLUS-QUE-PARFAIT

160 **Rayez ce qui ne convient pas.**

Exemple :   Elle a eu peur d'être interrogée parce qu'elle ~~n'apprenait pas~~/~~n'a pas appris~~/ **n'avait pas appris** sa leçon.

a. Comme vous me *le conseilliez/l'avez conseillé/l'aviez conseillé*, j'ai contacté un avocat.

b. C'est alors que je *m'apercevais/me suis aperçu(e)/m'étais aperçue* qu'il n'écoutait pas.

c. On ne voyait rien dans la pièce car quelqu'un *éteignait/a éteint/avait éteint* la lumière.

d. Je ne me doutais de rien ! Si *je savais/j'ai su/j'avais su* !...

e. Ils ont publié un livre qui *faisait/a fait/avait fait* beaucoup de bruit.

f. Ils *se promettaient/se sont promis/s'étaient promis* de ne pas le dire et pourtant ils l'ont dit !

g. Le restaurant n'acceptait pas les chèques. Heureusement que nous *avions/avons eu/avions eu* du liquide.

h. Tout le monde était informé : il *le faisait/l'a fait/l'avait fait* savoir dès son arrivée.

161 **Plus-que-parfait, imparfait ou passé composé ? Mettez au passé.**

Exemple : Depuis qu'ils sont allés sur cette île, ils ne rêvent que d'y retourner.

→ *Depuis qu'ils étaient allés sur cette île, ils ne rêvaient que d'y retourner.*

a. Je crois comprendre qu'ils ont la nationalité française.

→ ....

b. Le chat ne mange rien parce que ses maîtres ont oublié de le nourrir.

→ ....

c. Comme tu n'as pas répondu à l'invitation, nous pensons que cela ne t'intéresse pas.

→ ....

d. Ils préparent tout, quand soudain on leur dit que tout est annulé.

→ ....

e. Elle est un peu anxieuse car elle n'a pas conduit depuis longtemps.

→ ....

f. Jean raconte l'histoire d'un ami qui s'est fait tatouer tout le corps.

→ ....

g. Tout le monde répète qu'on n'a pas pris les mesures nécessaires.

→ ....

h. Une fois qu'il a fermé les volets, il se sent plus en sécurité chez lui.

→ ....

162 **Complétez au plus-que-parfait, au passé composé ou à l'imparfait.**

Exemple : Cela *faisait* 2 jours qu'il *n'avait pas mangé*. (faire/ ne pas manger)

a. Comme nous ...., nous .... de place. (ne pas réserver/ne pas avoir)

b. La comtesse .... à une famille qui .... la révolution. (appartenir/fuir)

c. La maison dont elle ...., ... une fortune. (hériter/valoir)

d. Souvent, il .... que son père lui .... de veiller sur sa mère. (se rappeler/dire)

e. Tout .... dévasté comme si une bombe .... (être/exploser)

f. Vous .... votre numéro si bien qu'on .... vous joindre. (ne pas laisser/ne pas pouvoir)

g. Les rivières .... car il .... tout le mois précédent. (déborder/pleuvoir)

h. Il .... à présent réparer les erreurs qu'on .... (falloir/commettre)

Bilans

163 Mettez au plus-que-parfait.

Deux mois avant l'anniversaire d'Anne,

nous/se réunir. ***nous nous étions réuni(e)s.***

1. *nous/réfléchir à l'organisation de la fête.* ....

2. *je/se renseigner sur les salles à louer.* ....

3. *je/surfer sur Internet.* ....

4. *Claire et moi/choisir cinq adresses.* ....

5. *nous/aller visiter ces salles.* ....

6. *nous/en réserver une.* ....

7. *Christian/venir la voir.* ....

8. *nous/tomber d'accord.* ....

9. *nous/se cotiser pour payer la location.* ....

10. *Michael/convaincre des amis musiciens.* ....

11. *ils/accepter d'animer la soirée.* ....

12. *nous/tout prévoir.* ....

13. *nous/réussir à garder le secret.* ....

164 Mettez au plus-que-parfait.

Le jour où elle **(1)** .... *(revenir) dans le village, qu'elle* **(2)** ....
.... *(quitter) dix ans plus tôt, elle* **(3)** .... *(s'apercevoir) qu'elle était
à un carrefour de sa vie. Tous ses souvenirs de ces années qui* **(4)** ....
(s'écouler) lui **(5)** .... *(revenir) à l'esprit : les chemins qu'elle* **(6)** ....
.... *(suivre), les combats qu'elle* **(7)** .... *(devoir) mener, les
choix qu'elle* **(8)** .... *(faire), les gens qu'elle* **(9)** ....
(croiser) : ceux qui l' **(10)** .... *(aider), ceux avec qui elle* **(11)** ....
.... *(se lier) d'amitié, ceux qui* **(12)** .... *l'*...
(ne pas accepter). La vie **(13)** .... *(ne pas être) facile. Elle* **(14)** ....
.... *(se battre) comme une lionne, elle* **(15)** .... *(ne
jamais se reposer), elle* **(16)** .... *(survivre) à toutes les épreuves. Ce jour-
là, sur les lieux de son enfance, elle* **(17)** .... *(décider) de tourner la page
et, depuis, sa vie* **(18)** .... *(prendre) un autre cours : elle*
(19) .... *(atteindre) la sérénité.*

V. FUTUR SIMPLE

A. *ÊTRE* ET *AVOIR*

165 Rayez ce qui ne convient pas.

Exemple : Fabrice ~~auras~~/**aura** 18 ans en juin.

a. Toi aussi, tu *seras/sera* majeur.

b. Ils *serons/seront* bientôt bacheliers.

c. Tu *auras/aura* une bonne surprise.

d. Je *serai/serez* présente.

e. *Serai/Serez*-vous libre ce jour-là ?

f. Ils *aurons/auront* la réponse.

g. Nous *serons/seront* absents.

h. Ce *seras/sera* sur Internet.

166 Complétez au futur simple.

Exemple : Aur**ez**-vous envie de venir ?

a. Il y aur......... des chanteurs.

b. J'aur......... des places gratuites.

c. Ser.........-vous là ?

d. Ce ser......... amusant.

e. Ser.........-ils sur place ?

f. Il ne ser......... pas trop tard.

g. Je ser......... disponible.

h. Aur.........-tu besoin de moi ?

167 Mettez au futur.

Exemple : Nous avons la joie de vous accueillir.

Nous aurons la joie de vous accueillir.

a. J'ai beaucoup de plaisir à vous voir. → ....

b. Nous sommes enchantés. → ....

c. Je suis ravie. → ....

d. C'est avec grand plaisir. → ....

e. Vous êtes les bienvenus. → ....

f. Tout le plaisir est pour nous. → ....

g. Ils ont l'honneur de vous rencontrer. → ....

h. Elle a la joie de vous voir. → ....

168 Complétez avec *être* et *avoir* au futur simple.

Exemple : Il **aura** 2 semaines de vacances et **sera** content de partir.

a. Ce .... en été et vous .... chaud.

b. Vous .... une petite maison et vous .... libre.

c. Tu ne .... pas seul car ta petite amie .... avec toi.

d. On n'................. besoin de rien : on .... parfaitement heureux.

e. Il y .... du soleil la journée et les nuits .... douces.

f. Nous .... tout notre temps et nous .... détendus.

g. J'................ envie de rester et je .... triste de partir.

h. Au retour, ce .... dur : il y .... un moment de réadaptation.

B. VERBES EN -*ER*

169 Donnez l'infinitif de ces verbes au futur simple.

Exemple : Vous appellerez à ce numéro. → ***appeler***

a. On vous enverra une attestation. → ....

b. Vous ne jetterez pas ce papier. → ....

c. Tu emploieras une femme de ménage. → ....

d. Nous les remercierons. → ....

e. Vous appuierez sur ce bouton. → ....

f. Je n'achèterai rien. → ....

g. Ils vous emmèneront. → ....

h. Il paiera en espèces. → ....

170 Complétez au futur simple.

Exemple : Nous continuer**ons**.

a. Je le remercier........

b. Vous n'oublier........ pas !

c. On s'habituer........

d. Nous jouer........ ensemble.

e. Vous étudier........

f. Je les saluer........

g. Tu vérifier............

h. Ils apprécier........

171 Mettez dans l'ordre.

Exemple : de/J'/les/./convaincre/essayerai → ***J'essayerai de les convaincre.***

a. étudierons/près/la/Nous/de/./question/très → ....

b. jamais/On/visage/oubliera/./son/n' → ....

c. la/Je/./part/ta/remercierai/de → ....

d. discussion/Cela/la/pèsera/./dans/lourd → ....

e. la/photographiera/./famille/Il/toute → ....

f. t'/soir/./ne/Tu/pas/promèneras/y/le → ....

g. confirmation/enverrez/./nous/une/Vous → ....

h. complèteront/tout/./Ils/questionnaire/le → ....

172 Donnez le présent, puis le futur simple.

Exemple : Se lever de bonne heure. → ***On se lève de bonne heure. On se lèvera de bonne heure.***

a. Emmener les enfants à l'école.

→ Tu ....

b. Ne pas jeter l'argent par les fenêtres.

→ Il ....

c. Se rappeler ce jour mémorable.

→ Ils ....

d. S'acheter un bateau.

→ On ....

e. Achever les travaux en mai.

→ Ils ....

f. Semer des graines.

→ Je ....

g. Se promener à bicyclette.

→ Elle ....

h. Préférer passer par une agence.

→ Il ....

173 **Complétez au futur simple avec les verbes entre parenthèses.**

Exemple : On ne *tolèrera* plus aucune infraction. (tolérer)

a. La police .... les citoyens. (protéger)

b. On ne .... plus les prisonniers. (libérer)

c. Personne ne .... d'armes à feu. (posséder)

d. Les voyous ne .... plus le désordre. (semer)

e. Vous ne .... plus. (s'inquiéter).

f. La nouvelle politique .... efficace. (se révéler)

g. On .... tous les problèmes. (régler)

h. L'ordre ....(régner)

174 **Complétez avec -*i* ou -*y* (parfois plusieurs possibilités).**

Exemple : Tu netto*i*eras tout.

a. J'essa...erai encore.

b. Elle oubl...era probablement.

c. On ne s'ennu...era pas.

d. Vous pa...erez tout ensemble.

e. Tu ne tuto...eras pas le médecin.

f. Combien de personnes emplo...eront-ils ?

g. Nous appu...erons votre demande.

h. Cela ne les effra...era pas.

175 **Changez le futur proche en futur simple.**

Exemple : On va recopier tout le texte. → *On recopiera tout le texte.*

a. Tu vas saluer Catherine de ma part. → ....

b. Je vais vous confier cette mission. → ....

c. Vous n'allez pas crier ! → ....

d. Elle va photocopier cette page. → ....

e. Ils vont louer une voiture. → ....

f. La situation va évoluer. → ....

g. Nous allons publier ce livre. → ....

h. Cela va polluer les plages. → ....

176 **Complétez au futur simple avec les verbes entre parenthèses.**

Exemple :. Vous **complèterez** et vous **renverrez** le formulaire à l'adresse indiquée. (compléter/renvoyer)

a. On lui .... ce poste et, dans quelques années, il .... au directeur. (confier/succéder)

b. Je .... ce conseil toute ma vie, je ne l'........................ jamais. (se rappeler/oublier)

c. Nous .... les meubles et nous .... la pièce. (enlever/nettoyer)

d. Vous .... le texte et vous le .... à tout le monde. (modifier/distribuer)

e. Quand tu .... l'histoire de ce pays, tu en .... mieux la culture. (étudier/apprécier)

f. Ils .... de nous persuader et .... la même chose. (essayer/répéter)

g. Lorsque Laurent ...., il .... des faire-part à tout le monde. (se marier/envoyer).

h. Elle .... son loyer régulièrement tant qu'elle .... son appartement. (payer/louer)

C. SEMI-AUXILIAIRES

177 **Reliez les éléments.**

a. Il faudra éteindre les lumières

b. J'irai faire les courses

c. Je vous le ferai savoir

d. Nous irons nous promener :

e. Tu feras

f. Pourrez-vous me dire

g. On ne le saura

h. Vous devrez contacter cette personne

1. quand je le saurai.
2. que lorsqu'on sera sur place.
3. où aura lieu le salon du livre ?
4. si tu veux.
5. quand vous quitterez la pièce.
6. qui vous donnera des informations.
7. cela nous fera du bien.
8. tout ce que tu voudras.

178 **Rayez ce qui ne convient pas.**

Exemple : Il ne ~~sauras~~/**saura** pas pourquoi.

a. C'est le seul qui *voudras/voudra* le faire.

b. Tu *pourras/pourra* m'aider ?

c. C'est toi qui *devras/devra* parler le premier.

d. Chacun *sauras/saura* quoi faire.

e. Tout le monde *seras/sera* dans la même situation.

f. Personne ne *viendras/viendra*.

g. Tu me *feras/fera* signe ?

h. Quelqu'un *iras/ira* voir.

179 **Trouvez la question.**

Exemple : Oui, il faudra réserver. → ***Faudra-t-il réserver ?***

a. Oui, je pourrai venir. → ....

b. Non, il ne viendra pas. → ....

c. Non, ils ne feront pas la grève. → ....

d. Oui, elle voudra être là lundi. → ....

e. Oui, je saurai me débrouiller. → ....

f. Non, on ne devra pas payer. → ....

g. Oui, il faudra vous préparer. → ....

h. Non, elle n'ira pas au stade. → ....

180 **Mettez dans l'ordre.**

Exemple : nous/Voudront/avec/-/ils/collaborer/?/ → ***Voudront-ils collaborer avec nous ?***

a. de/fera/Cela/peine/./la/lui → ....

b. pas/aller/pourrai/Je/y/./ne → ....

c. la/ne/viendront/./à/pas/fête/Ils → ....

d. Nous/là-bas/jamais/irons/./plus/n' → ....

e. faudra/se/ne/Il/./perdre/pas → ....

f. devra/récente/./photo/être/La → ....

g. défendre/ils/cause/-/Sauront/?/leur → ....

h. ferez/été/-/Que/vous/?/l'/prochain → ....

181 **Complétez au futur simple avec *vous* et les verbes entre parenthèses.**

Exemple : ***Vous devrez*** avoir toujours votre carte d'étudiant sur vous. (devoir)

a. .... au restaurant universitaire. (aller)

b. .... y déjeuner pour un prix modeste. (pouvoir)

c. .... des réductions au cinéma. (avoir)

d. .... probablement du sport. (faire)

e. .... vite vous orienter dans la ville. (savoir)

f. .... être partout à la fois. (vouloir)

g. .... tenté par mille choses. (être)

h. .... passer vos examens dans cette salle. (venir)

182 | **Futur simple ou futur proche ? Cochez la bonne réponse.**

Exemple : Aline et Thierry arrivent,

    1. ☒ *on va pouvoir leur poser la question.*
    2. ☐ on pourra leur poser la question.

a. Ce soir,
    1. ☐ je vais faire la cuisine.   **2.** ☐ je ferai la cuisine.

b. Dans 2 mois,
    1. ☐ elle va être bien loin d'ici.   **2.** ☐ elle sera bien loin d'ici.

c. Votre calcul est faux.
    1. ☐ Vous allez devoir recommencer.   **2.** ☐ Vous devrez recommencer.

d. Si vous leur demandez,
    1. ☐ ils vont savoir vous répondre.   **2.** ☐ ils sauront vous répondre.

e. Patientez ! la responsable
    1. ☐ va venir.   **2.** ☐ viendra.

f. Si personne n'a plus rien à ajouter,
    1. ☐ on va s'en aller.   **2.** ☐ on s'en ira.

g. Tout à l'heure,
    1. ☐ nous allons avoir les résultats.   **2.** ☐ nous aurons les résultats.

h. Quand tu recevras le formulaire,
    1. ☐ tu vas devoir le remplir.   **2.** ☐ tu devras le remplir.

D. VERBES EN -*IR*, -*RE*, -*OIR*

183 | **Reliez les éléments.**

a. Nous vous dirons demain
b. Dès que tu connaîtras les résultats,
c. Vous lirez cet article
d. Quand ils s'apercevront de son absence,
e. Il rira
f. Je viendrai te chercher en voiture
g. Quand elle se sentira mieux,
h. Si on lui propose,

1. elle sortira de l'hôpital.
2. quand il se rendra compte que c'est une blague.
3. vous verrez qu'il acceptera.
4. tu me les transmettras.
5. et vous comprendrez tout.
6. l'heure à laquelle nous atterrirons.
7. ils préviendront la police.
8. car tu auras beaucoup de bagages.

184 | **Répondez.**

Exemple : Est-ce que tu te souviendras de l'adresse ?

    → Oui, je *me souviendrai de l'adresse/m'en souviendrai.*

a. Est-ce que vous viendrez cette semaine ?
→ Non, nous ....
b. Est-ce que tu soutiendras ce candidat ?
→ Oui, je ....
c. Ouvrirez-vous un compte dans cette banque ?
→ Oui, nous ....

d. Est-ce que tu préviendras tes parents ?

→ Oui, je ....

e. Est-ce que tu obtiendras ce que tu demandes ?

→ Non, je ....

f. Est-ce que vous vous offrirez une semaine de repos ?

→ Oui, nous ....

g. Est-ce que tu te sentiras à l'aise ?

→ Oui, je ....

h. Est-ce que vous maintiendrez votre position ?

→ Oui, nous ....

185 **Rayez ce qui ne convient pas.**

Exemple : C'est vous tous qui ~~choisirai~~/**choisirez.**

a. On *dormiras/dormira* dans une petite auberge.

b. Tu *découvriras/découvrira* la France profonde.

c. Toi et moi *partirons/partiront* à l'aventure.

d. Le monde nous *appartiendrons/appartiendra.*

e. Toi et Louise *deviendrai/deviendrez* des champions.

f. Je vous *offrirai/offrirez* des paysages magnifiques.

g. Les habitants nous *accueillerons/accueilleront.*

h. Je vous *servirai/servirez* de guide.

186 **Donnez des conseils à un ami. Changez l'impératif en futur simple.**

Exemple : Offre-lui des fleurs ! → *Tu lui offriras des fleurs.*

a. Couvre-la de cadeaux ! → ....

b. Ouvre-lui ton cœur ! → ....

c. Agis avec délicatesse ! → ....

d. Réfléchis avant de parler ! → ....

e. Tiens compte de ses désirs ! → ....

f. Réponds à ses attentes ! → ....

g. Dis-lui des mots tendres ! → ....

h. Rends-la heureuse ! → ....

187 **Mettez dans l'ordre.**

Exemple : t'/Je/que/./soutiendrai/assure/te/je

→ *Je t'assure que je te soutiendrai.*

a. par/finira/un/y/arriver/!/par/On/jour → ....

b. courra/Jeux/Elle/aux/pas/Olympiques/./ne → ....

c. cela/nous/!/Avec/pas/de/mourrons/ne/faim/, → ....

d. que/J'/vous/tiendrez/./espère/bon → ....

e. pas/sa/sur/reviendra/./décision/ne/Elle → ....

f. vraiment/me/./chez/ne/sentirai/Je/moi/pas → ....

g. vieilliront/ne/ensemble/./Ils/pas → ....

h. célèbre/./-/il/Peut/-/deviendra/être/t/- → ....

188 Conseils à des enfants. Mettez au futur simple.

Exemple : Bien se tenir à table. → *Vous vous tiendrez bien à table.*

a. Ne pas mettre les coudes sur la table. → ....

b. Attendre avant de commencer. → ....

c. Se conduire en adultes. → ....

d. Ne pas lire à table. → ....

e. Ne pas se resservir trois fois. → ....

f. Ne pas choisir les meilleurs morceaux. → ....

g. Ne pas sortir de table avant la fin du repas. → ....

h. Dire merci. → ....

189 Complétez au futur simple avec les verbes entre parenthèses.

Exemple : S'ils me font une remarque, je *mourrai* de honte. (mourir)

a. Si nous avons des nouvelles entre-temps, je vous .... au courant. (tenir)

b. Si on déjeune dans le jardin, tu .... le parasol. (sortir)

c. S'ils ne sont pas chez eux, on .... plus tard. (revenir)

d. Si tu vas les voir, ils t'.................. à bras ouverts. (accueillir)

e. Si vous allez là-bas, vous .... des sensations nouvelles. (découvrir)

f. Si tu ne t'en sers plus, cela .... à quelqu'un d'autre. (servir)

g. Si on va à la séance de 22 heures, je .... (s'endormir)

h. S'ils organisent une fête, ils .... les voisins. (prévenir)

190 Changez ces titres de journaux en phrases au futur simple.

Exemple : Reprise de l'activité économique en 2010.
→ *L'activité économique reprendra en 2010.*

a. Construction d'un nouvel aéroport par la société Axla.

→ ....

b. Retraités : perte du pouvoir d'achat.

→ ....

c. Élection des représentants par les salariés de l'entreprise.

→ ....

d. Production d'un film sur le SIDA par le ministère de la Santé.

→ ....

e. À la mairie, lecture de poèmes par des comédiens.

→ ....

f. Accroissement du nombre des demandeurs d'emploi.

→ ....

g. L'équipe de foot d'Argentine reçue par le président.

→ ....

h. Pluie dans le Nord et l'Est.

→ ....

191 Complétez au futur simple.

Exemple : Vous rempli**rez** le bon de commande et vous joind**rez** un chèque.

a. Vous nous dir......... quand vous vendr......... votre appartement.

b. Tu éteindr......... quand tu partir.........

c. Cela vous plair......... certainement, vous verr.........

d. Nous écrir......... le code sur un papier que nous mettr......... dans votre boîte à lettres.

e. Je répondr......... quand vous me permettr......... de placer un mot.

f. J'espère que les automobilistes conduir......... moins vite et commettr......... moins d'infractions.

g. Vous recevr......... un paquet avec un mode d'emploi que vous suivr......... scrupuleusement.

h. Je suis sûr qu'on les convaincr......... et qu'ils reconnaîtr......... que nous avons raison.

192 Mettez au présent de l'indicatif.

Exemple : Je courrai le dire à tout le monde. → *Je cours le dire à tout le monde.*

a. Vous acquerrez de nouvelles compétences. → ....

b. Nous recevrons 40 personnes. → ....

c. Ils s'assiéront à cette table. → ....

d. On prévoira des boissons pour les invités. → ....

e. Je ne vous interromprai pas. → ....

f. Cela me décevra beaucoup. → ....

g. Il vaudra mieux changer de date. → ....

h. Tu ne t'apercevras de rien. → ....

193 Soulignez les verbes qui prennent deux *r* au futur simple.

savoir – courir – finir – venir – avoir – envoyer – dire – croire – boire – écrire – valoir – pouvoir – mourir – faire – voir – recevoir – mettre – rire – conclure – conduire – s'asseoir.

194 Complétez au futur simple avec les verbes entre parenthèses.

Exemple : Je sais que tu ne me *décevras* pas. (décevoir)

a. Avec ce stage, tu .... une qualification. (acquérir)

b. Cela te .... de trouver un emploi. (permettre)

c. Vous .... plus facilement vos clients. (convaincre)

d. Je m'........................... en face de toi. (s'asseoir)

e. Ce tableau .... le triple dans deux ans. (valoir)

f. À gauche, vous .... le dôme des Invalides. (apercevoir)

g. Ils .... cette affaire dans deux jours. (conclure)

h. Quand il arrivera, vous .... (se taire)

Bilans

195 Mettez au futur simple.

Allô ? Tristan ? Je te téléphone pour t'expliquer comment venir à la maison. D'abord, tu essaies de ne pas partir trop tard car il y a beaucoup de monde sur les routes ce week-end. C'est le départ des vacances scolaires. Bon, alors, tu prends l'autoroute et tu sors à... Puis tu suis la direction « Toulouse ». Tu continues toujours dans cette direction. Quand tu arrives au centre de Toulouse, tu vas à la place du Capitole et ensuite tu prends la rue de Metz et tu traverses la Garonne et, 300 mètres plus loin, tu vois une petite place, la place Saint-Cyprien. Il faut te garer là. Tu trouves facilement le numéro 4. Tu dois faire le code A502. Je suis chez moi toute la journée. En cas d'imprévu, tu peux me joindre sur mon portable. Le soir, on dîne dans un petit restaurant sympa. Katia nous y rejoint. On a toute la soirée pour discuter...

....

....

....

....

....

....

....

....

....

....

196 Complétez au futur simple avec les verbes entre parenthèses.

Une méthode miracle

Avec notre nouvelle méthode, vous **(1)** .... (pouvoir) vous exprimer avec aisance : les mots **(2)** .... (venir) facilement. Vous **(3)** .... (apprendre) à intervenir en réunion : vous **(4)** .... (animer) des séminaires. Vous n'**(5)** ....(avoir) plus peur de vous exprimer en public. Vous **(6)** .... (être) plus confiant. Vous **(7)** .... (vaincre) votre timidité : vous **(8)** .... (découvrir) les raisons de vos blocages et vous **(9)** .... (acquérir) une certaine assurance. Vous **(10)** .... (développer) également votre mémoire. Vous n' **(11)** .... (oublier) plus rien. Vous **(12)** .... (se souvenir) de tout. Vous **(13)** .... (s'apercevoir) que tout **(14)** .... (devenir) aisé. Vous **(15)** .... (savoir) vous faire apprécier de tous. Vous **(16)** .... (devenir) plus sociable. Vous **(17)** .... (se faire) plus facilement des amis que vous **(18)** .... (recevoir) avec plaisir chez vous. Votre vie **(19)** .... (se transformer)

VI. FUTUR ANTÉRIEUR

A. *ÊTRE, AVOIR, VERBES EN -ER ET SEMI-AUXILIAIRES*

 197 **Soulignez l'action qui est antérieure à l'autre.**

> **Exemple :** Tout ira mieux quand on <u>se sera</u> un peu <u>reposés</u>.

a. Quand elle y sera allée, elle pourra nous en parler.

b. Nous le saurons dès qu'elle aura envoyé le document.

c. Lorsque nous arriverons, ils auront déjà tout mangé.

d. On aura gagné et on sera millionnaires.

e. Il aura fallu 6 mois avant de prendre la décision.

f. Une fois qu'ils se seront entraînés, ils devront intégrer une équipe.

g. Dès que j'aurai pu le joindre, je te téléphonerai.

h. Tu continueras à réclamer tant que tu n'auras pas eu satisfaction ?

198 **Reliez les éléments (plusieurs possibilités).**

a. Je te rappellerai

b. Une fois que tu auras passé ton bac,

c. Dans 5 ans, quand on aura payé l'appartement,

d. Nous irons faire du ski avec eux

e. J'aurai terminé d'ici deux heures

f. On ne pourra discuter que

g. Tant qu'on n'aura pas été sur place,

h. Quand ils auront fait leurs comptes

1. et je viendrai alors vous voir.

2. lorsque nous aurons examiné tous les cas.

3. il sera impossible de prendre une décision.

4. on aura plus de liberté.

5. il ne leur restera rien.

6. dès que j'aurai eu de ses nouvelles.

7. quand ils se seront installés dans les Pyrénées.

8. tu pourras décider de tes études.

 199 **Transformez le passé composé en futur antérieur.**

> **Exemple :** Vous êtes allé là-bas.
>
> → ***Vous serez allé là-bas.***

a. Il est venu. → ....

b. Ils ont eu du mal. → ....

c. Tu as dû attendre. → ....

d. Vous avez su négocier. → ....

e. Il a fallu accepter. → ....

f. On a fait notre possible. → ....

g. Nous sommes allés voir. → ....

h. Je n'ai pas pu lui dire. → ....

200 **Rayez ce qui ne convient pas.**

Exemple : Vous vous **serez**/~~aurez~~ amusé(e)(s).

a. J' *aurai/serai* eu de la chance.

b. Vous *aurez/serez* allé(e)(s) danser.

c. Je *serai/aurai* venu(e) avec des amis.

d. Tout le monde *aura/sera* profité de cette soirée.

e. Tu *seras/auras* eu du succès.

f. On *sera/aura* su montrer notre talent.

g. Vous *serez/aurez* été les vedettes.

h. Personne ne se *sera/aura* ennuyé.

201 *Être* ou *avoir* ? **Complétez au futur antérieur.**

Exemple : Nous n'en parlerons que lorsque nous **aurons** trouvé un moment de paix,

a. lorsque tu te .... excusé.

b. lorsqu'elle .... arrêté de crier.

c. lorsqu'ils .... exprimé leurs regrets.

d. lorsque tu .... montré de la bonne volonté.

e. lorsqu'on se .... calmé.

f. lorsque vous .... dédramatisé.

g. lorsque nous nous .... tous réconciliés.

h. lorsque tout .... rentré dans l'ordre.

202 **Mettez dans l'ordre.**

Exemple : tout/ce/est/sera/Quand/-/?/que/réglé

→ **Quand est-ce que tout sera réglé ?**

a. aura/encore/le/rencontré/n'/responsable/pas/./Il

→ ....

b. n'/J'/oublié/ils/./espère/pas/qu'/auront

→ ....

c. une/arrivée/dans/./ne/heure/sera/Elle/pas

→ ....

d. aura/un/./Il/eu/y/malentendu/sûrement

→ ....

e. pas/avant/ne/serons/trois/./rentrés/Nous/heures

→ ....

f. mouvementée/journée/été/Cela/!/une/aura/

→ ....

g. fallu/concessions/./Il/beaucoup/aura/faire/de

→ ....

h. pire/éviter/aurez/le/pour/fait/./Vous/tout

→ ....

203 Pas de regrets ! Complétez au futur antérieur avec les verbes entre parenthèses.

Exemple : Au moins, je **serai allé(e)** jusqu'au bout. (aller)

a. Nous .... tout .... (essayer)

b. Vous .... votre devoir. (faire)

c. Ils .... pour rien. (ne pas venir)

d. On .... éviter le pire. (pouvoir)

e. Tu .... la situation. (améliorer)

f. J'..................... mon avis. (donner)

g. Mais il .... se battre. (falloir)

h. Nous .... résister aux pressions. (devoir)

B. VERBES EN *-IR, -RE, -OIR*

204 Rayez ce qui ne convient pas.

Exemple : Vous fermerez le magasin quand tous les clients seront ~~sorti~~/**sortis**.

a. Sur leur liste de mariage, il y aura tous les cadeaux qu'ils auront *choisi/choisis*.

b. Ma voiture ? J'espère que je l'aurai *vendu/vendue* en mai.

c. Une fois que vous vous serez *inscrites/inscrit*, vous serez les bienvenues dans notre club.

d. Dès qu'ils seront *revenus/revenu*, ils vous appelleront.

e. Cette promotion, il l'aura *attendu/attendue* pendant 5 ans.

f. Quand elle aura *pris/prise* sa décision, elle vous en informera.

g. D'ici 2020, on aura probablement *découvert/découverts* d'autres sites archéologiques.

h. Quand elles se seront *vu/vues*, elles arrêteront peut-être de se haïr.

205 Mettez dans l'ordre.

Exemple : vu/cette/!/On/année/tout/aura → **On aura tout vu cette année !**

a. bien/auras/le/./agi/tous/Tu/pour/de → ....

b. Vous/rien/venus/pas/!/pour/serez/ne → ....

c. amour/Il/belle/./aura/histoire/une/vécu/d' → ....

d. sujet/dit/./On/sur/aura/le/tout → ....

e. Finalement/ri/./nous/beaucoup/,/aurons → ....

f. pas/revenu/Je/une/avant/./serai/ne/heure → ....

g. pris/Ils/!/bien/temps/auront/leur → ....

h. dans/tout/aura/cette/perdu/histoire/./Elle → ....

206 Répondez à la forme négative.

Exemple : D'ici là, aurez-vous résolu les problèmes ?

→ **Non, nous n'aurons pas résolu les problèmes./Non, nous ne les aurons pas résolus.**

a. Les ouvriers auront-ils mis la nouvelle moquette avant le 15 août ?

→ ....

b. Aurez-vous fini les travaux dans un mois ?

→ ....

c. Est-ce qu'on aura repeint tous les bureaux fin juillet ?

→ ....

d. Tous les employés seront-ils revenus le 20 août ?

→ ....

e. Est-ce que fin août, tout le monde se sera remis au travail ?

→ ....

f. Vos collègues se seront-ils vus pendant les vacances ?

→ ....

g. Aurons-nous reçu tous les documents avant la rentrée ?

→ ....

h. Est-ce que la situation sera redevenue normale ?

→ ....

207 | **Trouvez des explications à un rendez-vous manqué en complétant avec les verbes entre parenthèses.**

Exemple : Ils ***auront choisi*** un autre restaurant. (choisir)

a. Ils .... (se perdre)

b. Elle .... mal. (se sentir).

c. Ils .... (s'endormir)

d. Ils .... finalement .... de chez eux. (ne pas sortir)

e. Ils .... l'adresse. (ne pas comprendre)

f. Je les .... trop tard. (prévenir)

g. Ils nous .... autre part. (attendre)

h. Ils .... notre message. (ne pas entendre)

C. FUTUR ANTÉRIEUR ET FUTUR SIMPLE

208 | **Construisez des phrases selon le modèle.**

Exemple : Je ne le vois pas de mes yeux, donc je ne le crois pas.

→ ***Tant que je ne l'aurai pas vu de mes yeux, je ne le croirai pas.***

a. Tu ne lis pas le mode d'emploi, donc tu ne réussis pas à assembler les pièces.

→ ....

b. On ne s'entend pas sur les prix, donc on ne passe pas de commande.

→ ....

c. Elle ne vit pas seule, donc elle ne sait pas se débrouiller.

→ ....

d. Ils ne mettent pas fin à cette relation, donc ils souffrent.

→ ....

e. Vous ne prenez pas de leçons de conduite, donc vous ne vous présentez pas à l'examen.

→ ....

f. Nous ne répondons pas à ces questions, nous ne pouvons pas gagner à ce jeu.

→ ....

g. Vous ne vous mettez pas d'accord, donc la situation ne s'améliore pas.

→ ....

h. Je ne suis pas morte, je continue à travailler.

→ ....

209 **Transformez les verbes soulignés en futur antérieur et les autres futurs proches en futurs simples.**

D'ici là, <u>nous allons prendre</u> quelques jours de vacances et j'espère que l'atmosphère <u>va se détendre</u>, car une fois que <u>vous lirez</u> nos propositions, que vous les <u>comprendrez</u>, vous allez changer votre point de vue. De plus, comme <u>je vais recevoir</u> d'autres informations entre-temps et que je <u>vais vous les transmettre</u>, vous allez vous rendre compte de la justesse de notre jugement. Dans peu de temps, <u>nous allons rétablir</u> des relations cordiales, <u>nous allons vaincre</u> cette crise de confiance et <u>nous allons reconstruire</u> un avenir meilleur.

....

....

....

....

....

....

210 **Construisez des phrases selon le modèle avec les éléments donnés.**

Exemple : Tu/lire le journal/changer d'avis.

→ *Quand tu auras lu le journal, tu changeras d'avis.*

a. Il/se joindre à notre équipe/nous faire gagner.

→ ....

b. Elle/vaincre sa timidité/pouvoir parler en public.

→ ....

c. Vous/suivre des cours de phonétique/avoir moins d'accent.

→ ....

d. On/traduire ce texte/il/être lu par des milliers de personnes.

→ ....

e. Nous/concevoir le prototype/le présenter à des industriels.

→ ....

f. Ils/produire l'article en série/les prix/baisser.

→ ....

g. On/détruire ces vieux bâtiments/construire des H.L.M.

→ ....

h. Le professeur/sortir/les étudiants/pouvoir quitter la salle.

→ ....

Bilans

211 Racontez une journée au futur et au futur antérieur en insistant sur la chronologie des actions et en utilisant la liste proposée ci-dessous. (Vous pouvez utiliser des conjonctions de temps : *quand, lorsque, dès que, après que*, etc.)

1. *Se réveiller tôt.*
2. *Prendre le petit déjeuner.*
3. *Se doucher.*
4. *S'habiller.*
5. *Aller à la banque.*
6. *Déposer un chèque.*
7. *Passer au pressing.*
8. *Revenir chez moi.*
9. *Téléphoner à Angela.*
10. *Ranger quelques affaires.*
11. *S'installer devant l'ordinateur.*
12. *Faire des recherches sur Internet.*
13. *Travailler pendant deux heures.*
14. *Prendre un sandwich.*
15. *Sortir.*
16. *Se promener en faisant du lèche-vitrines.*
17. *Rentrer à la maison.*
18. *Consulter ma messagerie électronique.*
19. *Répondre aux messages.*
20. *Lire le journal.*
21. *Ressortir pour dîner avec des amis.*

Je me réveillerai tôt. Dès que je me serai réveillé(e), je prendrai ....
....
....
....
....
....
....
....
....
....
....
....
....
....
....

....

....

....

....

....

212 **Posez vos conditions. Transformez le texte en remplaçant** *si* **par** *quand* **et en utilisant le futur simple et le futur antérieur.**

Nous reprenons les discussions si vous reconnaissez vos erreurs, si vous lisez nos revendications, si vous les comprenez et si vous mettez en place des commissions pour les examiner de plus près. Nous acceptons d'arrêter la grève si vous nous promettez de discuter avec nos représentants, si vous vous asseyez à la table des négociations, si vous tombez d'accord avec eux, si vous parvenez à un compromis acceptable et si l'ensemble du personnel obtient satisfaction.

....

....

....

....

....

....

....

VII. PASSÉ SIMPLE ET PASSÉ ANTÉRIEUR

A. ÊTRE, AVOIR

213 *Être* ou *avoir* ? Rayez ce qui ne convient pas.

Exemple : La saison *fut/~~eut~~* douce.

a. Nous *fûmes/eûmes* contraints de partir.

b. Les architectes *furent/eurent* des difficultés.

c. Les critiques *furent/eurent* unanimes.

d. Adélaïde *fut/eut* bouleversée.

e. Nous *fûmes/eûmes* cet honneur.

f. Ce *fut/eut* un grand exploit.

g. J'*eus/fus* un immense chagrin.

h. Vous *fûtes/eûtes* du mérite.

214 Complétez avec un pronom (plusieurs possibilités).

Exemple : *Nous* fûmes peinés par sa réaction.

a. .... eurent trois enfants.

b. .... fut le centre de la conversation.

c. .... eûtes un courage admirable.

d. .... fûtes ingénieux.

e. .... furent célèbres.

f. .... fus diplomate.

g. .... y eut une tempête.

h. .... eus des doutes.

215 *Être* ou *avoir* ? Complétez au passé simple.

Exemple : Cette exposition *eut* du succès.

a. Les visiteurs .... enchantés.

b. Nous .... un grand plaisir à y aller.

c. Le conservateur .... ému.

d. Ce .... un moment sublime.

e. Vous .... une charmante compagnie.

f. Les artistes .... leurs photos dans les journaux.

g. J'................ un coup de cœur.

h. Il y .... dix mille visiteurs.

B. VERBES EN -ER

216 Reliez les éléments.

a. Les arbres	1. m'approchai tout doucement.
b. Nous	2. dévasta la côte est.
c. Cette bonne nouvelle	3. s'arrêta près de la place.
d. Heureusement, tu	4. décidâmes alors de faire des recherches.
e. Le complot	5. échoua.
f. Je	6. lui pardonnas.
g. Elle	7. commencèrent à perdre leurs feuilles.
h. L'ouragan	8. nous rassura.

217 Rayez ce qui ne convient pas.

Exemple : Le mot « Krach » ~~se popularisas~~/**se popularisa** en 1929.

a. On *inauguras/inaugura* la première ligne de métro en 1900.

b. C'est toi qui *inventas/inventa* cette expression amusante.

c. Monsieur Seguin *attachas/attacha* sa chèvre à un piquet.

d. Goscinny et Uderzo *raconta/racontèrent* les aventures d'Astérix le Gaulois.

e. René Lacoste *créas/créa* son fameux crocodile en 1927.

f. Après la guerre, les Françaises *adopta/adoptèrent* la coupe de cheveux « à la garçonne ».

g. Coco Chanel *dessinas/dessina* son célèbre tailleur dans les années 50.

h. Pendant combien de temps est-ce que tu *collaboras/collabora* à cette revue ?

218 Mettez au pluriel.

Exemple : Il critiqua cette politique. → *Ils critiquèrent cette politique.*

a. Elle se consacra à cette étude. → ....

b. Il ajouta une clause au contrat. → ....

c. Il se maria dans une petite chapelle. → ....

d. Elle s'habilla tout en blanc. → ....

e. Il invita tout le voisinage. → ....

f. Elle se retrouva seule. → ....

g. Il résista aux pressions. → ....

h. Il tenta de s'expliquer. → ....

219 Mettez dans l'ordre.

Exemple : m'/Je/calmer/./efforçai/esprits/de/les

→ *Je m'efforçai de calmer les esprits.*

a. ingénieux/./un/Vous/système/inventâtes → ....

b. remarque/guère/./cette/apprécièrent/n'/Ils → ....

c. découragea/ne/il/./Jamais/se → ....

d. mer/préféra/la/bord/partir/Elle/./au/de → ....

e. t/-/Jura/-/vérité/il/toute/?/dire/de/la → ....

f. sorcière/mauvais/./jeta/La/lui/sort/un → ....

g. Seine/le/de/promenâmes/long/./Nous/la/de/nous

→ ....

h. injustice/pas/./dénonças/ne/cette/Tu → ....

220 **Mettez au pluriel ou au singulier.**

    Exemple :   Je me rappelai ses paroles. → ***Nous nous rappelâmes ses paroles.***

                Vous imitâtes le chant du coq. → ***Tu imitas le chant du coq.***

a. Nous progressâmes lentement. → ....

b. Tu imposas tes règles. → ....

c. Il participa à cette compétition. → ....

d. Je félicitai le lauréat. → ....

e. Vous explorâtes cette région sauvage. → ....

f. Un groupe se forma spontanément. → ....

g. Nous nous excusâmes aussitôt. → ....

h. La négociation progressa. → ....

221 **Complétez au passé simple avec les verbes entre parenthèses.**

    Exemple :   Toute la famille *fêta* cet événement. (fêter)

a. Les scientifiques .... les causes de cette maladie. (chercher)

b. On .... de sa naïveté et tout le monde .... de lui. (s'étonner/se moquer)

c. J'........................... une joie intense et .... de rire. (éprouver/éclater)

d. Les valeurs boursières .... puis .... (grimper/se stabiliser)

e. Cette date .... le début d'une nouvelle ère : rien ne .... plus comme avant. (marquer/être)

f. Nous .... son dossier de candidature et l'........................... (accepter/examiner)

g. La troupe des comédiens .... le metteur en scène et .... le public. (entourer/saluer)

h. Tu .... un beau succès et cela te .... la tête. (remporter/tourner)

222 **Changez l'imparfait en passé simple.**

    Exemple :   Il s'avançait tout doucement. → ***Il s'avança tout doucement.***

a. On commençait à trouver le temps long. → ....

b. Je dénonçais cette imposture. → ....

c. Il jugeait la plainte injustifiée. → ....

d. Elle partageait ses idées. → ....

e. Il s'engageait dans l'armée. → ....

f. On exigeait des comptes. → ....

g. Je me protégeais les yeux. → ....

h. Il neigeait à gros flocons. → ....

223 **Complétez avec** -c **ou** -ç.

Exemple : Nous plaçâmes la sculpture à l'entrée du parc.

a. On repla...a la citation dans son contexte.

b. Personne ne per...a son secret.

c. Les gens commen...èrent à avoir peur.

d. Je lui lan...ai un défi.

e. La neige effa...a la trace de leurs pas.

f. Les recherches avan...èrent très lentement.

g. Tu pronon...as des paroles apaisantes.

h. Les autorités renfor...èrent les contrôles.

224 **Mettez au pluriel.**

Exemple : Il exigea réparation. → *Ils exigèrent réparation.*

a. Elle voyagea au bout du monde. → ....

b. Il rédigea un essai philosophique. → ....

c. Elle changea de vie. → ....

d. Il longea le canal du Midi. → ....

e. Il dérangea toute l'assemblée. → ....

f. Il engagea du personnel. → ....

g. Elle aménagea les lieux. → ....

h. Il se corrigea. → ....

225 **Complétez au passé simple avec les verbes entre parenthèses.**

Exemple : Les Grecs d'Asie Mineure *fondèrent* Massala vers 600 avant J.-C. (fonder)

a. Jules César .... la ville en 49 avant J.-C. (assiéger)

b. Puis les Romains .... la ville comme faisant partie de l'Empire. (déclarer)

c. Pendant les Croisades, Marseille .... son activité commerciale. (développer)

d. Elle .... alors avec Gênes. (rivaliser)

e. On l'........................ à la France en 1481. (annexer)

f. Malheureusement, la peste .... la ville en 1720. (ravager)

g. L'expansion commerciale .... jusqu'à la Révolution. (se prolonger)

h. Marseille .... les révolutionnaires qui .... le futur hymne national. (encourager/chanter)

226 **Donnez l'infinitif puis mettez la phrase au passé simple.**

Exemple : Elle se rappelle cet incident. → *Se rappeler. Elle se rappela cet incident.*

a. Il succède à son père. → ....

b. Ils s'ennuient. → ....

c. Elle rejette ses propositions. → ....

d. L'année s'achève. → ....

e. Ils s'inquiètent. → ....

f. Elle se lève. → ....

g. J'essaie. → ....

h. On envoie un message. → ....

C. SEMI-AUXILIAIRES

227 Reliez les éléments.

a. Il ne fit que la moitié du chemin

b. Comme il fut héroïque,

c. Elle ne sut que faire

d. Les trois frères voulurent s'engager :

e. Lorsqu'ils eurent le message,

f. Il fallut faire venir un spécialiste

g. Il y eut de nombreux morts

h. Le jeune homme vint s'installer à Paris

1. et s'en alla demander conseil à sa marraine.

2. ils ne purent déchiffrer les premiers mots.

3. l'empereur le fit général.

4. car la bataille fut terrible.

5. et dut s'arrêter plusieurs fois.

6. et y fit toutes ses études.

7. mais celui-ci ne sut pas résoudre l'énigme.

8. ils allèrent aussitôt se présenter à l'officier.

228 Cochez l'infinitif du verbe conjugué.

Exemple : Ils firent le serment de rester ensemble

1. ☐ être **2.** ☐ avoir **3.** ☒ *faire* **4.** ☐ falloir

a. Il fallut recenser la population. **1.** ☐ être **2.** ☐ avoir **3.** ☐ faire **4.** ☐ falloir

b. On leur fit des compliments. **1.** ☐ être **2.** ☐ avoir **3.** ☐ faire **4.** ☐ falloir

c. Ils n'eurent pas le choix. **1.** ☐ être **2.** ☐ avoir **3.** ☐ faire **4.** ☐ falloir

d. Ils furent tous volontaires. **1.** ☐ être **2.** ☐ avoir **3.** ☐ faire **4.** ☐ falloir

e. Il y eut une seule représentation. **1.** ☐ être **2.** ☐ avoir **3.** ☐ faire **4.** ☐ falloir

f. La soirée fut une réussite. **1.** ☐ être **2.** ☐ avoir **3.** ☐ faire **4.** ☐ falloir

g. Dans la nuit, il y eut un orage. **1.** ☐ être **2.** ☐ avoir **3.** ☐ faire **4.** ☐ falloir

h. Ce fut le plus beau jour de sa vie. **1.** ☐ être **2.** ☐ avoir **3.** ☐ faire **4.** ☐ falloir

229 Rayez ce qui ne convient pas.

Exemple : On **dut/~~durent~~** s'organiser.

a. Chacun *sut/surent* assumer ses responsabilités.

b. Le comte et la comtesse *fit/firent* transformer leur château.

c. L'Église *voulut/voulurent* interdire la pièce.

d. Lui seul *put/purent* trouver un mécène.

e. Tout le monde *dut/durent* payer cette taxe.

f. Personne ne *vint/vinrent* à sa rencontre.

g. Les invités ne *put/purent* pas tous entrer.

h. On *dut/durent* fermer les portes.

230 Complétez avec un pronom (plusieurs possibilités).

Exemple : *Ils/Elles* firent un vacarme effroyable.

a. .... vîntes nous rendre visite.

b. .... sus gagner l'estime de tous.

c. .... ne fis aucun geste.

d. .... pûmes faire quelques pas.

e. .... dûmes faire demi-tour.

f. .... fit ce qu'on lui avait demandé.

g. .... allâmes lui porter secours.

h. .... fallut rester là toute la nuit.

231 Transformez le passé simple en passé composé.

Exemple : Quand fit-il voter cette loi ? → *Quand a-t-il fait voter cette loi ?*

a. Nous ne sûmes pas éclaircir ce mystère. → ....

b. Tout le village vint la consoler. → ....

c. Je dus me cacher derrière l'arbre. → ....

d. Le père fut impitoyable. → ....

e. Nous dûmes attendre jusqu'au printemps. → ....

f. C'est alors qu'ils allèrent consulter une voyante. → ....

g. Il fallut appeler un prêtre. → ....

h. Chacun fit ce qu'il put. → ....

232 Complétez avec les terminaisons : *-s, -t* ou *-rent*.

Exemple : La fête fu**t** grandiose.

a. On fi......... venir les plus grands cuisiniers qui du...... être payés une fortune.

b. On pu......... admirer les plus belles femmes de la cour qui vin...... en calèche.

c Il y eu......... tant de plats que les invités du...... rester cinq heures à table.

d. Le comte su...... distraire ses hôtes par ses plaisanteries.

e. Un concert de musique de chambre eu...... lieu dans le grand salon.

f. Je fu......... témoin de ce spectacle et pu...... en apprécier la qualité.

g. Les musiciens su...... être des interprètes talentueux.

h. Je voulu......... immortaliser cette soirée et eu...... une idée...

233 Complétez au passé simple avec les verbes entre parenthèses.

Exemple : Ils *firent* d'importantes découvertes scientifiques. (faire)

a. Ils ne .... jamais quelles étaient ses origines. (savoir)

b. On .... rendre hommage à son œuvre. (vouloir)

c. Pendant des siècles, les femmes ne .... pas accéder à certaines professions. (pouvoir)

d. Je .... me rendre au tribunal pour régler ce différend. (devoir)

e. Le répit .... de courte durée : il y .... peu après des attentats. (être/avoir)

f. Son intelligence et sa beauté .... l'admiration de tous. (faire)

g. La nourriture .... à manquer : il .... subir des privations. (venir/falloir)

h. La décision .... sans appel : tous .... obéir. (être/devoir)

D. VERBES EN -IR, -RE, -OIR

234 **Reliez les éléments.**

a. Il réussit à monter une affaire

b. On mit l'enfant dans une autre pièce

c. Lorsqu'on t'apprit la nouvelle,

d. Après une longue absence, elle revint dans son pays

e. Nous attendîmes dans le froid,

f. Dès qu'ils virent ce nuage de poussière,

g. Elle reçut enfin la lettre,

h. Ils se perdirent dans la forêt.

1. la lut en tremblant et s'évanouit.

2. mais personne ne vint.

3. ils crurent qu'on les attaquait.

4. Épuisés, ils s'assirent sous un grand arbre.

5. tu réagis violemment.

6. et s'enrichit en quelques années.

7. et y mourut un an plus tard.

8. où il s'endormit aussitôt.

235 **Mettez dans l'ordre.**

Exemple : conclurent/de/gouvernement/accord/./chefs/Les/un

→ *Les chefs de gouvernement conclurent un accord.*

a. se/leur/battirent/./liberté/Ils/pour → ....

b. mourut/de/tous/,/oublié/./Il/seul → ....

c. d'/homme/enfant/voix/./L'/un/la/entendit → ....

d. cette/naquirent/./filles/union/De/,/trois → ....

e. écrivirent/supérieur/lettre/./leur/une/Ils/à → ....

f. repas/très/On/./un/lui/servit/copieux → ....

g. du/Nous/préceptes/./suivîmes/maître/les → ....

h. Elle/./le/imminent/pas/vit/ne/danger → ....

236 **Soulignez les verbes dont le passé simple a la même forme que le présent de l'indicatif pour les 3 personnes du singulier puis donnez ces formes.**

Exemple : Choisir : → *je choisis, tu choisis, il choisit.*

a. Écrire : → ....

b. Réussir : → ....

c. Vivre : → ....

d. Réunir : → ....

e. Réfléchir : → ....

f. Conclure : → ....

g. Prendre : → ....

h. S'enfuir : → ....

237 Complétez avec les terminaisons : *-it* ou *-ut*.

Exemple : « Trop tard ! » d**it**-il. (dire)

a. « Nous acceptons » traduis......-il. (traduire)

b. « Coupable ! » concl......-il. (conclure)

c. « Chère madame, » écriv......-il. (écrire)

d. « Ne bougez pas ! » entend......-elle. (entendre)

e. « Je le ferai. » prom......-elle. (promettre)

f. « Article 405 » l......-il à voix haute. (lire)

g. « C'est vrai » reconn......-elle. (reconnaître)

h. « Au secours ! » réuss......- il à articuler. (réussir)

238 Changez le passé composé en passé simple.

Exemple : Il est parti découvrir l'Orient. → *Il partit découvrir l'Orient.*

a. Il a pris le train jusqu'au Khirghistan. → ....

b. Il a poursuivi sa route à cheval. → ....

c. Plus de cent fois il s'est perdu. → ....

d. Il a parcouru plus de mille kilomètres. → ....

e. Il a dormi sous la tente des nomades. → ....

f. Il a franchi les hauts plateaux du Tibet. → ....

g. Il est redescendu vers la vallée de Katmandou. → ....

h. Il a vu le pont de la Liberté. → ....

239 Complétez avec *-int* ou *-inrent*.

Exemple : Peu d'entre eux rev**inrent** de la guerre. (revenir)

a. Un petit nombre parv............ à survivre. (parvenir)

b. Cet écrivain dev............ un homme politique. (devenir)

c. Les cousins du gouverneur obt............ des privilèges. (obtenir)

d. Malheureusement , il ne t............ pas sa promesse. (tenir)

e. Quelques contretemps v............ contrarier leurs projets. (venir)

f. Les ministres t............ conseil. (tenir)

g. Le roi interv............ en sa faveur. (intervenir)

h. Chacun se souv............ de lui avec émotion. (se souvenir)

240 Complétez avec les verbes entre parenthèses.

Exemple : Ce sculpteur *vécut* au siècle dernier. (vivre)

a. Il .... toute sa vie au service de son art. (mettre)

b. De nombreux modèles .... poser dans son atelier. (venir)

c. Il .... des moments de doute et de désespoir. (connaître)

d. Seule son épouse .... en lui. (croire)

e. De son vivant, personne ne .... son travail. (comprendre)

f. Il ne .... aucun encouragement. (recevoir)

g. Après sa mort, des collectionneurs .... ses œuvres. (acquérir)

h. C'est alors qu'on .... des chefs-d'œuvre. (découvrir)

E. PASSÉ ANTÉRIEUR

241 Soulignez les verbes marquant une action antérieure.

Exemple : Quand elle <u>fut arrivée</u> à l'orée de la forêt, elle prit peur.

a. Il parvint à distinguer une forme lorsque ses yeux se furent habitués à l'obscurité.

b. Après qu'il eut parcouru le monde, il s'installa dans un village des Hautes Alpes.

c. Dès que nous eûmes compris leur stratégie, nous modifiâmes la nôtre.

d. Elle voulut crier son bonheur quand elle fut rentrée chez elle.

e. Une fois qu'on eut achevé les préparatifs, chacun put vaquer à ses occupations.

f. Il ne put s'exprimer que lorsque l'agitation se fut calmée dans la salle.

g. Ils prirent cette décision après qu'ils se furent concertés.

h. Une fois qu'ils eurent vendu leurs propriétés, ils émigrèrent en Nouvelle-Zélande.

242 *Être* ou *avoir* ? Complétez au passé antérieur.

Exemple : Quand les alpinistes **furent** arrivés au sommet...

a. Quand l'enfant .... né...

b. Quand nous .... remis les clés...

c. Quand elle .... revenue chez elle...

d. Quand on .... construit le bâtiment...

e. Quand chacun se .... servi...

f. Quand les lauréats .... reçu leur diplôme...

g. Quand la cuisinière .... préparé les plats...

h. Quand l'ogre se .... aperçu de l'absence des enfants...

243 Changez le passé composé en passé antérieur.

Exemple : Ils ont fini. → **Ils eurent fini.**

a. Elle a été flattée. → ....

b. Il a fait son devoir. → ....

c. Ils se sont réunis. → ....

d. On a créé cette institution. → ....

e. Il est parti. → ....

f. Elles ont répondu. → ....

g. Vous avez ouvert le coffre. → ....

h. Nous avons rejoint les autres. → ....

244 Faites l'accord du participe passé si nécessaire.

Exemple : Elle regretta ses enfants dès qu'elle les eut abandonné**s**.

a. Nous les accueillîmes quand ils furent arrivé......

b. Après qu'elles se furent lavé......, elles revêtirent des robes blanches.

c. Quand ils eurent dîné......, ils allèrent se coucher.

d. Il déchira les lettres une fois qu'ils les eut lu......

e. Lorsque tous les invités se furent servi......, on appela les danseurs.

f. Dès que la belle saison fut arrivé......, ils allèrent au bord de la mer.

g. Après qu'il les eut remercié......, il quitta ses hôtes.

h. Lorsqu'ils se furent retiré...... à la campagne, personne ne leur rendit visite.

F. PASSÉ SIMPLE, PASSÉ ANTÉRIEUR, IMPARFAIT

245 Complétez au passé simple et à l'imparfait avec les verbes entre parenthèses.

Exemple :   Jean-Jacques Rousseau *décrivit* l'éducation qui, selon lui, *permettait* de former des citoyens. (décrire/permettre)

a. *Le Discours de la Méthode*, dans lequel le philosophe Descartes .... sa théorie .... en 1637. (exposer/paraître)

b. Albert Camus, écrivain et philosophe, ... qu'il n'y .... pas « d'amour de vivre sans désespoir de vivre ». (affirmer/avoir)

c. Personne ne .... Galilée quand il .... que la terre .... autour du soleil. (croire/dire/tourner)

d. Les recherches de Pierre et Marie Curie les .... à la découverte de la radioactivité qui .... bouleverser la physique. (conduire/aller)

e. Victor Hugo, qui .... l'idole de la gauche républicaine, ... sénateur inamovible en 1876. (être/devenir)

f. Le théâtre .... au philosophe Sartre de montrer comment les hommes .... des choix qui .... toute leur vie. (permettre/faire/engager)

g. Michel Foucault .... paraître, en 1961, un ouvrage dans lequel il .... la notion de folie à travers l'Histoire. (faire/étudier)

h. Le chimiste et biologiste Louis Pasteur .... au point une méthode qui .... de conserver le lait. (mettre/permettre)

246 Changez le présent en passé simple ou en imparfait.

Il dort dix heures. Quand il ouvre les yeux, il découvre qu'il n'est pas chez lui. Il sent un parfum flotter dans l'air. Il s'assied sur son lit et ne comprend pas ce qui lui arrive. Il entend une petite musique qui vient de la pièce d'à côté. Il croit un moment qu'il rêve. Il voit alors une enveloppe qui est posée sur la cheminée. Il se lève, la prend et s'aperçoit qu'un nom est écrit sur l'enveloppe mais ne parvient pas à le déchiffrer...

....

....

....

....

....

....

....

....

....

247 Transformez les phrases au passé (passé antérieur et passé simple).

Exemple : Tant qu'ils n'ont pas atteint leur but, ils continuent.

→ *Tant qu'ils n'eurent pas atteint leur but, ils continuèrent.*

a. Tant qu'ils n'ont pas vaincu l'ennemi, ils se sont battus.

→ ....

b. Tant qu'il n'a pas donné sa parole, on ne le croit pas.

→ ....

c. Tant qu'ils n'ont pas répondu à l'appel, on les sollicite.

→ ....

d. Tant que sa femme n'est pas rentrée, il s'inquiète.

→ ....

e. Tant qu'elle n'a pas vécu dans ce pays, elle n'en comprend pas la culture.

→ ....

f. Tant qu'il ne l'a pas vu de ses yeux, il ne peut pas y croire.

→ ....

g. Tant que la nouvelle ne s'est pas répandue, la population reste calme.

→ ....

h. Tant que personne ne s'en est aperçu, tout se passe bien.

→ ....

248 Faites des phrases en exprimant l'antériorité d'une action sur l'autre.

Exemple : Lorsque/ils/obtenir l'autorisation/quitter le pays.

→ *Lorsqu'ils eurent obtenu l'autorisation, ils quittèrent le pays.*

a. Quand/elle/se reposer quelques jours/pouvoir recommencer à marcher.

→ ....

b. Dès que/nous/sortir/se sentir soulagés.

→ ....

c. Une fois que/ils/fixer des règles/les respecter.

→ ....

d. Lorsque/on/découvrir ce manuscrit/des scientifiques/venir l'étudier.

→ ....

e. Tant que/il/ne pas finir son roman/personne ne/pouvoir lui parler.

→ ....

f. Après que/ils/s'expliquer/se réconcilier.

→ ....

g. Quand/tout le monde/partir/on/fermer la maison.

→ ....

h. Lorsque/la pluie/cesser/le soleil/réapparaître.

→ ....

Bilans

249 Complétez au passé simple et à l'imparfait.

En 1745, un libraire, qui **(1)** .... (s'appeler) Le Breton, **(2)** .... (décider) de faire traduire une encyclopédie anglaise, afin de donner aux Français un dictionnaire moderne. Il **(3)** .... (confier) cette tâche au philosophe Diderot. Celui-ci **(4)** .... (entreprendre) de recréer toute une encyclopédie : il **(5)** .... (engager) des spécialistes et **(6)** .... (rédiger) lui-même plus de mille articles. Voltaire, Montesquieu et Rousseau **(7)** .... (être) parmi ceux qui **(8)** .... (contribuer) à cette ambitieuse entreprise. Mais les encyclopédistes **(9)** .... (avoir) à subir les violentes critiques des Jésuites. En effet, ces derniers, qui **(10)** .... (être) des religieux attachés à l'ordre établi, **(11)** .... (juger) certains articles hérétiques et **(12)** .... (faire) tout leur possible pour interdire la publication de l'encyclopédie. Néanmoins, la Raison **(13)** .... (triompher) : l'encyclopédie **(14)** .... (voir) le jour et **(15)** .... (devenir) la grande œuvre collective qui **(16)** .... (marquer) le siècle des Lumières et **(17)** .... (préparer) la Révolution française.

250 Complétez au passé simple, à l'imparfait et au passé antérieur.

Il **(1)** .... (être) une fois une veuve qui **(2)** .... (avoir) deux filles. L'aînée **(3)** .... (être) méchante comme sa mère, la cadette **(4)** .... (avoir) la douceur et l'honnêteté de son père. Un jour, la cadette **(5)** .... (aller) à la fontaine chercher de l'eau. Une vieille femme **(6)** .... (venir) à elle et lui **(7)** .... (demander) à boire. La jeune fille aussitôt lui **(8)** .... (offrir) l'eau de sa cruche. Quand elle **(9)** .... (finir) de boire, la vieille femme, qui **(10)** .... (être) une fée, la **(11)** .... (remercier) et **(12)** .... (disparaître). Dès que la jeune fille **(13)** .... (rentrer) chez elle, sa mère la **(14)** .... (gronder) de revenir si tard. « Pardonnez-moi, ma mère » **(15)** .... (murmurer) la jeune fille. En disant ces mots, deux roses, deux perles et deux gros diamants lui **(16)** .... (sortir) de la bouche. La mère **(17)** .... (pousser) un cri. Une fois qu'elle **(18)** .... (se calmer), elle **(19)** .... (questionner) la jeune fille qui lui **(20)** .... (raconter) la rencontre avec la vieille femme. La mère **(21)** .... (décider) alors d'envoyer son autre fille à la fontaine. Celle-ci **(22)** .... (prendre) un beau flacon d'argent et **(23)** .... (partir) à la fontaine. Elle ne **(24)** .... pas plus tôt .... (arriver) qu'elle **(25)** .... (voir) sortir du bois une dame magnifiquement vêtue. C'**(26)** .... (être) la fée...

(d'après Charles Perrault)

VIII. IMPÉRATIF PRÉSENT

A. ÊTRE, AVOIR, VERBES EN -ER ET SEMI-AUXILIAIRES

251 Reliez les éléments.

a. Veuillez m'excuser.
b. Passe devant moi !
c. Soyez maudit !
d. Aie un peu de courage !
e. Viens !
f. Ne posez pas de questions.
g. Viens voir !
h. Allons ! Allons !

1. Explique-moi tout !
2. Allez au diable !
3. Soyez indulgent !
4. Regarde comme elle est belle !
5. Vas-y !
6. Dépêchez-vous !
7. Occupez-vous de vos affaires !
8. Appelle-la !

252 *Être* ou *avoir* ? Complétez à l'impératif.

Exemple : **Soyez** patients ! (vous)

a. .... confiance ! (nous)
b. .... pitié ! (vous)
c. .... francs ! (nous)
d. .... lucide ! (tu)

e. N'................. pas honte ! (tu)
f. .... bref ! (vous)
g. .... de l'indulgence ! (vous)
h. .... efficaces ! (nous)

253 Complétez avec -*e*, -*é* ou -*è*.

Exemple : R**è**gle tes factures !

a. Rép...te, s'il te plaît !
b. Préf...rons cette solution !
c. N'exag...re pas !
d. Compl...tez ce questionnaire !

e. Emm...ne-moi !
f. L...vons-nous !
g. Adh...rez à notre club !
h. Esp...rons !

254 Mettez au singulier.

Exemple : Sachez vous défendre ! → **Sache te défendre !**

a. Achetez-le ! → ....
b. Appelez-moi ! → ....
c. Allez-y ! → ....
d. Levez-vous ! → ....
e. Répétez après moi ! → ....
f. Jetez ce chewing-gum ! → ....

g. Enlevez-le ! → ....

h. Vérifiez ! → ....

255 **Expressions imagées. Mettez à la forme négative de l'impératif.**

Exemple : ***Ne regarde pas*** **dans l'assiette des autres ! (tu/regarder)**

a. .... les cheveux en quatre ! (vous/couper)

b. .... midi à quatorze heures ! (tu/chercher)

c. .... autour du pot ! (vous/tourner)

d. .... le diable ! (nous/tenter)

e. .... la chandelle par les deux bouts ! (tu/brûler)

f. .... victoire ! (nous/crier)

g. .... de l'huile sur le feu ! (vous/jeter)

h. .... d'avis comme de chemise ! (tu/changer)

256 **Rayez ce qui ne convient pas.**

Exemple : ~~Achète~~/***Achètes***-en !

a. *Va/Vas* chez eux !

b. *Change/Changes* de voiture !

c. *Pense/Penses* à notre projet !

d. *Arrête/Arrêtes* de travailler !

e. *Pense/Penses*-y !

f. *Informe/Informes*-toi !

g. *Va/Vas*-y !

h. *Repose/Reposes*-toi !

257 **Mettez à l'impératif, à la 2ᵉ personne du singulier (*tu*).**

Exemple : ***Constitue*** **un herbier. (constituer)**

a. .... des fleurs. (couper)

b. ....-en quelques-unes. (sélectionner)

d. .... un dictionnaire. (consulter)

e. ....-y le nom des fleurs. (rechercher)

f. .... les fleurs. (sécher)

g. .... un beau cahier. (acheter)

h. ....-y les fleurs séchées. (placer)

258 **Complétez avec -*c* ou -*ç*.**

Exemple : **Lançons une nouvelle mode !**

a. Ne vous for...ez pas !

b. Rempla...ons-le !

c. Ne recommen...ons pas !

d. Pla...ez-vous ici !

e. Pronon...e ce mot !

f. Ne me dénon...e pas !

g. Avan...ons plus vite !

h. Renon...ez-y !

259 **Mettez dans l'ordre.**

Exemple : nous/trop/Ne/vite/pas/!/engageons → ***Ne nous engageons pas trop vite !***

a. surtout/pas/nous/photographiez/!/Ne → ....

b. cette/jamais/Ne/tâche/!/confiez/leur → ....

c. prononce/mot/jamais/!/Ne/ce → ....

d. jette/!/pas/l'/fenêtres/par/Ne/argent/les → ....

e. t'/rien/énerve/Ne/pour/!/pas → ....

f. la/-/moi/!/semaine/Rappelez/prochaine → ....

g. grossiers/de/emploie/!/N'/pas/mots → ....

h. me/surtout/pas/!/remerciez/Ne → ....

260 Transformez en impératif.

Exemple : Nous ne devons pas la corriger. → *Ne la corrigeons pas !*

a. Nous ne devons pas la déranger. → ....

b. Tu ne dois pas changer d'attitude. → ....

c. Nous ne devons pas la surprotéger. → ....

d. Tu ne dois pas voyager ce jour-là. → ....

e. Vous ne devez pas exiger trop de choses. → ....

f. Nous ne devons pas tout mélanger. → ....

g. Tu ne dois pas déménager. → ....

h. Nous ne devons pas le juger. → ....

261 Tutoyez !

Exemple : Essayez encore ! → *Essaie/Essaye encore !*

a. Continuez ! → ....

b. Appuyez ici ! → ....

c. Envoyez un fax ! → ....

d. Louez un bateau ! → ....

e. Payez immédiatement ! → ....

f. Remerciez-moi ! → ....

g. Nettoyez ! → ....

h. Balayez devant votre porte ! → ....

262 Transformez en impératif selon le modèle.

Exemple : Pourquoi t'en fais-tu ?→ *Ne t'en fais pas !*

a. Pourquoi vous inquiétez-vous ? → ....

b. Pourquoi t'en vas-tu ? → ....

c. Pourquoi le faites-vous ? → ....

d. Pourquoi y allons-nous ? → ....

e. Pourquoi en parles-tu ? → ....

f. Pourquoi t'en occupes-tu ? → ....

g. Pourquoi te fâches-tu ? → ....

h. Pourquoi te désespères-tu ? → ....

B. VERBES EN -IR, -RE, -OIR

263 Reliez les éléments.

a. Tiens ! Prends-le !

b. En avril, ne te découvre pas d'un fil,

c. Faites attention !

d. Découvrez de nouvelles saveurs !

e. Soyons déterminés :

f. Offrons-nous une belle croisière !

g. Ne craignez rien !

h. Reconnais tes torts

1. poursuivons nos objectifs !

2. Dites-moi tout !

3. Partons pour les îles !

4. Ne mettez pas votre santé en danger !

5. Sentez ces parfums et ces épices !

6. Attrape !

7. et promets-moi de ne pas recommencer

8. mais en mai, fais ce qu'il te plaît.

264 Cochez la valeur de l'impératif dans chaque phrase.

Exemple : Dors bien ! 1. ☐ Conseil 2. ☒ *Souhait* 3. ☐ Ordre 4. ☐ Invitation

a. Ralentissez ! **1.** ☐ Conseil **2.** ☐ Souhait **3.** ☐ Ordre **4.** ☐ Invitation

b. Réfléchis bien ! **1.** ☐ Conseil **2.** ☐ Souhait **3.** ☐ Ordre **4.** ☐ Invitation

c. Crois-moi ! **1.** ☐ Conseil **2.** ☐ Souhait **3.** ☐ Ordre **4.** ☐ Invitation

d. Sers-toi ! **1.** ☐ Conseil **2.** ☐ Souhait **3.** ☐ Ordre **4.** ☐ Invitation

e. Sortez d'ici ! **1.** ☐ Conseil **2.** ☐ Souhait **3.** ☐ Ordre **4.** ☐ Invitation

f. Asseyez-vous ! **1.** ☐ Conseil **2.** ☐ Souhait **3.** ☐ Ordre **4.** ☐ Invitation

g. Reviens vite ! **1.** ☐ Conseil **2.** ☐ Souhait **3.** ☐ Ordre **4.** ☐ Invitation

h. Taisez-vous ! **1.** ☐ Conseil **2.** ☐ Souhait **3.** ☐ Ordre **4.** ☐ Invitation

265 Complétez.

Exemple : Repeign**ons** toute la maison ! (nous)

a. Éteign......... la télévision ! (vous)

b. Ne nous plaign......... pas ! (nous)

c. Rejoign.........-nous ! (vous)

d. Étein......... la radio ! (tu)

e. Joign......... nos forces ! (nous)

f. Ne craign......... rien ! (vous)

g. Teign......... vos cheveux en blond ! (vous)

h. Ne te plain......... pas ! (tu)

266 Transformez en impératif selon le modèle.

Exemple : Vous ne vous rendez pas compte de la situation.

→ *Rendez-vous compte de la situation !*

a. Tu ne te sers pas de petits gâteaux ? → ....

b. Vous ne me permettez pas de parler ! → ....

c. Tu ne me réponds pas ! → ....

d. Tu ne t'assieds pas ? → ....

e. Vous ne vous inscrivez pas ? → ....

f. Tu ne te souviens pas ? → ....

g. Nous ne nous sentons pas concernés ! → ....

h. Vous ne vous mettez pas à notre place ! → ....

267 **Mettez à la forme négative.**

Exemple : Attends-toi à quelque chose d'extraordinaire !

→ ***Ne t'attends pas à quelque chose d'extraordinaire !***

a. Mets-toi devant ! → ....

b. Asseyez-vous ici ! → ....

c. Endors-toi ! → ....

d. Sers-toi de cela ! → ....

e. Dites-vous que c'est sûr ! → ....

f. Prends-toi un petit studio ! → ....

g. Mettez-vous en colère ! → ....

h. Réjouissez-vous ! → ....

268 **Mettez à l'impératif.**

Exemple : Nous devons agir. → ***Agissons*** !

a. Nous devons choisir des produits de qualité. → ....

b. Nous devons réfléchir à notre stratégie. → ....

c. Nous devons offrir davantage de services. → ....

d. Nous devons ouvrir de nouvelles boutiques. → ....

e. Nous devons agrandir nos locaux. → ....

f. Nous devons rajeunir nos équipes. → ....

g. Nous devons devenir plus compétitifs. → ....

h. Nous devons mieux servir nos clients. → ....

269 **Vouvoyez.**

Exemple : Tiens-toi informé ! → ***Tenez-vous informé !***

a. Ouvre la fenêtre ! → ....

b. Finis ton travail ! → ....

c. Viens voir ! → ....

d. Sors de la pièce ! → ....

e. Ne rougis pas ! → ....

f. Ne souffre pas inutilement ! → ....

g. Mets-toi à l'aise ! → ....

h. Applaudis ! → ....

270 Mettez dans l'ordre.

Exemple : Ne/ici/asseyez/vous/!/pas → ***Ne vous asseyez pas ici !***

a. mets/Ne/dans/pas/te/!/état/cet → ....

b. Ne/de/!/leur/interdisez/sortir/pas → ....

c. endors/cinéma/t'/!/Ne/pas/au → ....

d. plus/Ne/de/!/sers/te/machine/cette → ....

e. pire/nous/-/au/!/Attendons → ....

f. repars/tout/pas/!/Ne/suite/de → ....

g. pas/ces/confondez/deux/Ne/!/mots → ....

h. la/Buvons/à/jeunes/des/santé/!/mariés → ....

271 Une mère autoritaire parle à son fils. Mettez à l'impératif.

Exemple : Mettre sa main devant sa bouche. → ***Mets ta main devant ta bouche !***

a. Ne pas dire du mal des autres. → ....

b. Ne pas rire bêtement. → ....

c. Ne pas prendre les affaires des autres. → ....

d. Se tenir correctement. → ....

e. Ne pas mentir. → ....

f. Ne pas perdre son temps. → ....

g. Ne pas se plaindre. → ....

h. Ne pas se battre avec son frère. → ....

272 Transformez le passé composé en impératif.

Exemple : Vous n'avez pas encore choisi ?→ ***Choisissez !***

a. Tu n'as pas encore pris ta douche ? → ....

b. Vous n'êtes pas encore venu nous voir ! → ....

c. Tu n'as pas encore découvert notre site Internet ? → ....

d. Nous n'avons pas encore prévenu le directeur. → ....

e. Tu n'as pas encore rendu les livres à la bibliothèque ! → ....

f. Vous n'avez pas suivi les instructions. → ....

g. Nous n'avons pas encore écrit cette lettre. → ....

h. Tu n'as pas bu ton thé. → ....

273 Transformez le futur en impératif.

Exemple : Nous construirons un avenir meilleur. → ***Construisons un avenir meilleur !***

a. Nous permettrons aux gens de s'exprimer. → ....

b. Nous répondrons à leurs attentes. → ....

c. Nous définirons des priorités. → ....

d. Nous inscrirons des réformes à notre programme. → ....

e. Nous combattrons le racisme. → ....

f. Nous nous battrons pour la justice. → ....

g. Nous vivrons tous en harmonie. → ....

h. Nous tiendrons nos promesses. → ....

Bilans

274 Mettez à l'impératif, à la 2ᵉ personne du pluriel (*vous*).

Cours de gymnastique

Se lever, joindre les mains, tendre les bras, décrire un large cercle, s'étirer, descendre doucement, prendre ses chevilles entre les mains, ne pas plier les jambes, lâcher les mains, s'asseoir en tailleur, fermer les yeux, respirer profondément, se coucher sur le dos, se détendre.

....

....

....

....

....

....

275 Tutoyez.

Conseils pour préparer un voyage à l'étranger

Soyez méthodique ! Tout d'abord, déterminez la durée de votre séjour et prévenez votre famille ou votre employeur. Réfléchissez bien ! Choisissez une destination. Allez dans les agences de voyage. Prenez toutes les brochures sur votre destination et étudiez-les. Si vous optez pour un séjour organisé, ne vous inscrivez pas avant d'avoir bien lu le contrat. N'ayez pas peur de poser des questions. Payez en plusieurs fois. Prévoyez une assurance. Si vous organisez vous-même votre séjour, achetez des guides de voyage, faites des recherches sur Internet, lisez beaucoup et obtenez tous les renseignements possibles sur le pays. Apprenez quelques phrases utiles dans la langue du pays. Ne perdez pas vos papiers. Soyez à l'aéroport deux heures avant le départ. Partez l'esprit tranquille ! Mais souvenez-vous qu'un voyage est toujours une aventure !

....

....

....

....

....

....

....

....

....

....

....

....

IX. CONDITIONNEL PRÉSENT

A. ÊTRE ET AVOIR

276 Transformez le futur en conditionnel.

Exemple : Nous serons enchantés. → *Nous serions enchantés.*

a. Il y aura du monde. → ....

b. Ce sera bien. → ....

c. Nous en aurons besoin. → ....

d. Ils seront là. → ....

e. Vous serez satisfait. → ....

f. Je serai prête. → ....

g. Vous aurez de la chance. → ....

h. Tu auras le temps. → ....

277 Rayez ce qui ne convient pas.

Exemple : La vie ~~serais~~/**serait**/~~seraient~~ agréable.

a. Tout serais/serait/seraient facile.

b. On aurais/aurait/auraient le choix.

c. Tous les gens serais/serait/seraient tranquilles.

d. Tu serais/serait/seraient fier de toi.

e. Les jeunes aurais/aurait/auraient du travail.

f. Je serais/serais/serait toujours de bonne humeur.

g. Il n'y aurais/aurait/auraient plus de pauvreté.

h. Tu aurais/aurait/auraient beaucoup d'espoir.

278 Complétez au conditionnel présent.

Exemple : Tout le monde ser**ait** heureux.

a. Tu aur......... une grande chambre.

b. Nous ser......... ensemble.

c. Les autres ne ser......... pas loin.

d. On aur......... un jardin.

e. J' aur......... un chien

f. Vous ser......... content.

g. La maison aur......... 5 ou 6 pièces.

h. Les amis ser......... les bienvenus.

3. Verbes en -ER

279 Cochez ce qu'exprime le conditionnel dans chaque phrase.

Exemple : Si l'eau était moins froide, on se baignerait.

    1. ☐ Une demande polie

    2. ☒ *Une hypothèse*

    3. ☐ Une information non confirmée

a. Désiriez-vous la carte ?

    1. ☐ Une demande polie   **2.** ☐ Une hypothèse   **3.** ☐ Une information non confirmée

b. Tu voudrais un dessert ?

    1. ☐ Une demande polie   **2.** ☐ Une hypothèse   **3.** ☐ Une information non confirmée

c. Jeanne et Eric adopteraient un enfant.

    1. ☐ Une demande polie   **2.** ☐ Une hypothèse   **3.** ☐ Une information non confirmée

d. Dans ce cas, je les féliciterais.

    1. ☐ Une demande polie   **2.** ☐ Une hypothèse   **3.** ☐ Une information non confirmée

e. Souhaiteriez-vous d'autres explications ?

    1. ☐ Une demande polie   **2.** ☐ Une hypothèse   **3.** ☐ Une information non confirmée

f. Sinon, on passerait à autre chose.

    1. ☐ Une demande polie   **2.** ☐ Une hypothèse   **3.** ☐ Une information non confirmée

g. Le chômage diminuerait.

    1. ☐ Une demande polie   **2.** ☐ Une hypothèse   **3.** ☐ Une information non confirmée

h. Au cas où vous n'arriveriez pas à me joindre…

    1. ☐ Une demande polie   **2.** ☐ Une hypothèse   **3.** ☐ Une information non confirmée

280 Complétez avec un pronom (plusieurs possibilités).

Exemple : **Je** t'aiderais.

a. ……… aimerait visiter cet endroit.

b. ……… chercherions ensemble une solution.

c. ……… nous communiqueraient les résultats.

d. ……… te casserais la jambe.

e. ……… commencerait par là.

f. ……… vous installeriez dans cet appartement.

g. ……… me préparerais à cette éventualité.

h. ……… discuteraient entre eux.

281 Complétez au conditionnel présent.

Exemple : On dispose**rait** de moyens efficaces.

a. Tu te déguiser……… en gitane.

b. On s'approcher……… du but.

c. Les impôts augmenter………

d. Cet événement attirer……… la foule.

e. Nous confirmer……… notre participation.

f. Les restaurants fermer......... leurs portes.

g. Je consulter......... un spécialiste.

h. Vous animer......... un club de bridge.

282 Nouvelles non confirmées. Mettez au conditionnel présent.

Exemple : Le pilote automobile Loïc Barnabé *quitterait* la compétition. (quitter)

a. Ses entraîneurs l'.......................... à ne pas abandonner. (encourager)

b. Mais, selon ses amis, il .... arrêter. (désirer)

c. Je n'.......................... pas que cela se confirme. (aimer)

d. Aux dernières nouvelles, il .... encore. (hésiter)

e. D'autres champions .... de ce départ. (profiter)

f. Son abandon .... une grande déception. (causer)

g. Nous .... qu'il continue. (souhaiter)

h. La fédération a dit qu'il .... bientôt sa décision. (annoncer)

283 Changez le présent de l'indicatif en présent du conditionnel.

Exemple : Détestez-vous qu'on vous parle familièrement ?

→ *Détesteriez-vous qu'on vous parle familièrement ?*

a. Souhaitez-vous recevoir notre brochure ?

→ ....

b. Désire-t-il s'exprimer en public ?

→ ....

c. Détestes-tu être interviewé dans la rue ?

→ ....

d. Disposent-ils d'une fortune personnelle ?

→ ....

e. Cela vous dérange-t-il de changer l'heure du rendez-vous ?

→ ....

f. Se charge-t-elle de ce travail ?

→ ....

g. Mérite-t-il tous ces honneurs ?

→ ....

h. Vous opposez-vous à cette décision ?

→ ....

284 Répondez affirmativement ou négativement selon votre situation.

Exemple : Si on vous le proposait... sauteriez-vous en parachute ?

→ *Oui, je sauterais en parachute./ Non, je ne sauterais pas en parachute*

a. assisteriez-vous à un match de boxe ?

→ ....

b. caresseriez-vous un serpent ?

→ ....

c. monteriez-vous sur un chameau ?

→ ....

d. porteriez-vous un sac à dos très lourd pendant trois jours de marche ?

→ ....

e. adopteriez-vous un chimpanzé ?

→ ....

f. chanteriez-vous sur une scène ?

→ ....

g. traverseriez-vous l'Atlantique sur un voilier ?

→ ....

h. participeriez-vous à une course à pied ?

→ ....

285 **Donnez l'infinitif des verbes conjugués.**

Exemple : On enverrait un message de félicitations. → *envoyer*

a. Nous appellerions les pompiers. → ....

b. Elles paieraient par mensualités. → ....

c. Tu ne te lèverais pas la nuit. → ....

d. On s'ennuierait. → ....

e. Il pèserait dix kilos de plus. → ....

f. J'enlèverais ce mot. → ....

g. Cela nous inquièterait. → ....

h. Vous compléteriez notre équipe. → ....

286 **Reliez les éléments.**

a. Si tu assistais à une bagarre dans la rue,

b. Vous enverriez des fleurs à une personne

c. Vous ne pensez pas qu'on s'ennuierait

d. Le moindre incident sèmerait le désordre

e. Si nous gagnions au loto,

f. J'emmènerais mon frère avec moi

g. En cas de problème,

h. Dans ce cas, j'achèterais beaucoup de légumes

1. en remerciement d'un service rendu ?

2. les inspecteurs pèseraient le pour et le contre.

3. et je les congèlerais.

4. si j'allais là-bas.

5. appellerais-tu la police ?

6. et provoquerait des troubles.

7. nous ne jetterions pas notre argent par les fenêtres.

8. si on ne travaillait pas ?

287 **Mettez au conditionnel présent.**

Exemple : Cela libère de la place. → *Cela libèrerait de la place.*

a. J'achète du pain. → ....

b. Ils se promènent. → ....

c. On règle la facture. → ....

d. Ils ne cèdent pas au chantage. → ....

e. Tu pèses tes mots. → ....

f. Elle amène ses amis. → ....

g. Cela complète le dossier. → ....

h. Il soulève 100 kilos. → ....

288 **Mettez dans l'ordre.**

Exemple : ce/Dans/,/t'/appellerais/cas/./Je → ***Dans ce cas, je t'appellerais.***

a. ne/absolument/ennuierait/Cela/./m'/pas

→ ....

b. nous/,/Sinon/vous/?/message/enverriez/un

→ ....

c. culturel/On/centre/./un/créerait/grand

→ ....

d. tard/./Nous/très/lèverions/nous

→ ....

e. rejetteraient/solution/./certainement/Ils/cette

→ ....

f. chose/./Autrement/essaierions/,/autre/nous

→ ....

g. sûrement/Tu/roman/./apprécierais/ce

→ ....

h. confierais/./ne/secret/jamais/lui/Je/un

→ ....

289 **Mettez au conditionnel présent avec les verbes entre parenthèses.**

Exemple : Nous ***contribuerions*** à la paix. (contribuer)

a. Je .... que c'est faisable. (dire)

b. Nous .... un petit bungalow. (louer)

c. On .... le lever du soleil. (saluer)

d. Vous nous .... de vos nouvelles ? (envoyer)

e. Il .... de rester. (essayer)

f. Tu .... au casino. (jouer)

g. La situation .... favorablement. (évoluer)

h. Ils .... bientôt, d'après leurs amis. (se marier)

C. SEMI-AUXILIAIRES

290 Cochez ce qu'exprime le conditionnel dans chaque phrase.

Exemple : Tu devrais changer de métier.

    1. ☐ Une proposition **2.** ☒ *Un conseil* **3.** Une prévision

a. Tu voudrais nous accompagner ?

    1. ☐ Une proposition   **2.** ☐ Un conseil   **3.** ☐ Une prévision

b. Vous pourriez passer une petite annonce.

    1. ☐ Une proposition   **2.** ☐ Un conseil   **3.** ☐ Une prévision

c. Ils viendraient fin juin.

    1. ☐ Une proposition   **2.** ☐ Un conseil   **3.** ☐ Une prévision

d. Ce serait bien de les inviter.

    1. ☐ Une proposition   **2.** ☐ Un conseil   **3.** ☐ Une prévision

e. On devrait recevoir le document aujourd'hui.

    1. ☐ Une proposition   **2.** ☐ Un conseil   **3.** ☐ Une prévision

f. On ferait mieux de tout annuler.

    1. ☐ Une proposition   **2.** ☐ Un conseil   **3.** ☐ Une prévision

g. Il faudrait y aller.

    1. ☐ Une proposition   **2.** ☐ Un conseil   **3.** ☐ Une prévision

h. Cela vous ferait plaisir de venir avec nous ?

    1. ☐ Une proposition   **2.** ☐ Un conseil   **3.** ☐ Une prévision

291 Rayez ce qui ne convient pas.

Exemple : Tu **pourrais**/~~pourrait~~/~~pourraient~~ t'associer avec eux.

a. Les politiciens *devrais/devrait/devraient* parler plus clairement.

b. On *pourrais/pourrait/pourraient* aller pique-niquer.

c. À quelle heure *viendrais/viendrait/viendraient*-tu ?

d. Il *ferais/ferait/feraient* beau.

e. J'*irais/irait/iraient* faire le tour du monde.

f. Ces musiciens *voudrais/voudrait/voudraient* jouer dans le métro.

g. Si c'était vrai, on le *saurais/saurait/sauraient*.

h. Tout *irais/irait/iraient* bien.

292 Complétez avec un pronom (plusieurs possibilités).

Exemple : **Ils/Elles** feraient tout leur possible.

a. .... ferais bien de réserver les billets.

b. .... ferions une grave erreur.

c. .... ferait des projets.

d. .... me feriez plaisir.

e. .... nous ferais honte.

f. .... feraient de leur mieux.

g. .... ferait trop froid.

h. .... feriez cela pour lui ?

293 **Reliez les éléments.**

a. La pièce est enfumée.
b. C'est un peu trop amer.
c. Ils sont vraiment trop nerveux.
d. Je n'ai plus rien dans le réfrigérateur.
e. Elle devrait moins se maquiller.
f. J'ai perdu les papiers de la voiture.
g. On ne s'entend plus ici !
h. Cela m'étonnerait qu'on arrive à l'heure !

1. Tu devrais ajouter un peu de sucre.
2. Tu pourrais baisser la musique ?
3. On devrait les prévenir.
4. Tu ne saurais pas où ils sont ?
5. Vous ne pourriez pas aérer un peu
6. Il faudrait faire quelques courses.
7. Elle aurait l'air moins vulgaire.
8. Ils devraient se calmer un peu.

294 **Protestez ou reprochez ! Utilisez *devoir* ou *pouvoir* au conditionnel présent.**

Exemple : Vous ne faites même pas vos lits ! (pouvoir)
→ ***Vous pourriez quand même faire vos lits !***
Il ne téléphone même pas ! (devoir)
→ ***Il devrait quand même téléphoner !***

a. Tu ne nous remercies même pas ! (pouvoir)
→ ....
b. Ils ne participent même pas financièrement ! (devoir)
→ ....
c. Elle ne se dérange même pas ! (pouvoir)
→ ....
d. Vous ne vous changez pas ! (pouvoir)
→ ....
e. On ne s'arrête pas cinq minutes ? (devoir)
→ ....
f. Nous n'allons même pas la voir à l'hôpital ! (pouvoir)
→ ....
g. Je ne fais même pas de sport. (devoir)
→ ....
h. Vous ne vérifiez même pas si c'est exact. (devoir)
→ ....

295 **Formulez des demandes avec les éléments proposés.**

Exemple : Vous/savoir à quelle heure part ce train.
→ ***Sauriez-vous à quelle heure part ce train ?***

a. Vous/pouvoir m'aider. → ....
b. Vous/savoir où est le Musée d'Orsay. → ....
c. Quand/il/falloir se présenter. → ....
d. Vous/me faire ce plaisir. → ....
e. Tu/pouvoir répéter la question. → ....
f. Vous/vouloir nous accompagner. → ....

g. Tu/venir avec moi. → ....

h. Tu/vouloir voir ce film. → ....

296 À chacun sa destination ! Utilisez *aller* ou *venir* au conditionnel présent.

Exemple : On *irait* tous dans des pays différents.

a. Ma sœur .... au Tibet.

b. J'................ en Afrique avec mon copain.

c. Nous .... en Égypte.

d. Les enfants .... avec nous.

e. Mon frère .... au Chili.

f. Vous .... avec lui.

g. Les parents .... vous voir plus tard.

h. Tu .... en Corse.

D. VERBES EN -IR, -RE, -OIR

297 Imparfait ou conditionnel ? Soulignez les verbes au conditionnel présent.

Exemple : On s'en <u>servirait</u> tous les jours.

a. La famille s'agrandissait.

b. Les gens courraient dans les rues.

c. Nous découvrions une nouvelle danse.

d. Ils souffraient en silence.

e. Cette conférence réunirait les chefs d'état.

f. Je t'offrirais des bijoux.

g. Il mourait de honte.

h. Cela t'ouvrirait les yeux.

298 Complétez au conditionnel présent.

Exemple : Il s'agir**ait** d'une affaire étrange.

a. Il ne se souviendr......... plus de rien.

b. Nous recueiller......... plusieurs témoignages.

c. Je mourr......... d'envie d'en savoir plus.

d. Ils courr......... un grand risque.

e. Cela servir......... leur cause.

f. Nous vous tiendr......... informés.

g. Tu souffrir......... beaucoup.

h. Ils s'enrichir.........rapidement.

299 Transformez le présent de l'indicatif en conditionnel présent.

> *Exemple :* De précieux manuscrits dorment dans cette bibliothèque.
> → ***De précieux manuscrits dormiraient dans cette bibliothèque.***

a. On ne se sert jamais de ces ouvrages. → ....

b. Personne ne les ouvre. → ....

c. J'en choisis un. → ....

d. Nous l'ouvrons. → ....

e. Nous le découvrons ensemble. → ....

f. Tu choisis des passages qui te plaisent. → ....

g. Nous réfléchissons à leur signification. → ....

h. Ces livres réussissent à nous faire rêver. → ....

300 Rayez ce qui ne convient pas.

> *Exemple :* Cela te ~~plairais~~/***plairait***/~~plairaient~~ d'aller à Cannes ?

a. On se *mettrais/mettrait/mettraient* à la terrasse d'un café.

b. Je te *prendrais/prendrait/prendraient* en photo.

c. Les gens *croirais/croirait/croiraient* que tu es un acteur.

d. On *dirais/dirait/diraient* que tu es une star.

e. Tu te *tairais/tairait/tairaient*.

f. Je *rirais/rirait/riraient* bien.

g. Tes admirateurs te *suivrais/suivrait/suivraient*.

h. On ne *répondrais/répondrait/répondraient* pas à leurs questions.

301 Mettez dans l'ordre.

> *Exemple :* tu/Comment/?/-/cet/définirais/état
> → ***Comment définirais-tu cet état ?***

a. S'/la/ils/fous/./apprenaient/deviendraient/,/nouvelle/ils

→ ....

b. on/Si/./médaille/obtiendrait/,/on/la/gagnait

→ ....

c. tu/de/?/te/on/Si/t'/voter/abstiendrais/,/demandait

→ ....

d. le/S'/./an/,/attendrais/il/un/fallait/j'

→ ....

e. choisiraient/solution/./certainement/Ils/cette

→ ....

f. partait/./on/tôt/Si/reviendrait/,/tôt/on

→ ....

g. ne/compte/Nous/de/pas/cet/tiendrions/./incident

→ ....

h. à/Offririez/une/?/inconnue/-/des/vous/fleurs

→ ....

302 Complétez avec le verbe entre parenthèses.

> *Exemple :* Cette pièce **servirait** de chambre d'amis. (servir)

a. Nous .... le salon. (agrandir)

b. Cela te .... de passer quelques jours ici ? (plaire)

c. Tu .... peut-être à te libérer. (réussir)

d. Tu crois que Zoé et Anne .... ? (venir)

e. Je .... d'envie de les voir. (mourir)

f. Vous nous .... ? (rejoindre)

g. Sacha et moi .... vos hésitations. (comprendre)

h. On .... bien. (s'entendre)

303 Reliez les éléments.

a. Il pleuvrait,

b. Il lui promettrait la lune,

c. On leur prendrait un objet,

d. Il commettrait la moindre erreur,

e. On les convaincrait de la qualité de nos produits,

f. Je recevrais une lettre comme celle-là,

g. Tu t'assiérais à ce bureau,

h. Ils ne me répondraient pas,

1. on verrait nos ventes doubler.

2. vous le mettriez à la porte ?

3. il vaudrait mieux rentrer.

4. je conclurais que c'est sans espoir.

5. elle le croirait.

6. cela me décevrait beaucoup.

7. ils s'en apercevraient aussitôt.

8. tu écrirais plus confortablement.

304 Répondez.

> *Exemple :* Me croiriez-vous, si je vous l'affirmais ? → Oui, je **vous croirais.**

a. Lui interdiriez-vous de fumer ? → Oui, nous le ....

b. Conduirais-tu la nuit ? → Oui, je ....

c. Reconnaîtriez-vous cet homme ? → Oui, je ....

d. Vous battriez-vous contre lui ? → Non, je ....

e. Mettriez-vous votre fils en pension ? → Non, nous ....

f. Lui permettriez-vous de sortir le soir ? → Oui, nous ....

g. Poursuivrais-tu tes études ? → Oui, je ....

h. Verrais-tu souvent tes amis ? → Oui, je ....

305 Complétez avec les verbes entre parenthèses.

> *Exemple :* On **croirait** voir sa mère ! (croire)

a. Si nécessaire, je le .... dans mon bureau. (recevoir)

b. On .... que le temps change. (dire)

c. Sans les intérêts, tu .... mille euros. (percevoir)

d. Pour te rassurer, je .... à côté de toi. (s'asseoir)

e. Sans problèmes d'argent, on .... bien ! (vivre)

f. Avec de bons arguments, vous le ....(convaincre)

g. On .... à ce moment-là. (voir)

h. Il .... mieux se renseigner. (valoir)

306 Transformez en utilisant un verbe au conditionnel présent.

> *Exemple :* En cas de pluie... (il) → *Au cas où il pleuvrait...*

a. En cas d'interdiction de stationner... (on) → ....

b. En cas de réussite..... (vous) → ....

c. En cas de perte ... (tu) → ....

d. En cas de découverte... (on) → ....

e. En cas de mort ... (il) → ....

f. En cas d'invasion ...(ils) → ....

g. En cas de réunion... (vous) → ....

h. En cas d'inscription... (nous) → ....

E. CONDITIONNEL PRÉSENT ET IMPARFAIT DE L'INDICATIF

307 Complétez ces hypothèses avec le conditionnel présent et l'imparfait.

> *Exemple :* ***Voudriez*-**vous partir vivre à l'étranger si on vous le *demandait* ?
> (vouloir/demander)

a. Que ....-il si la Terre .... de 4 degrés ? (se passer/se
réchauffer)

b. Si on te .... de jouer dans un film, ...-tu ? (proposer/
accepter)

c. Si la caissière .... de compter un article, lui ....-vous ?
(oublier/dire)

d. Qu'.........................-il   si on .... le centre de Paris aux voitures ?
(arriver/interdire)

e. Si quelqu'un .... dans la zone non fumeur, lui ....-vous
d'éteindre sa cigarette ? (fumer/demander).

f. Si on .... plus de policiers dans les rues, est-ce que la violence
.... ? (mettre/diminuer)

g. Si je te .... un secret, est-ce que tu le .... ? (confier/
garder)

h. Que ....-tu si je .... ? (faire/disparaître)

308 Transformez ces phrases avec l'imparfait de l'indicatif et le conditionnel présent.

> *Exemple :* Si on vous offre un billet d'avion, quelle destination choisissez-vous ?
> → *Si on vous offrait un billet d'avion, quelle destination choisiriez-vous ?*

a. Si tu parles parfaitement cette langue, tu en comprends toutes les subtilités.

→ ....

b. Si un autre pétrolier coule, il y aura une nouvelle marée noire.

→ ....

c. Si vous grossissez de trois kilos, suivrez-vous un régime ?

→ ....

d. Il se peut qu'on installe un distributeur de boisson si tout le monde le demande.

→ ....

e. Si votre photo paraît dans le journal sans votre autorisation, porterez-vous plainte ?

→ ....

f. Si vous arrêtez de vous disputer, on pourra dîner tranquille !

→ ....

g. Changeront-ils de région, si on leur propose un autre travail ?

→ ....

h. Si votre télévision explose, que ferez-vous ?

→ ....

309 **Transformez avec** *si* **et le conditionnel.**

Exemple : On tombe en panne. Est-ce qu'on trouve un garagiste pour nous dépanner ?

→ ***Si on tombait en panne, est-ce qu'on trouverait un garagiste pour nous dépanner ?***

a. Un inconnu m'aborde dans la rue. Je ne lui réponds pas.

→ ....

b. On te fait attendre 20 minutes dans un restaurant. Tu fais un scandale ?

→ ....

c. Vous lisez une information fausse dans un journal, vous écrivez à ce journal ?

→ ....

d. On construit une centrale nucléaire près de chez toi, tu protestes ?

→ ....

e. Une voyante vous prédit un malheur, vous la croyez ?

→ ....

f. Tu fais une plaisanterie de mauvais goût, tu t'excuses ?

→ ....

g. Vous trouvez une montre dans la rue, vous la gardez ?

→ ....

h. Quelqu'un vous téléphone au milieu de la nuit, vous avez peur ?

→ ....

Bilans

310 **Complétez cette lettre avec le conditionnel présent et l'imparfait de l'indicatif.**

Chère Claire,

*J'**(1)** .... (aimer) te répéter ce que je t'ai dit au téléphone : tu* **(2)** *................. (devoir) partir quelques jours. Je t'assure qu'il **(3)** .... (valoir) mieux prendre un peu de recul et, pour cela, il **(4)** .... (falloir) casser le cercle* *vicieux dans lequel tu es. Réfléchis ! Que* **(5)** .... *(devenir) ton fils si tu* **(6)** .... *(tomber) malade ? Cela ne* **(7)** .... *(résoudre) certainement pas tes problèmes. Tu sais, ton mari* **(8)** .... *(savoir) très bien s'occuper de Paul... il n'en* **(9)** .... *(mourir) pas ! Ils* **(10)** .... *(être) peut-être même très contents de se retrouver « entre hommes » et Gérard* **(11)** .... *(s'apercevoir) aussi que tu travailles beaucoup à la maison. Pour une fois il* **(12)** .... *(se mettre) à ta place !*

Que **(13)** ....*-tu (dire) d'une semaine chez moi ? Nous* **(14)** .... *(prendre) soin de toi. Tu n'***(15)** .... *(avoir) rien à faire. On te* **(16)** .... *(traiter) comme une reine ! On* **(17)** .... *(aller) faire de belles balades. Tu* **(18)** .... *(faire) la grasse matinée. Je t'assure que nous* **(19)** .... *(être) ravis de t'avoir à la maison. Tu* **(20)** .... *(pouvoir) venir dès la semaine prochaine. Alors, réponds-moi vite !*

Au cas où tu **(21)** .... *(vouloir) me joindre dans la journée, tu peux me laisser un message sur mon portable.*

À très bientôt !

Je t'embrasse,

Maud

311 **Complétez ce discours avec le conditionnel présent.**

Chers concitoyens,

Je vous ai réunis aujourd'hui pour vous parler de notre petit village où il fait si bon vivre mais qui, malheureusement, se dépeuple d'années en années. Je **(1)** .... *(souhaiter) votre avis sur ce grave problème. Toutes vos suggestions et remarques* **(2)** .... *(être) appréciées. Mais avant de vous laisser la parole, je* **(3)** .... *(vouloir) vous soumettre quelques idées : voilà, je pense qu'il* **(4)** .... *(falloir) créer des activités touristiques. Si nous* **(5)** .... *(transformer) l'ancienne laiterie en gîte rural, des groupes de jeunes* **(6)** .... *(pouvoir) venir faire du ski de fond l'hiver. Pour les travaux, le Conseil Régional nous* **(7)** ....*(aider) financièrement. On* **(8)** .... *(employer) les fils de Jeanne pour s'occuper du centre. La construction* **(9)** .... *(donner) du travail à Joseph. Mathilde, dans ton café, tu* **(10)** .... *(accueillir) bien une cinquantaine de personnes, non ? Tu leur* **(11)** .... *(servir) des sandwichs et des tartiflettes ! L'été, des colonies de vacances* **(12)** .... *(venir) et on* **(13)** .... *(organiser) une grande kermesse. Le fils de Charles et son groupe de rock* **(14)** .... *(jouer). Toi, l'instituteur, tu* **(15)** .... *(écrire) le programme de la journée et tu nous* **(16)** .... *(faire) une belle brochure qu'on* **(17)** .... *(distribuer) dans les villages alentours. Petit à petit, on* **(18)** .... *(parler) de nous, le bouche à oreille* **(19)** .... *(fonctionner). Le village* **(20)** .... *(revivre) !*

X. CONDITIONNEL PASSÉ

A. *ÊTRE*, *AVOIR*, VERBES EN *-ER* ET SEMI-AUXILIAIRES

312 Reproche ou regret ? Cochez.

Exemple : Tu aurais dû me le dire. **1.** ☒ ***Reproche*** **2.** ☐ Regret

a. Vous auriez mieux fait de les prévenir. **1.** ☐ Reproche **2.** ☐ Regret
b. Si j'avais su, je serais venu plus tôt. **1.** ☐ Reproche **2.** ☐ Regret
c. Il aurait fallu nous le demander avant ! **1.** ☐ Reproche **2.** ☐ Regret
d. Il aurait voulu l'aider. **1.** ☐ Reproche **2.** ☐ Regret
e. Nous aurions aimé y aller. **1.** ☐ Reproche **2.** ☐ Regret
f. Vous n'auriez pas dû quitter la salle. **1.** ☐ Reproche **2.** ☐ Regret
g. Tout le monde aurait été content. **1.** ☐ Reproche **2.** ☐ Regret
h. Tu aurais quand même pu essayer ! **1.** ☐ Reproche **2.** ☐ Regret

313 Reliez les éléments.

a. Il aurait eu son diplôme,   1. on aurait eu de meilleures places.
b. Si on avait regardé les informations,   2. si on vous avait téléphoné ?
c. Tu serais venu,   3. ses parents auraient été fous de joie.
d. Il aurait fallu réserver à l'avance :   4. nous aurions pu passer une bonne soirée.
e. Nous aurions tant aimé les revoir :   5. on aurait su qu'il y avait la grève.
f. Tout le monde aurait dû lire ce livre,   6. comme ça on aurait pu en discuter.
g. Vous seriez venus   7. j'aurais bien voulu passer la journée dehors.
h. Comme il faisait beau aujourd'hui,   8. je ne me serais pas ennuyée.

314 Informations non confirmées. Transformez en utilisant le conditionnel passé.

Exemple : On dit qu'il a été très célèbre à son époque. → ***Il aurait été très célèbre.***

a. Il paraît qu'on a parlé de lui à la télévision. → ....
b. On dit qu'il a eu six enfants. → ....
c. La rumeur dit qu'ils ont habité dans un grand château.

→ ....
d. D'après certains, sa femme a été danseuse de cabaret.

→ ....
e. Elle a, dit-on, dilapidé sa fortune. → ....
f. Il semble qu'il a été très malade pendant dix ans. → ....
g. On dit que ses amis ont eu pitié de lui. → ....
h. Il paraît que, grâce à eux, il a terminé sa vie paisiblement.

→ ....

315 Rayez ce qui ne convient pas.

Exemple : On ~~aurais~~/***aurait***/~~auraient~~ dû faire les courses hier.

a. Tu *aurais/aurait/auraient* pu acheter du pain en rentrant.

b. Je *serais/serait/seraient* allée au supermarché si j'avais su...

c. Les vendeurs *aurais/aurait/auraient* dû mieux nous conseiller.

d. J'*aurais/aurait/auraient* voulu aller chez le coiffeur cette semaine.

e. Le boucher *aurais/aurait/auraient* pu me dire le temps de cuisson.

f. Sans la notice, je n'*aurais/aurait/auraient* pas su faire marcher le four.

g. Nos amis *serais/serait/seraient* venus dîner.

h. On n'*aurais/aurait/auraient* rien eu à manger.

316 Mettez dans l'ordre.

Exemple : fallu/mettre/Il/affiche/./aurait/une.

→ ***Il aurait fallu mettre une affiche.***

a. dû/pas/quartier/de/changer/aurait/n'/./On

→ ....

b. n'/,/rien/aurais/elle/je/jamais/./su/Sans

→ ....

c. une/aurait/occasion/été/./bonne/Cela

→ ....

d. aurait/./Il/eu/de/foule/curieux/une/y

→ ....

e. pas/sûrement/auriez/entrer/Vous/./pu/n'

→ ....

f. temps/venus/./seraient/en/Ils/tous/même

→ ....

g. bien/Nous/rencontrer/aurions/./la/voulu

→ ....

h. seule/n'/allée/pas/./serait/y/Elle

→ ....

317 Répondez aux questions.

Exemple : Tu crois que nous aurions dû le lui dire ? → Oui, vous ***auriez dû le lui dire.***

a. J'aurais pu réussir ? → Bien sûr, tu ....

b. Il aurait su expliquer le problème ? → Non, il ....

c. Elles seraient venues ? → Non, elles ....

d. Nous nous serions fâchés ? → Oui, vous ....

e. Tu aurais voulu l'acheter ? → Oui, j' ....

f. Ils se seraient fait mal ? → Non, ils ....

g. Il aurait fallu l'accompagner ? → Non, il ....

h. Tu aurais été fière de moi ? → Oui, j'..

318 *Être* ou *avoir* ? Complétez au conditionnel passé.

    Exemple :   J'*aurais* fait mes bagages.

a. Nous .... allés à l'autre bout du monde.

b. Vous .... dû vous lever plus tôt.

c. Tu .... eu les félicitations du jury.

d. On .... su faire face.

e. Les gens .... venus.

f. Je n'................. pas pu le supporter.

g. On se .... promené.

h. Tout se .... bien passé.

319 Transformez l'imparfait en conditionnel passé.

    Exemple :   Je n'imaginais pas un tel succès. → *Je n'aurais pas imaginé un tel succès.*

a. Nous ne pouvions pas trouver mieux. → ....

b. Ils ne pensaient pas gagner aussi facilement.

→ ....

c. Vous ne soupçonniez pas une telle méchanceté !

→ ....

d. On n'envisageait pas une telle réaction ! → ....

e. Tu ne pensais pas faire un tel voyage. → ....

f. Ils ne devinaient pas ce que l'avenir leur réservait.

→ ....

g. Cela nécessitait un temps de réflexion. → ....

h. Il fallait écouter des avis différents. → ....

320 Exprimez un regret ou un reproche avec *pouvoir, vouloir, devoir, falloir* au conditionnel passé.

    Exemple :   Vous n'avez pas téléphoné. (pouvoir) → *Vous auriez pu téléphoner.*

a. Je ne suis pas allé à la gym. (vouloir) → ....

b. Vous n'avez pas parlé de notre projet. (pouvoir) → ....

c. On n'a pas demandé le tarif horaire. (falloir) → ....

d. Tu ne t'es pas lavé les mains. (pouvoir) → ....

e. Ils ne se sont pas entendus sur le prix. (devoir) → ....

f. Je n'ai pas acheté de cadeau pour Antoine. (devoir) → ....

g. Il n'a pas appelé un taxi ? (pouvoir) → ....

h. Nous n'avons pas envoyé le paquet. (devoir) → ....

321 Complétez avec un pronom et l'auxiliaire *être* pour former le conditionnel passé.

    Exemple :   Vous *vous seriez* organisés.

a. On .... téléphoné et on .... parlé.

b. Nous .... donné rendez-vous au café.

c. Ils .... rencontrés.

d. Vous .... échangé vos numéros de téléphone.

e. Je .... présentée.

f. Tu .... moqué de moi.

g. Que ....-il passé alors ?

h. Tout le monde .... embrassé.

322 Faites l'accord du participe passé si nécessaire.

Exemple : Nous aurions rédigé des annonces que nous aurions plac**ées** chez les commerçants.

a. Elle serait allé......... à l'agence et elle se serait présenté.........

b. Ils auraient fait......... une liste des appartements et il les auraient visité.........

c. Elles se seraient renseigné......... et auraient exploré......... toutes les possibilités.

d. Nous aurions fait .... du porte à porte et nous ne nous serions pas découragé.........

e. On aurait accepté......... tous les travaux qu'on nous aurait proposé.........

f. Vous nous auriez accompagné......... et nous nous serions bien débrouillé.........

g. Si je t'avais donné......... quelques conseils, les aurais-tu écouté......... ?

h. Nous aurions fondé......... une petite entreprise et vous vous seriez peut-êtr associé......... avec nous.

323 Complétez et faites l'accord si nécessaire.

Exemple : Si elle avait pu, elle *se serait consacrée* à son jardin. (se consacrer)

a. Elle .... des arbres fruitiers. (planter)

b. Elle les ....(soigner)

c. Ses amis et elle .... les fruits. (récolter)

d. Ils .... des confitures. (faire)

e. J'........................ les aider. (adorer)

f. Nous .... aussi .... des fleurs. (semer)

g. Nous .... vraiment .... dans ce travail. (s'impliquer)

h. Tu nous .... sûrement .... beaucoup de choses. (expliquer)

B. VERBES EN -*IR*, -*RE* ET -*OIR*

324 Reliez les éléments (plusieurs possibilités).

a. Si elle ne m'avait pas dit bonjour,   1. tu te serais aperçu qu'il manquait une page

b. En cas de conflit,   2. je crois qu'ils seraient tombés amoureux.

c. Si tu avais vraiment bien regardé,   3. j'aurais mis toutes les chances de mon côté

d. S'il avait eu un accident   4. vous auriez entendu son discours.

e. Ils se seraient connus avant,   5. je ne l'aurais pas reconnue.

f. À ta place,   6. il aurait rejoint l'armée.

g. Il aurait suivi l'exemple de son père,   7. nous serions intervenus.

h. Si vous aviez été là,   8. on nous aurait prévenus.

325 *Être* ou *avoir* ? **Rayez ce qui ne convient.**

   Exemple :   On ~~serait~~/***aurait*** réussi à louer une maison.

a. Nos amis *seraient/auraient* venus une semaine.

b. Je vous *serais/aurais* rejoints plus tard.

c. On *serait/aurait* bien ri.

d. On se *serait/aurait* cru dans une colonie de vacances.

e. Tout le monde *serait/aurait* pris des photos.

f. Les vacances se *seraient/auraient* finies trop vite.

g. Chacun *serait/aurait* reparti.

h. J' *serais/aurais* repris le train pour Paris.

326 **Changez le passé composé en conditionnel passé selon le modèle.**

   Exemple :   Je n'ai pas réagi. → ***À ma place, vous auriez réagi ?***

a. Je ne suis pas revenu là-bas. → ....

b. Je me suis enfui. → ....

c. J'ai menti. → ....

d. J'ai écrit au maire. → ....

e. Je lui ai tout dit. → ....

f. Je n'ai pas craint sa réaction. → ....

g. J'ai répondu à ses questions. → ....

h. Je lui ai promis de revenir. → ....

327 **Mettez dans l'ordre.**

   Exemple :   une/Nous/belle/serions/./maison/construit/nous

   → ***Nous nous serions construit une belle maison.***

a. entendus/pas/vous/ne/./seriez/Vous/bien

→ ....

b. aurait/taire/Il/valu/mieux/./se → ....

c. pris/nous/cinq/aurait/./minutes/Cela → ....

d. auraient/./gens/accouru/les/Tous → ....

e. revus/nous/,/Sans/nous/jamais/./ne/eux/serions

→ ....

f. me/./serais/à/elle/Je/d'/assise/pas/côté/ne

→ ....

g. vos/-/Auriez/partenaires/?/vous/tous/convaincu

→ ....

h. défendre/serais/tes/?/battu/-/Te/idées/tu/pour

→ ....

328 Rayez ce qui ne convient pas.

> *Exemple :* Si tu m'avais dit que Karine et Victor arrivaient, je les aurais ~~attendu~~/
> ~~attendue~~ / **attendus.**

a. Ta chambre ? À ta place, je l'aurais *peint/peinte/peints* en blanc.

b. Ils nous auraient dit cela, nous ne les aurions pas *cru/crue/crus.*

c. D'après son passeport, elle serais *né/née/nées* en 1972.

d. Cette lettre, tu l'aurais *écrit/écrite* en cinq minutes.

e. Ces photos, où est-ce que tu les aurais *mis/mise/mises* ?

f. On m'a dit qu'ils seraient *descendu/descendus/descendues* à l'hôtel George V.

g. Tu as vu Léa avec ses cheveux longs ? Je ne l'aurais jamais *reconnu/reconnue.*

h. D'après cet article, on aurait *traduit/traduits* ses romans en 40 langues.

329 Répondez à la forme négative.

> *Exemple :* À notre place, vous vous seriez inscrits ?
> → Non, nous **ne nous serions pas inscrits.**

a. Tu aurais pris cet argent ? → Non, je ....

b. Vous auriez offert un cadeau ? → Non, nous ....

c. Tu te serais plainte ? → Non, je ....

d. Vous les auriez revus ? → Non, nous ....

e. Tu t'en serais aperçu ? → Non, je ....

f. Tu te serais assis ? → Non, je ....

g. Vous seriez sortis ? → Non, nous ....

h. Tu le lui aurais permis ? → Non, je ....

330 Donnez ces informations non confirmées en utilisant le conditionnel passé.

> *Exemple :* Un grave accident est survenu place de la Concorde.
> → **Un grave accident serait survenu place de la Concorde.**

a. On a découvert trente tableaux volés chez un dentiste parisien.

→ ....

b. Les oiseaux migrateurs sont partis vers le sud avec un mois d'avance.

→ ....

c. Des scientifiques ont réussi à cloner des êtres humains.

→ ....

d. Une Française de 25 ans a mis au monde des sextuplés.

→ ....

e. Des députés se sont battus en pleine séance parlementaire.

→ ....

f. La météo a prévu un été très pluvieux.

→ ....

g. On s'est servi d'un robot pour opérer un malade.

→ ....

h. La nouvelle mode de Hong-Kong a envahi les plages françaises.

→ ....

331 Dites le contraire : employez des verbes de sens opposé (*s'endormir*, *finir*, *détruire*, *s'asseoir*, *vivre*, *maigrir*, *éteindre*, *ralentir*, *réussir*).

   Exemple :   On aurait commencé. → **On aurait fini.**

a. Il aurait échoué. → ....

b. Nous nous serions réveillés. → ....

c. Elle serait morte. → ....

d. Vous auriez accéléré. → ....

e. Tu aurais construit. → ....

f. On aurait allumé. → ....

g. Elle se serait levée. → ....

h. Ils auraient grossi. → ....

332 Faites des phrases au conditionnel passé avec les éléments donnés.

   Exemple :   On/suivre le chemin balisé/ne pas se perdre.

   → **On aurait suivi le chemin balisé, on ne se serait pas perdu.**

a. Ils/souscrire à une assurance/percevoir une indemnité.

→ ....

b. Vous/les convaincre/conclure l'affaire.

→ ....

c. On/se voir/se plaire

→ ....

d. Nous/vivre ensemble/se battre.

→ ....

e. Je/recevoir cette lettre/croire à une plaisanterie.

→ ....

f. Tu/ne pas prendre parti/me décevoir.

→ ....

g. Elle/réagir rapidement/résoudre le problème.

→ ....

h. Il/pleuvoir/on/prévoir autre chose.

→ ....

C. CONDITIONNEL PRÉSENT, CONDITIONNEL PASSÉ, IMPARFAIT ET PLUS-QUE-PARFAIT DE L'INDICATIF

333 Complétez au conditionnel présent ou au conditionnel passé.

   Exemple :   S'il était entré au conservatoire, aujourd'hui il **serait** professeur de musique. (être)

   Si elle avait voulu, elle **aurait pu** faire carrière dans la chanson. (pouvoir)

a. Si j'avais arrosé mes fleurs, elles .... (ne pas se faner).

b. Si tu étais parti à l'heure, tu .... à l'heure. (arriver)

c. Maintenant il .... en Inde, s'il avait accepté ce poste. (vivre)

d. Si vous aviez fini votre travail hier, vous .... aller au cinéma aujourd'hui (pouvoir)

e. Si tu avais mis le plat dans le four quand je te l'ai dit, nous .... déjà .... de dîner. (finir)

f. Nous n'......................... pas tous ces problèmes maintenant, si nous avions bien lu le contrat. (avoir)

g. S'ils avaient eu des jumeaux, il .... qu'ils déménagent. (falloir)

h. Si j'avais su que c'était ton anniversaire, on .... pour te faire un cadeau (se cotiser)

334 Reliez les éléments.

a. Si tu avais vécu à une autre époque,	1. si elle avait dû conduire la nuit.
b. Si le guide avait été plus clair,	2. contactez ce numéro de téléphone.
c. Si j'avais une piscine près de chez moi,	3. nous ne nous serions pas trompés de chemin
d. Sylvie n'aurait pas été contente	4. j'irais nager tous les jours.
e. Si on enquêtait auprès des habitants,	5. peut-être découvrirait-on la clé du mystère.
f. Au cas où vous tomberiez en panne,	6. comment auriez-vous fait ?
g. Si tu n'avais pas autant fumé hier,	7. tu n'aurais pas mal à la gorge aujourd'hui.
h. S'ils n'avaient pas été là,	8. à quel siècle aurais-tu aimé vivre ?

335 Rayez ce qui ne convient pas.

Exemple : Quelle profession ~~choisiriez-vous~~/**auriez-vous choisi**, si vous n'étiez pas devenue réalisatrice ?

a. Combien *resterait-il/aurait-il resté* d'éléphants aujourd'hui si on ne les avait pas protégés ?

b. Si *je profitais/j'avais profité* des promotions, j'aurais payé 30 % de moins.

c. Si tu avais vu ce spectacle, tu *t'amuserais bien/te serais bien amusé.*

d. Si vous *insistiez/aviez insisté*, elle aurait peut-être changé d'avis.

e. Il aurait pu tomber dans une grave dépression s'il *n'allait pas/n'était pas allé* voir un psychothérapeute.

f. S'ils *suivaient/avaient suivi* leur traitement, ils seraient sans doute guéris.

g. Si seulement chacun *faisait/avait fait* preuve de bonne volonté, ce serait plus facile.

h. Il *vaudrait mieux/aurait mieux valu* le dire avant... C'est trop tard maintenant !

336 Informations non confirmées. Conjuguez au conditionnel présent ou passé.

Exemple : Une tornade a frappé la Guadeloupe.

→ *Une tornade aurait frappé la Guadeloupe.*

Le président français reçoit le président de la Guinée.

→ *Le président français recevrait le président de la Guinée.*

a. Les agents de la SNCF sont en grève. → ....

b. Un lion s'est échappé du zoo de Vincennes. → ....

c. Le conseil municipal se réunit demain. → ....

d. Le taux de pollution a atteint un seuil dangereux.

→ ....

e. La cigarette est à l'origine de 80 % des cancers du poumon.

→ ....

f. Le nombre de mariages augmente. → ....

g. 10 % des citadins ont une bicyclette. → ....

h. Les enfants mangent trop de sucreries. → ....

Bilans

337 Transformez à la forme négative du conditionnel passé.

De bons souvenirs

À Paris, j'ai appris le français, j'ai vu la Joconde au Louvre, j'ai bu un chocolat chaud chez Angelina, j'ai dévoré des tonnes de croissants, je me suis assis(e) à la terrasse du Flore, je me suis promené(e) sur l'île Saint-Louis, j'ai découvert les Catacombes, j'ai couru dans le jardin des Tuileries, j'ai applaudi les danseurs de l'Opéra, je me suis inté-ressé(e) à la politique, j'ai suivi des débats télévisés, j'ai lu le Canard Enchaîné, je me suis amusé(e) au parc Astérix, je suis monté(e) sur les tours de Notre-Dame, j'ai pris le funiculaire de Montmartre, je me suis perdu(e) dans le métro, je suis sorti(e) dans les boîtes branchées, je me suis fait des amis, je suis tombé(e) amoureux(se), je me suis marié(e), je suis devenu(e) parisien(ne) !

Si je n'étais pas venu(e) à Paris, ...

....

....

....

....

....

....

....

....

....

....

....

....

....

338 Complétez au conditionnel passé.

La vie rêvée d'un homme

Il **(1)** .... (vouloir) être un aventurier. Il **(2)** .... (partir) en Amazonie, **(3)** .... (descendre) le fleuve en pirogue. Les Indiens l'**(4)** .... (accueillir) et il **(5)** .... (vivre) quelque temps avec eux. Il **(6)** .... même .... (apprendre) leur langue. Mais il **(7)** .... (ne pas rester). Il **(8)** .... (repartir) vers d'autres contrées : il **(9)** .... (traverser) la Mongolie à cheval, **(10)** .... (dormir) dans un igloo en Laponie, **(11)** .... (se baigner) dans le fleuve sacré du Gange, **(12)** .... (marcher) dans le désert du Sahara, **(13)** .... (franchir) la Cordillère des Andes en plein hiver, **(14)** .... (être) chercheur d'émeraudes en Colombie. Il **(15)** .... (parcourir) des milliers de kilomètres. Toutes les rencontres qu'il **(16)** .... (faire) l'**(17)** .... (enrichir). Tous ces visages inconnus **(18)** .... (se graver) pour toujours dans sa mémoire. Mais, au soir de sa vie, il **(19)** .... (avoir) la nostalgie de son pays et **(20)** .... (revenir) dans son village natal et y **(21)** .... (mourir). Ni vous, ni moi n'**(22)** .... (savoir) ce qu'il avait vécu.

XI. SUBJONCTIF PRÉSENT

A. ÊTRE ET AVOIR

39 **Reliez les éléments.**

a. J'aimerais que tu
b. Ce n'est pas normal qu'il
c. Il faudrait que vous
d. Nous sommes ravis que tu
e. Quel dommage qu'ils
f. Cela serait bien qu'on
g. C'est merveilleux que nous
h. Pensez-vous qu'ils

1. aient le temps de venir ?
2. soyons ensemble !
3. ait un peu de soleil.
4. ne soient pas avec nous !
5. aies cette occasion de voyager.
6. ayez un guide pour visiter.
7. n'y ait plus personne.
8. sois là.

40 **Transformez l'impératif en subjonctif.**

Exemple : N'aie pas peur ! → *Il ne faut pas que tu aies peur.*

a. Ne sois pas arrogant ! → ....
b. N'ayez pas de regret ! → ....
c. Ne soyez pas imprudent ! → ....
d. N'aie pas une attitude négative. → ....
e. Ne soyons pas en retard. → ....
f. Ne sois pas triste ! → ....
g. N'ayons pas de scrupules. → ....
h. N'aie pas honte. → ....

341 **Mettez dans l'ordre.**

Exemple : un/est/y/il/./qu'/vote/ait/important/C'
→ *C'est important qu'il y ait un vote.*

a. pas/un/./soit/ne/que/Il/ce/obstacle/faut
→ ....

b. C'/présents/bien/soyez/que/./est/vous
→ ....

c. vaut/fermes/soyons/mieux/Il/./nous/que
→ ....

d. même/./drôle/que/est/la/ayez/vous/C'/idée
→ ....

e. soient/qu'/ils/faudrait/./plus/Il/attentifs
→ ....

119

f. ait/erreur/y/./C'/qu'/possible/est/il/une

→ ....

g. chance/qu'/aimerais/aient/./leur/ils/J'

→ ....

h. coordonnées/./tu/Dommage/ses/aies/pas/que/n'

→ ....

342 **Rayez ce qui ne convient pas.**

Exemple : Je voudrais que tu **sois**/~~soit~~/~~soient~~ heureux.

a. Nous aimerions que les choses *sois/soit/soient* claires.

b. Il faut que tu *aie/aies/ait* tes papiers sur toi.

c. Il est indispensable qu'on *aie/ait/aient* ce renseignement.

d. Il est possible que j'*aie/aies/ait* un rendez-vous ce jour-là.

e. Il faut que tu *sois/soit/soient* à la gare à 19 h.

f. C'est dommage qu'il n'y *aie/aies/ait* plus de place.

g. C'est incroyable que ce *sois/soient/soit* aussi cher !

h. Vous voudriez que les voisins *sois/soit/soient* moins bruyants ?

343 **Reformulez avec** *il faut* **et le subjonctif présent.**

Exemple : Vous devez avoir confiance. → ***Il faut que vous ayez confiance.***

a. Tu dois être calme. → ....

b. Ils doivent avoir plus d'assurance. → ....

c. La réunion doit avoir lieu. → ....

d. Tu dois avoir une excellente note. → ....

e. Nous devons être prêts. → ....

f. Les clients doivent être satisfaits. → ....

g. Nous devons avoir notre mot à dire. → ....

h. Ce doit être une belle cérémonie. → ....

344 **Complétez avec** *être* **ou** *avoir* **au subjonctif présent.**

Exemple : Vous cherchez un roman qui **soit** sur la liste des meilleures ventes ?

a. Je suis étonné qu'il y .... autant de nouveautés littéraires.

b. J'aimerais emporter un livre qui .... intéressant et facile à lire.

c. Voici les meilleures biographies qui .... sur cet artiste.

d. Je ne pense pas que ce .... le genre de livre que j'aime.

e. Cela m'étonne que cet auteur n'......... pas le prix Goncourt.

f. C'est important que ces ouvrages .... en vitrine pour les faire connaître.

g. C'est drôle que tu n'......... pas envie de lire de la science-fiction.

h. C'est bien que certains libraires .... le courage de promouvoir des auteurs inconnus.

3. VERBES EN -ER

45 Soulignez les verbes qui sont au subjonctif.

Exemple : Comme on a dit qu'il y avait des grèves, j'avais peur que tu n'<u>arrives</u> pas à temps.

a. Les professeurs voudraient que nous étudiions tout le temps ! C'est impossible !

b. Laisse-moi leur numéro de téléphone pour que je les appelle.

c. Si tu pars à l'étranger, il vaut mieux que tu vérifies la validité de ton passeport.

d. C'est scandaleux qu'ils nous traitent comme des enfants alors qu'on est majeurs !

e. Maintenant que tu sais tout, crois-tu que je me trompe ?

f. On attendra patiemment jusqu'à ce que la situation se stabilise.

g. Il a dit qu'il voulait se reposer et a demandé qu'on le laisse tranquille.

h. Si je comprends bien, vous accepteriez à condition que vous restiez en France ?

46 Complétez avec un pronom (plusieurs possibilités).

Exemple : Ce serait bien que *je* change l'heure de ce rendez-vous.

a. Il faut que .... téléphoniez à madame Krug.

b. Je voudrais qu'......... me confirme la date de cette réunion.

c. Nous aimerions bien que .... travailles un peu plus.

d. Cela t'ennuie que .... te pose des questions ?

e. Pourquoi veux-tu que .... leur demandions cela ?

f. Il aimerait que .... l'accompagniez.

g. Cela me fait plaisir qu'......... s'adaptent bien.

h. Quel dommage qu'......... habite aussi loin !

47 Répondez au subjonctif présent.

Exemple : Faut-il que nous engagions un architecte ? → Oui, il faut que vous *engagiez un architecte.*

a. Faut-il que nous discutions avec lui ? → Oui, il faut que vous ....

b. Faut-il que nous écoutions ses conseils ? → Oui, il faut que vous ....

c. Faut-il que nous examinions ses propositions ?

→ Oui, il faut que vous ....

d. Faut-il que nous calculions notre budget ? → Oui, il faut que vous ....

e. Faut-il que nous contactions les banques ? → Oui, il faut que vous ....

f. Faut-il que nous comparions les taux d'intérêt ?

→ Oui, il faut que vous ....

g. Faut-il que nous regardions attentivement les devis ?

→ Oui, il faut que vous ....

h. Faut-il que nous nous décidions après réflexion ?

→ Oui, il faut que vous ....

348 Complétez avec les terminaisons qui conviennent.

Exemple : J'éteins la télévision pour que tu ne la regard**es** pas en travaillant.

a. On va attendre ici jusqu'à ce qu'elle arriv………

b. Avant qu'ils nous appell………, on va chercher les horaires des cinémas.

c. Bien que nous aim……… voyager, nous voulons aussi parfois rester chez nous.

d. On peut aller aux Champs-Élysées à moins que vous préfér……… aller au Louvre ?

e. Il ne se passe pas un jour sans qu'il se pass……… des tragédies dans le monde.

f. On peut faire des grillades à condition que tu allum……… le barbecue.

g. Je téléphone afin que vous me confirm……… notre rendez-vous de jeudi.

h. Ils vont tout faire pour que nous nous install……… le plus vite possible.

349 Présent de l'indicatif ou du subjonctif ? Cochez.

Exemple : Il est normal que nous vous remerciions. **1.** ☐ Indicatif **2.** ☒ *Subjonctif*

a. J'espère que vous appréciez votre chance. **1.** ☐ Indicatif **2.** ☐ Subjonctif

b. C'est évident que nous étudions mieux dans le calme. **1.** ☐ Indicatif **2.** ☐ Subjonctif

c. Ce serait bien que nous essayions cette méthode. **1.** ☐ Indicatif **2.** ☐ Subjonctif

d. Je suis flatté que vous me confiiez cette tâche. **1.** ☐ Indicatif **2.** ☐ Subjonctif

e. Ils croient que nous photocopions un document confidentiel !

1. ☐ Indicatif **2.** ☐ Subjonctif

f. Il n'est pas nécessaire que vous criiez aussi fort. **1.** ☐ Indicatif **2.** ☐ Subjonctif

g. J'aimerais bien que vous nous photographiiez ensemble. **1.** ☐ Indicatif **2.** ☐ Subjonctif

h. C'est vrai que vous pariez de l'argent sur les courses de chevaux ?

1. ☐ Indicatif **2.** ☐ Subjonctif

350 Mettez dans l'ordre.

Exemple : ajoute/Que/on/à/faudrait/?/-/il/qu'/cela

→ *Que faudrait-il qu'on ajoute à cela ?*

a. discussion/Voulez/?/-/la/vous/on/qu'/continue

→ ....

b. souhaiterais/d'/Je/vous/avis/./changiez/que

→ ....

c. vraiment/tu/-/?/exagèrent/qu'/Penses/ils

→ ....

d. que/./voudrait/./emmènes/On/tu/théâtre/nous/au

→ ....

e. faut/l'/./oubliiez/pas/que/Il/vous/ne

→ ....

f. nous/que/ceci/./Il/photocopiions/est/inutile

→ ....

g. que/est/ce/Il/./envoie/urgent/paquet/j'

→ ....

h. me/ils/qu'/./soir/J'/rappellent/aimerais/ce

→ ....

351 Rayez ce qui ne convient pas.

Exemple : Pensez-vous que cela ~~reflètes~~/**reflète**/~~reflètent~~ la réalité ?

a. C'est bien que vous *vérifiez/vérifiiez* les factures.

b. J'aimerais bien que tu m'*achète/achètes/achètent* ce C.D.

c. Il n'est pas utile que vous me *remerciez/remerciiez* pour ce petit service.

d. C'est vraiment gentil qu'ils nous *envoie/envoie/envoient* leurs vœux.

e. On peut rester un peu à moins que tu t'*ennuie/ennuies/ennuient.*

f. Ce serait peut-être plus simple que nous nous *tutoyons/tutoyions* ?

g. Il faudrait que nous *planifions/planifiions* les cours de la semaine prochaine.

h. Ne crois-tu pas que j'*essaie/essaies/essaient* de faire de mon mieux ?

352 Complétez avec *-e, -é* ou *-è.*

Exemple : Je propose que nous rép**é**tions une dernière fois.

a. Ils acceptent que vous r...gliez par chèque bancaire.

b. Pour répondre, il faut que tu l...ves le doigt.

c. Il ne faudrait pas qu'elle rép...te ces mensonges.

d. Il est nécessaire que nous proc...dions à une vérification.

e. C'est dommage que nous n'emm...nions pas le chien avec nous.

f. Il faut absolument qu'ils r...glent leurs problèmes entre eux.

g. Aimerais-tu que je t'emm...ne au cinéma ?

h. Je souhaiterais que nous nous prom...nions plus souvent.

353 Propositions et suggestions. Conjuguez les verbes entre parenthèses au subjonctif.

Exemple : Cela te ferait plaisir qu'on te **photographie** ? (photographier)

a. Tu n'aimerais pas que nous t'........................... à la montagne ? (emmener)

b. Cela vous plairait qu'on .... une maison pour l'été ? (louer)

c. Elle a peut-être envie que vous la .... de venir ? (supplier)

d. Tu veux que je t'........................... mon adresse électronique ? (envoyer)

e. Ce ne serait pas mieux qu'ils .... par carte bancaire ? (payer)

f. Je propose qu'il .... de la joindre à son bureau. (essayer)

g. J'aimerais bien que tu la .... de ma part. (remercier)

h. Il vaudrait mieux que chacun .... ce qu'il a commencé. (achever)

354 Tutoyez.

Exemple : Il faut que vous rappeliez Jean. → *Il faut que tu rappelles Jean.*

a. J'aimerais que vous enleviez vos affaires, s'il vous plaît.

→ ....

b. Il vaudrait mieux que vous renvoyiez le paquet à l'expéditeur.

→ ....

c. Ce serait bien que vous jetiez ces vieux journaux.

→ ....

d. Je suis surprise que vous préfériez ce modèle.

→ ....

e. C'est inutile que vous éleviez la voix.

→ ....

f. C'est ridicule que vous rejetiez tout en bloc.

→ ....

g. Je ne peux pas croire que vous n'oubliiez jamais rien !

→ ....

h. Il faut que vous planifiiez vos rendez-vous.

→ ....

C. SEMI-AUXILIAIRES

355 Cochez les verbes qui, à la 1ʳᵉ personne du singulier du subjonctif (*je*), ont la mêm
forme qu'à la 2ᵉ personne de l'impératif (*tu*).

    Exemple :   ☒ Aie confiance !

a. ☐ Sois détendue !

b. ☐ Sache être beau joueur !

c. ☐ Vas à la pharmacie !

d. ☐ Viens me voir !

e. ☐ Fais attention !

f. ☐ Écoute cette chanson !

g. ☐ Aie un peu de respect !

h. ☐ Compte les jours !

356 Rayez ce qui ne convient pas.

    Exemple :   Nous avons peur qu'il s'en **aille**/~~ailles~~/~~aillent~~ très loin.

a. Il serait content que tu *viennes/vienne/viennent* à sa fête.

b. Je suis ravie qu'elle *veuilles/veuille/veuillent* collaborer.

c. Nous sommes heureux qu'ils *aie/ait/aient* ce logement.

d. On est surpris que tu ne *sache/saches/sachent* pas te servir d'un ordinateur.

e. C'est bizarre qu'on ne *puisses/puisse/puissent* pas ouvrir cette porte.

f. Dommage qu'Emmanuel et Danièle ne *veuilles/veuille/veuillent* pas nous aider !

g. Cela m'énerve qu'on *doives/doive/doivent* attendre aussi longtemps.

h. Nous sommes impatients que l'été *viennes/vienne/viennent* !

357 Complétez avec les terminaisons qui conviennent.

    Exemple :   Je souhaiterais que vous puiss**iez** venir au concert.

a. Il est ravi que nous fass......... ce voyage avec lui.

b. Elle est impatiente que nous all......... la voir.

c. Il faudrait que nous sach......... combien nous serons.

d. Je comprends que vous voul......... connaître le chiffre exact.

e. C'est incroyable que vous ne sach......... rien.

f. Dites-le-nous pour que nous puiss......... nous organiser.

g. C'est normal que vous dev......... présenter une pièce d'identité.

h. C'est un grand plaisir que vous ven......... avec votre famille.

58 **Mettez dans l'ordre.**

    Exemple :   que/Il/aimerait/vous/vraiment/nous/avec/./veniez

             → ***Il aimerait vraiment que vous veniez avec nous.***

a. ne/Je/qu'/./faille/pas/en/il/parler/pense

→ ....

b. ou/Que/vouliez/non/est/le/c'/./vous/,/ainsi

→ ....

c. vérité/sachions/Il/./faut/nous/la/que

→ ....

d. que/!/devions/Dommage/déménager/nous

→ ....

e. rester/pas/./bête/puissiez/est/que/vous/C'/ne

→ ....

f. te/que/fasses/ce/On/./tu/qui/veut/plaît

→ ....

g. y/vous/./important/alliez/est/que/Il

→ ....

h. on/demander/qu'/-/?/tu/puisse/le/Crois/lui

→ ....

59 **Vouvoyez.**

    Exemple : Supposons que tu viennes... Pardon ! que vous *veniez*

a. Imaginons que tu y ailles... Pardon ! que vous y ....

b. On n'est pas sûr que tu puisses... Pardon ! que vous ....

c. Il n'est pas certain que tu le veuilles... Pardon ! que vous le ....

d. Il est peu probable que tu le saches... Pardon ! que vous le ....

e. D'accord ! à condition que tu viennes... Pardon ! que vous ....

f. J'accepte, pourvu que tu le fasses... Pardon ! que vous le ....

g. Pourquoi pas ? à moins que tu doives... Pardon ! que vous .... vous absenter.

h. Je doute que tu aies... Pardon ! que vous .... le temps.

60 **Formulez des souhaits au subjonctif avec les éléments donnés.**

    Exemple : Tous les amis/venir à mon anniversaire.

             → ***Que tous mes amis viennent à mon anniversaire !***

a. Grand-mère/aller bien. → ....

b. Vous/faire fortune. → ....

c. Nous/savoir vivre en harmonie. → ....

d. Les beaux jours/venir. → ....

e. Vous/faire de beaux voyages. → ....

f. Tristan/vouloir sortir avec moi. → ....

g. Nous/pouvoir se voir souvent. → ....

h. Tu/ne pas s'en aller. → ....

361 **Complétez avec le verbe entre parenthèses.**

Exemple : Quoi que vous *fassiez* ... (faire)

a. Où que vous .... (aller)

b. Quoi qu'il .... arriver... (pouvoir)

c. Qui que vous .... (être)

d. Que vous .... ou non. (venir)

e. Qu'ils le .... ou non. (faire)

f. Que vous .... ou non. (savoir)

g. Qu'on le .... ou non. (vouloir)

h. Qu'il .... le faire ou non. (falloir)

D. VERBES EN -IR, -RE, -OIR

362 **Reliez les éléments.**

a. Le voyage sera assez long,
b. Pourvu qu'il ne pleuve pas demain
c. Je te téléphone
d. Je ne suis pas certaine que
e. Pour les Français, c'est étrange
f. On a tout deviné
g. Il faudra leur expliquer
h. Avant que vous lisiez ce tract,

1. sans qu'il nous dise quoi que ce soit.
2. qu'on conduise à gauche dans certains pays.
3. jusqu'à ce qu'ils comprennent.
4. à moins que tu prennes le TGV.
5. vous écriviez ce mot correctement.
6. nous devons apporter quelques précisions.
7. et qu'ils réussissent à ramener le bateau !
8. pour que tu ne m'attendes pas pour dîner ce soi

363 **Conjuguez à la 3e personne du pluriel du présent de l'indicatif (*ils*), puis formez | subjonctif présent.**

Exemple : Partir. → Ils *partent.* Qu'elle *parte.*

a. Choisir. → Ils .... Que je ....

b. Se sentir. → Ils .... Qu'on ....

c. Dormir. → Ils .... Que tu ....

d. Se servir. → Ils .... Que je ....

e. Obtenir. → Ils .... Qu'elle ....

f. Écrire. → Ils .... Que tu ....

g. Dire. → Ils .... Que je ....

h. Traduire. → Ils .... Qu'il ....

364 Changez le présent de l'indicatif en présent du subjonctif.

Exemple : Nous réussissons. → *Que nous réussissions.*

a. Vous tenez. → ....

b. Nous agissons. → ....

c. Nous découvrons. → ....

d. Vous devenez. → ....

e. Nous obtenons. → ....

f. Vous réfléchissez. → ....

g. Nous disons. → ....

h. Nous nous servons. → ....

365 Complétez avec les terminaisons qui conviennent.

Exemple : Il faudrait que vous compren*iez* notre position.

a. J'aimerais que tu m'apprenn......... à jouer au poker.

b. Ce serait bien que je prenn......... le train de 15 h.

c. Il vaut mieux que vous pren......... vos précautions.

d. Dommage que nous ne pren......... pas l'avion ensemble.

e. Je ne pense pas qu'ils nous surprenn.........

f. Pourvu que cela ne prenn......... pas des proportions incontrôlables !

g. C'est bien qu'ils prenn......... le temps de vivre.

h. Couvre-toi ! Il ne faut pas que tu prenn......... froid !

366 Sondage sur la vie quotidienne. Complétez au subjonctif présent.

Messieurs, j'aimerais qu'on *revienne* (revenir) sur ce point pour que vous ....
(comprendre) mieux la situation. Il faut que nous .... (prendre) tous conscience
de certaines exigences afin que nous .... (parvenir) à rester compétitifs et même
que nous .... (devenir) des leaders sur le marché. Je souhaiterais que vous
.... (se souvenir) toujours qu'il est essentiel que nous .... (entretenir)
d'excellentes relations avec nos clients et que nous .... (tenir) compte de leur
avis. Pour ma part, sachez que je lutterai pour que vous .... (obtenir) des conditions de travail satisfaisantes et qu'on .... (maintenir) tous les emplois.

367 Reliez les éléments.

a. Il y a beaucoup de monde,

b. Cette musique est sublime !

c. Qu'ils craignent un changement de direction,

d. Il est temps

e. Nous ferons

f. Il vaut mieux que

g. Je ne pense pas que

h. Que cela te plaise ou non,

1. en sorte qu'ils se sentent comme chez eux.

2. cela vaille la peine.

3. tu nous rejoignes directement au restaurant.

4. il se peut que vous attendiez.

5. c'est compréhensible.

6. c'est la réalité.

7. Il faut absolument que tu entendes ça !

8. qu'il apprenne à se conduire en société.

368 Changez le présent de l'indicatif en présent du subjonctif.

Exemple : Peu importe si tu comprends. → *Que tu comprennes ou non...*

a. Peu importe si vous vous entendez. → ....

b. Peu importe s'ils répondent. → ....

c. Peu importe si tu les connais. → ....

d. Peu importe si je leur écris. → ....

e. Peu importe si on nous le permet. → ....

f. Peu importe si vous vous mettez en colère. → ....

g. Peu importe s'ils nous croient. → ....

h. Peu importe si nous suivons ce plan. → ....

369 Exprimez des doutes. Complétez avec le subjonctif présent.

Exemple : Cela lui rendra service. → Je ne crois pas que *cela lui rende service.*

a. Ils apprendront à être patients. → Cela m'étonnerait qu'...................................

b. Tu comprendras un jour. → Ce n'est pas sûr que ....

c. Elle lui dira tout. → Je ne pense pas qu'...................................

d. Il perdra son pari. → Je ne crois pas qu'...................................

e. Ils s'inscriront. → Cela m'étonnerait qu'...................................

f. On leur interdira. → Il est peu probable qu'...................................

g. Il vendra son magasin. → Je ne crois pas qu'...................................

h. J'écrirai un roman. → Je ne pense pas que ....

370 Conseils à un ami. Conjuguez au subjonctif présent (*tu*).

Exemple : Le plus important est de connaître des personnes sympathiques.
→ *Le plus important est que tu connaisses des personnes sympathiques*

a. ...de vivre en harmonie avec ton entourage. → ....

b. ...de croire à l'amitié. → ....

c. ...de se mettre parfois à la place des autres. → ....

d. ...de voir les côtés positifs. → ....

e. ...de suivre ton intuition. → ....

f. ...de reconnaître tes torts. → ....

g. ...de ne pas décevoir tes amis. → ....

h. ...de construire des relations sincères. → ....

371 Reformulez les phrases en utilisant le subjonctif et les éléments donnés entre parenthèses.

Exemple : Ils auront une prime s'ils atteignent leurs objectifs. (à condition que)
→ *Ils auront une prime à condition qu'ils atteignent leurs objectifs.*

a. Nous gardons bon moral même si nous craignons une baisse de notre activité. (bien que)

→ ....

b. On doit faire une réunion lundi, sauf si vous résolvez le problème d'ici-là. (à moins que)

→ ....

c. Je mets une marque rouge sur le document : comme cela, vous le reconnaîtrez. (pour que)

→ ....

d. Je peux lui envoyer le dossier sauf si vous le transmettez vous-même. (à moins que)

→ ....

e. On fera ces modifications si cela en vaut vraiment la peine. (à condition que)

→ ....

f. Tout semble bloqué, sauf si nous convainquons notre banquier. (à moins que)

→ ....

g. On va essayer... même si cela me paraît irréaliste. (bien que)

→ ....

h. Il suffit de peu de choses et ils s'apercevront que nous sommes sincères. (pour que)

→ ....

372 **Dans ces expressions figées, trouvez les verbes au subjonctif et donnez-en l'infinitif.**

Exemple : Ne vous en déplaise ! → **déplaire**

a. Vive la liberté ! → ....

b. Advienne que pourra ! → ....

c. Sauve qui peut ! → ....

d. Qu'à cela ne tienne ! → ....

e. Vaille que vaille. → ....

f. Comprenne qui pourra ! → ....

g. Qui m'aime me suive ! → ....

h. Ainsi soit-il ! → ....

Bilans

373 **Sondage sur la vie quotidienne. Complétez au subjonctif présent.**

– *Trouvez-vous indispensable qu'on* **(1)** .... *(apprendre) une ou deux langues étrangères à l'école ?*   Oui   Non

– *Serait-il intéressant que les élèves* **(2)** .... *(suivre) aussi des cours de secourisme ?*   Oui   Non

– *Est-il normal que les étudiants* **(3)** .... *(se servir) d'une calculatrice pendant les examens de mathématiques ?*   Oui   Non

– *Est-il souhaitable que tout citoyen* **(4)** .... *(connaître) non seulement l'histoire de son pays, mais également celle des autres pays ?*   Oui   Non

– *Cela vous choque-t-il que les jeunes* **(5)** .... *(lire) beaucoup de bandes dessinées ?*   Oui   Non

– Pensez-vous qu'il faudrait qu'on **(6)** .... (ouvrir) les bibliothèques le dimanche ?   Oui   Non

– Faudrait-il qu'on **(7)** ....(mettre) des zones piétonnes autour des écoles ?
                                                                                                                     Oui   Non

– Pensez-vous que les automobilistes **(8)** .... (conduire) trop vite dans les villes ?   Oui   Non

– Estimez-vous qu'il est normal qu'on **(9)** .... (interdire) l'accès des jardins publics aux animaux ?   Oui   Non

– Trouvez-vous normal qu'on **(10)** .... (faire) de la publicité dans les lieux publics ?   Oui   Non

– Trouvez-vous désagréable qu'on **(11)** .... (recevoir) tous les jours des publicités dans sa boîte à lettres ?   Oui   Non

– Trouvez-vous choquant qu'on **(12)** .... (vendre) des animaux comme des marchandises ?   Oui   Non

– Est-il regrettable que deux personnes sur trois **(13)** .... (vivre) seules ?
                                                                                                                     Oui   Non

374 Complétez au subjonctif présent avec les verbes entre parenthèses.

Claude,

Bien que ce ne **(1)** .... (être) pas facile d'exprimer tout ce que j'ai sur le cœur, il faut que je te **(2)** .... (redire) et que je t'**(3)** .... (écrire) noir sur blanc que je ne veux plus te voir, afin qu'il n'y **(4)** .... (avoir) plus d'ambiguïté possible. Je ne veux plus que tu m'**(5)** .... (attendre) à la sortie du lycée, ni que tu m'**(6)** .... (appeler), ni que tu **(7)** .... (venir) chez moi.

Je ne supporte plus que tu m'**(8)** .... (espionner), que tu me **(9)** .... (suivre), que tu me **(10)** .... (faire) des scènes, que tu **(11)** .... (être) maladivement jaloux. Je ne pense pas que cela **(12)** .... (valoir) la peine de détailler une fois de plus tout ce qui a détruit notre relation. Il ne faut pas que tu m'en **(13)** .... (vouloir) : je suis à bout de forces et je ne crois pas qu'il **(14)** .... (falloir) continuer dans ces conditions. Il vaut mieux que nous **(15)** .... (arrêter) de nous torturer mutuellement. Il est hors de question que nous **(16)** .... (continuer) jusqu'à ce que nous **(17)** .... (se détester). J'aimerais que tu **(18)** .... (prendre) soin de toi, que tu **(19)** .... (parvenir) à retrouver ton équilibre, que tu **(20)** .... (réussir) à m'oublier. Il faut que tu **(21)** .... (savoir) que mon amour était sincère.

Je t'embrasse,

Élodie

XII. SUBJONCTIF PASSÉ

A. ÊTRE, AVOIR, VERBES EN -ER, SEMI-AUXILIAIRES

25 Soulignez les subjonctifs passés.

Exemple : Cela me choque qu'il n'ait pas voulu nous aider.

a. Nous sommes surpris qu'il y ait eu autant de monde.

b. C'est bien que vous ayez pu lui parler.

c. Quel dommage que vous n'ayez pas été présents !

d. Quoi que tu aies fait, je te pardonne.

e. On regrette qu'ils ne soient pas venus.

f. Qu'il n'ait jamais su conduire, je veux bien le croire.

g. C'est scandaleux qu'ils aient dû refaire une demande.

h. Qu'elle soit allée là-bas ne nous étonne pas.

26 Reliez.

a. C'est une chance que sa femme	1. ait toujours eu des rôles d'idiots.
b. C'est drôle que cet acteur	2. n'aie pas eu assez de temps.
c. C'est dommage qu'ils	3. ait été aussi patiente.
d. Ne croyez-vous pas que nous	4. ne soyez pas allé à la cérémonie.
e. C'est triste qu'il	5. aient eu autant de succès.
f. C'est génial qu'ils	6. aient dû rentrer à pied.
g. C'est bête que je	7. ayons fait le maximum ?
h. C'est mieux que vous	8. ait fallu lui demander de partir.

27 Rayez ce qui ne convient pas.

Exemple : C'est drôle qu'il ait été/ait eu cette idée.

a. C'est dommage qu'Arielle *ait été/ait eu* malade.

b. Je ne peux croire que vous *ayez été/ayez eu* autant de chance !

c. Je suis désolé que nous *ayons été/ayons eu* ce petit incident.

d. Cela ne m'étonne pas qu'il y *ait été/ait eu* des embouteillages.

e. Pour qu'elle *ait été/ait eu* aussi enthousiaste, ce devait être bien.

f. Que tous les gens *aient été/aient eu* satisfaits, c'est positif.

g. C'est normal que j'*aie été/aie eu* un petit coup de fatigue.

h. Il est possible qu'ils *aient été/aient eu* un contretemps.

378 Exprimez un sentiment ou un jugement sur un événement passé.

Exemple : Nous avons eu une discussion un peu vive. Je suis désolé.
→ *Je suis désolé que nous ayons eu une discussion un peu vive.*

a. Vous avez été très critique. Nous sommes surpris.

→ ....

b. Tu n'as pas eu un mot gentil. Cela m'étonne.

→ ....

c. Ils n'ont eu aucun regret. C'est bizarre.

→ ....

d. Elle a été assez désagréable. C'est étonnant.

→ ....

e. Vous avez eu une attitude ambiguë. Je ne comprends pas.

→ ....

f. Nous avons été satisfaits. C'est normal.

→ ....

g. Tu as été accueillant. Cela m'a fait plaisir.

→ ....

h. Ils ont été reconnaissants. C'est bien.

→ ....

379 Complétez ces subjonctifs passés.

Exemple : Quelle bonne surprise que vous *ayez* gagné,

a. que tu .... tout réglé,

b. qu'elle .... confirmé,

c. qu'elles .... approuvé,

d. que vous n'................. pas hésité,

e. que chacun .... participé,

f. que personne n'................. abandonné,

g. que tous .... apprécié,

h. que nous .... progressé.

380 *Être* ou *avoir* ? Rayez ce qui ne convient pas.

Exemple : Cela m'étonne qu'il ~~soit~~/*ait* passé ses vacances au Guatemala.

a. C'est bizarre que la nuit *soit/ait* déjà tombée.

b. Il n'accepte pas qu'elle y *soit/ait* allée sans lui.

c. J'admire que tu *sois/aies* monté cette entreprise tout seul.

d. Je ne pense pas qu'ils *soient/aient* restés inactifs.

e. Bien que vous *ayez/soyez* déjà dîné, goûtez à ce plat.

f. J'ai peur qu'il lui *soit/ait* arrivé quelque chose.

g. Pourvu qu'ils *soient/aient* arrêté de fumer !

h. Je n'arrive pas à croire que vous *soyez/ayez* passé par cette route !

381 Répondez en exprimant des doutes.

Exemples : Ne penses-tu pas que nous soyons allés trop loin ?

→ **Non, je ne pense pas que vous soyez allés trop loin.**

Ne croyez-vous pas que nous ayons donné trop d'explications ?

→ **Non, je ne crois pas que vous ayez donné trop d'explications.**

a. Ne crois-tu pas nous ayons trop parlé ?

→ ....

b. Ne penses-tu pas que vous ayez exagéré ?

→ ....

c. Ne penses-tu pas que nous ayons fait le bon choix ?

→ ....

d. Ne crois-tu pas que vous ayez manqué une bonne occasion ?

→ ....

e. Ne penses-tu pas que nous nous soyons trompés ?

→ ....

f. Ne crois-tu pas que nous ayons amélioré la situation ?

→ ....

g. Ne crois-tu pas que vous vous soyez éloignés de votre objectif ?

→ ....

382 Rayez ce qui ne convient pas.

Exemple : Qu'il ~~aies/aies~~/**ait** su trouver le chemin, c'est une chance.

a. Qu'il *sois/soit/soient* venu, c'est inattendu.

b. Que tu *aie/aies/ait* fait cela, c'est incroyable.

c. Qu'ils se *sois/soit/soient* rencontrés, c'est drôle.

d. Que tu *sois/soit/soient* allé le remercier, c'est normal.

e. Que chacun *aie/aies/ait* pu se servir, c'est bien.

f. Que tous *aie/ait/aient* bien voulu, c'est bon signe.

g. Que j'*aie/aies/ait* dû recommencer, c'est pénible.

h. Qu'il *aie/aies/ait* fallu payer, c'est normal.

383 Complétez avec un pronom.

Exemple : Quel dommage que *tu* aies été si loin,

a. qu'.............. ne soit pas venu,

b. qu'.............. ait fait mauvais temps,

c. que .... y soyons allés trop tard,

d. que .... n'aie pas pu être disponible,

e. qu'.............. ait fallu travailler ce jour-là,

f. que .... n'aies pas voulu faire d'effort,

g. que .... n'ayez rien su,

h. qu'.............. aient dû rester chez eux.

384 *Être* ou *avoir* ? Complétez ces passés du subjonctif.

Exemple :   Cela me fait plaisir que vous *soyez* venus,

a. que tu .... su trouver le chemin,

b. que vous .... aimé cette journée,

c. que tout le monde se .... amusé,

d. qu'on .... pu rester dans le jardin,

e. qu'il .... fait beau,

f. que nous .... passé un bon moment,

g. que tes amis .... venus,

h. que tout se .... bien passé.

385 Contestez ce qui est affirmé avec la négation et le subjonctif passé.

Exemple :   Je crois que nous avons eu tort.
→ *Moi, je ne crois pas que nous ayons eu tort.*

a. Je pense qu'ils sont tous allés là-bas.

→ ....

b. Je crois qu'il est venu hier.

→ ....

c. Je suis sûr qu'il a fallu encore attendre.

→ ....

d. Je pense qu'il a pu la joindre au téléphone.

→ ....

e. Je suis convaincu qu'il a voulu seulement nous aider.

→ ....

f. Je pense que nous avons eu raison.

→ ....

g. J'ai l'impression que tout le monde l'a su.

→ ....

h. Je crois qu'ils ont dû émigrer.

→ ....

386 Conjuguez au subjonctif passé.

Exemple :   J'avais peur que tu *sois allé(e)* là-bas pour rien. (aller)

a. Je ne comprends pas qu'il .... si froid aujourd'hui, en plein mois de mai
(faire)

b. C'était magique que tu .... venir pour mon anniversaire. (pouvoir)

c. En attendant que la grand-mère .... bien .... se décider, toute la famille
attendait ! (vouloir)

d. Bien que nous .... de la pluie, nous avons adoré notre séjour en Irlande
(avoir)

e. Je suis désolé que vous .... faire ce détour pour me rendre ce service. (devoir)

f. Qu'ils .... ou non, cela ne change rien car ils n'ont rien fait. (venir)

g. Il ne pense pas que j'....................... être assez persuasive. (savoir)

h. Nous regrettons qu'il .... vous déranger en plein travail. (falloir)

387 **Accord du participe passé. Rayez ce qui ne convient pas.**

   Exemple : Laissez une copie de votre diplôme au secrétariat à moins que vous l'ayez déjà ~~donné~~/**donnée**.

a. Cela m'étonnerait qu'elle se soit déjà *occupé/occupée* de son inscription.

b. Mesdames, messieurs, nous sommes très heureux que vous soyez *venues/venus* nous soutenir.

c. Il faut vraiment qu'ils aient été *choqués/choquées* pour qu'ils soient *allés/allées* se plaindre.

d. C'est dommage qu'elles se soient *inquiétés/inquiétées* pour rien.

e. Je ne suis pas passé récupérer les photos. C'est bête que je les ai *oubliés/oubliées* !

f. C'est scandaleux qu'on n'ait toujours pas *installé/installée* de machine à café !

g. Ils ne parlent pas anglais bien qu'ils soient *allé/allés* dans de nombreux pays étrangers.

h. Nous n'irons pas les voir avant qu'ils se soient bien *installé/installés*.

388 **Complétez avec un pronom et accordez le participe passé, si nécessaire (parfois plusieurs possibilités).**

   Exemple : Je ne crois pas que la situation **se** soit améliorée.

a. On a eu peur que toute la vaisselle .... soit cassé......... dans le déménagement.

b. Cela m'a surpris qu'ils .... soient tutoyé......... dès leur première rencontre.

c. C'est bien que vous .... soyez libéré......... de toutes ces contraintes.

d. C'était merveilleux que la journée .... soit terminé......... par ce concert.

e. C'est inquiétant que l'ascenseur .... soit bloqué ....entre deux étages !

f. Cela m'étonne que vous .... soyez contenté......... de cette explication !

g. Quelle surprise que nous .... soyons rencontré......... dans la rue !

h. C'est incroyable que je ne .... sois pas rappelé......... son nom.

389 **Mettez dans l'ordre.**

   Exemple : ait/ne/C'/elle/l'/triste/su/qu'/./jamais/est
   → ***C'est triste qu'elle ne l'ait jamais su.***

a. scandaleux/ils/./fait/qu'/C'/aient/est/cela

→ ....

b. ne/pas/il/Je/ait/./qu'/mal/faire/voulu/du/crois

→ ....

c. soyez/regrettons/vous/Nous/venus/./ne/que/pas

→ ....

d. étonne/./Cela/pas/soient/y/qu'/m'/n'/allés/ils

→ ....

135

e. qu'/C'/fallu/est/tout/incroyable/./il/annuler/ait

→ ....

f. te/que/tu/C'/reposé/./bien/sois/est

→ ....

g. pas/Dommage/ayons/rester/./n'/pu/nous/que

→ ....

h. pas/C'/sois/me/ne/question/./drôle/je/que/la/posé/est

→ ....

390 **Exprimez le regret. Transformez les phrases en utilisant le subjonctif passé.**
Exemple : Tout ne s'est pas passé comme prévu.
→ *C'est dommage que tout ne se soit pas passé comme prévu.*

a. Tous les invités ne se sont pas déplacés.

→ ....

b. Personne ne s'est présenté.

→ ....

c. Les gens ne se sont pas parlé.

→ ....

d. La conférence ne s'est pas bien déroulée.

→ ....

e. Les conférenciers ne se sont pas bien exprimés.

→ ....

f. Les organisateurs ne se sont pas bien occupés du public.

→ ....

g. Le public ne s'est pas intéressé aux conférences.

→ ....

h. La journée ne s'est pas bien terminée.

→ ....

B. VERBES EN -IR, -RE, -OIR

391 **Reliez les éléments.**

a. C'est révoltant que les architectes

b. Bien que vous ayez promis
de ne pas prendre de photos,

c. Je crains que nous

d. On a attendu que tout le monde

e. C'est bien que tu

f. Il se peut que j'

g. Ils devraient arriver à moins qu'ils

h. On est resté jusqu'à ce que
les dernières lumières

1. ayons omis un détail qui a son importance.

2. vous n'avez pas pu vous en empêcher

3. aie mal compris.

4. ne se soient perdus en route.

5. aient construit des bâtiments aussi laids

6. se soient éteintes.

7. aies tenu compte de nos remarques.

8. se soit assis et se soit tu.

392 *Être* ou *avoir* ? Complétez les passés du subjonctif.

Exemple :   On est tous contents que vous *soyez* revenus.

a. Il n'est pas certain que tout le monde .... reçu cette lettre.

b. Je ne veux rien te dire avant que tu .... vu le film.

c. Ce n'est pas possible qu'ils se .... connus au lycée !

d. En supposant qu'elle .... commis ce vol, peut-on vraiment la mettre en prison ?

e. Je crains que nous n'....................... pas bien répondu à votre question.

f. La réunion risque d'être animée, à moins que vous vous .... mis d'accord d'ici là.

g. Vous serez remboursé à condition que vous .... joint une photocopie de la facture.

h. C'est ennuyeux que tu te .... mis dans cette situation.

393 Transformez en une seule phrase et en utilisant le subjonctif passé.

Exemple :   C'est scandaleux : on a interdit ce film !

→ *C'est scandaleux qu'on ait interdit ce film !*

a. C'est étonnant : j'ai obtenu une bonne note à cette épreuve.

→ ....

b. C'est bizarre : elle a dit cela calmement.

→ ....

c. Ce n'est vraiment pas de chance : il a perdu sa voix la veille du concert.

→ ....

d. C'est bien : le directeur a reconnu ses torts.

→ ....

e. C'est drôle : nous sommes nés le même jour.

→ ....

f. C'est génial : tu as reçu le premier prix !

→ ....

g. C'est admirable : ils ont traduit toute son œuvre !

→ ....

h. C'est vraiment satisfaisant : nous avons réussi.

→ ....

394 Mettez dans l'ordre.

Exemple :   heureuse/tous/soyez/Je/./que/revenus/suis/vous

→ *Je suis heureuse que vous soyez tous revenus.*

a. aies/que/./pense/ne/Je/tu/réfléchi/pas/bien

→ ....

b. n'/il/pas/incroyable/encore/ait/!/qu'/C'/fini/est

→ ....

c. soient/Il/fous/peut/se/!/ils/qu'/devenus

→ ....

d. tu/?/ait/Penses/agi/-/qu'/intérêt/il/par

→ ....

e. soient/ils/peur/tous/a/On/./morts/qu'

→ ....

f. que/drôle/soyez/C'/vous/reconnus/ne/./pas/est/vous

→ ....

g. pas/Cela/livre/que/n'/étonne/ayez/./m'/ce/vous/lu

→ ....

h. on/C'/bizarre/cette/n'/détruit/./qu'/maison/est/pas/ait

→ ....

395 **Exprimez une inquiétude et un souhait.**

Exemple : J'espère qu'ils n'ont pas perdu notre adresse.

→ ***Pourvu qu'ils n'aient pas perdu notre adresse !***

a. J'espère qu'elle n'a pas trop souffert.

→ ....

b. J'espère qu'ils ne se sont aperçus de rien.

→ ....

c. J'espère qu'il ne s'est pas produit une catastrophe.

→ ....

d. J'espère qu'elle n'a contredit personne.

→ ....

e. J'espère qu'ils n'ont rien entendu.

→ ....

f. J'espère qu'il n'a pas plu toute la semaine.

→ ....

g. J'espère qu'il ne s'est pas endormi au volant.

→ ....

h. J'espère qu'ils ne sont pas déjà partis.

→ ....

396 **Accord du participe passé. Rayez ce qui ne convient pas.**

Exemple : Je ne me rappelais plus cette pièce de théâtre bien que je l'aie déjà ~~vu~~/*vue*.

a. Comment cela se fait-il qu'il ne nous ait pas *rejoint/rejoints* ?

b. Sa mère fait tellement jeune qu'il se peut qu'on l'ait *pris/prise* pour sa sœur.

c. Bien qu'ils aient *conçu/conçus* les modèles, ils ne les ont pas exploités eux-mêmes.

d. Cela m'étonne qu'elle se soit *plaint/plainte* à la direction.

e. C'est scandaleux que ces organisations se soient *conduits/conduites* de cette manière !

f. Cela m'étonne qu'on n'ait jamais *entendu/entendue* parler d'elle.

g. Bien que vous n'ayez pas *vécu/vécus* dans le pays, vous en parlez bien la langue.

h. Ils ne peuvent pas accuser réception des papiers avant qu'ils les aient *reçu/reçus*.

397 Conjuguez au subjonctif passé.

Exemple : Il se peut que d'ici la fin de ce siècle la moitié des langues de la planète *ait disparu*. (disparaître)

a. Il est regrettable que la langue française .... un déclin depuis le début du XXᵉ siècle. (connaître)

b. C'est étrange que l'Espéranto .... plus de succès dans le monde. (ne pas obtenir)

c. C'est paradoxal que certains pays .... la langue des colonisateurs bien qu'ils .... leur indépendance. (maintenir/conquérir)

d. C'est admirable que les sourds-muets .... une langue qui leur est propre. (concevoir)

e. C'est étonnant qu'on .... toujours .... l'énigme de la langue basque, l'euskera. (ne pas résoudre)

f. Il semblerait qu'on .... une parenté lointaine entre le burushaski (du nord du Cachemire) et l'euskera. (établir)

g. Certains linguistes émettent l'hypothèse que des peuples parlant l'indo-européen .... l'Europe. (envahir)

h. Il se peut que les locuteurs de langues méditerranéennes .... alors .... dans des vallées isolées. (vivre)

Bilans

398 Complétez en conjuguant les verbes au subjonctif passé.

Agnès : *C'est vraiment bien que tu* **(1)** *..................... (organiser) cette fête l'autre soir. Cela m'a vraiment fait plaisir d'y être allée et d'y avoir retrouvé toute la famille. Je regrette juste que Pascal* **(2)** *..................... (ne pas pouvoir) m'accompagner et qu'il* **(3)** *..................... (devoir) partir en Angleterre...*

Christelle : *L'essentiel est que tu* **(4)** *..................... (venir) et qu'on* **(5)** *..................... (passer) une bonne soirée. Oui, je suis contente qu'on* **(6)** *..................... (réussir) à faire venir tout le monde... ou presque car la pauvre tante Adrienne...*

Agnès : *Oui, je sais, c'est triste qu'on l'*(7) *..................... (hospitaliser) la semaine dernière...*

Christelle : *C'était sympa que Max et Élodie* **(8)** *..................... (se déplacer) et qu'ils* **(9)** *..................... (faire) mille kilomètres juste pour passer le week-end avec nous.*

Agnès : *Par contre, aucune nouvelle de Sarah et Laurent. Je ne comprends pas qu'ils ne m'**(10)** .... pas .... (répondre), qu'ils ne m'**(11)** .... même pas .... (appeler)... Cela m'inquiète un peu qu'ils **(12)** .... (ne pas se manifester)*

Christelle : *Je ne pense pas qu'il leur **(13)** .... (arriver) quelque chose... Moi, cela ne m'étonnerait pas qu'ils **(14)** .... (partir) en vacances, qu'ils **(15)** .... (s'envoler) pour les Canaries ou pour les Seychelles, à moins qu'ils n'**(16)** .... (décider) de faire un stage de tennis au Maroc... tu les connais !... En tout cas, cela m'a fait très plaisir que tu **(17)** .... (se réconcilier) avec ton frère. C'était trop bête que vous **(18)** .... (se brouiller) pour des histoires d'argent...*

Agnès : *– Oui, mais je ne suis pas certaine qu'il **(19)** .... (se rendre) compte que cela m'a demandé des efforts...*

Christelle : *Le plus important est que tu **(20)** .... (être) plus intelligente que lui et que tu lui **(21)** .... (pardonner).*

399 Complétez en mettant les verbes entre parenthèses au subjonctif passé.

Protestation

*Il est scandaleux qu'on ne nous **(1)** .... pas .... (consulter) sur le projet d'installation de ce nouvel aéroport près de chez nous. Comment se fait-il qu'on **(2)** .... (ne pas réunir) le conseil municipal et que nous n'**(3)** .... (apprendre) la nouvelle que par la presse ? Vous trouvez normal qu'on **(4)** .... déjà .... (prévoir) l'expropriation de certains habitants sans qu'on ne leur **(5)** .... même .... (demander) leur avis ? Je ne peux pas croire que tout **(6)** .... (se décider) dans notre dos et qu'on ne nous **(7)** .... rien .... (dire) ! C'est vraiment insultant qu'on ne nous **(8)** .... absolument pas .... (tenir) au courant des événements et qu'on **(9)** .... (vouloir) nous exclure de la discussion. Mais c'est bien que nous **(10)** .... (réagir) et que nous **(11)** .... (créer) cette association. Nous sommes heureux que notre maire, conscient de ses négligences passées, **(12)** .... (se rallier) à notre cause et qu'il **(13)** .... (venir) dialoguer avec nous aujourd'hui... Je lui laisse la parole...*

XIII. PARTICIPE PRÉSENT ET GÉRONDIF

A. *ÊTRE*, *AVOIR*, VERBES EN -*ER* ET SEMI-AUXILIAIRES

00 Reliez les éléments.

a. Étant absent la semaine prochaine,
b. En faisant le ménage, ——————————
c. Nous ne pouvons pas vous répondre,
d. Devant se présenter à 9 heures du matin,
e. Nous avons retrouvé Barbara
f. Ne pouvant pas la joindre par téléphone,
g. En voulant attraper des pommes,
h. On les a vus

1. faisant les cent pas devant le théâtre.
2. je me suis fait mal au bras.
3. il a pris le train de nuit.
4. on lui a envoyé un mél.
5. ne sachant pas quand il reviendra.
6. j'ai retrouvé mon portefeuille.
7. allant et venant dans le quartier.
8. le docteur ne recevra aucun patient.

01 Donnez l'infinitif du gérondif.

Exemple : Mieux vaut commencer en ayant toutes les cartes en mains, → **avoir**

a. en allant doucement, → ....
b. en avançant pas à pas, → ....
c. en sachant où on va, → ....
d. en faisant attention, → ....
e. en n'oubliant pas notre objectif, → ....
f. en ne négligeant aucune piste, → ....
g. en étant lucide, → ....
h. en ayant l'esprit clair. → ....

02 Rayez ce qui ne convient pas.

Exemple : J'ai dit cela tout en **sachant**/~~ayant~~/~~étant~~ que c'est faux.

a. Tous les étudiants *sachant/ayant/étant* leur carte peuvent avoir des réductions.
b. Les grèves *sachant/ayant/étant* fréquentes, les gens sont exaspérés.
c. Ce sont des chasseurs *sachant/ayant/étant* chasser.
d. Un homme *sachant/ayant/étant* parler élégamment est apprécié par les femmes.
e. C'est l'histoire d'une femme *sachant/ayant/étant* des dons de voyance.
f. Ce roman *sachant/ayant/étant* un grand succès, tout le monde veut le lire.
g. Il y va en *sachant/ayant/étant* que son action sera utile.
h. *Sachant/Ayant/Étant* passionnée d'archéologie, elle veut visiter l'Égypte.

403 Changez le présent en participe présent.

Exemple : Nous remercions. → *remerciant*

a. Nous appelons. → ....

b. Nous voulons. → ....

c. Nous faisons. → ....

d. Nous pouvons. → ....

e. Nous changeons. → ....

f. Nous étudions. → ....

g. Nous continuons. → ....

h. Nous remplaçons. → ....

404 Mettez les verbes entre parenthèses au participe présent.

Exemple : Tu peux améliorer ton texte en *remplaçant* les mots familiers par des mo[t]
plus corrects, (remplacer)

a. en .... la place des adverbes, (changer)

b. en ....les constructions lourdes, (alléger)

c. en .... correctement les verbes, (conjuguer)

d. en .... les fautes d'orthographe, (corriger)

e. en .... une introduction, (rédiger)

f. en .... les événements dans leur contexte, (replacer)

g. en .... ton argumentation, (renforcer)

h. en .... la dernière partie. (rallonger)

405 Rédigez ces petites annonces avec un participe présent.

Exemple : Nous recherchons une couturière qui sait faire des retouches,
→ *Nous recherchons une couturière sachant faire des retouches,*

a. une personne qui veut travailler à domicile,

→ ....

b. un professeur qui a, au minimum, 10 ans d'expérience,

→ ....

c. une jeune fille qui peut s'occuper de trois enfants,

→ ....

d. des malades qui doivent subir une opération des yeux,

→ ....

e. des étrangers qui viennent d'Afrique,

→ ....

f. une personne qui va tous les jours au travail en bus,

→ ....

g. un salarié qui fait régulièrement le trajet Paris-Lyon,

→ ....

h. des mères de famille qui ne travaillent pas.

→ ....

406 Transformez les phrases en utilisant le gérondif.

> *Exemple :* Quand on a déplacé ce meuble, on a cassé le vase de Chine !
>
> → *En déplaçant ce meuble, on a cassé le vase de Chine !*

a. Lorsque j'ai rangé mes affaires, j'ai trouvé cette lettre.

→ ....

b. Pour nous réveiller, elle a crié.

→ ....

c. Nous allons examiner chaque cas et on va commencer par le plus urgent.

→ ....

d. Si vous mélangez du bleu et du jaune, vous obtenez du vert, évidemment.

→ ....

e. L'avocat a commencé sa plaidoirie et a rappelé l'article 405 du Code Pénal.

→ ....

f. Quand j'ai déménagé, j'ai jeté beaucoup de choses.

→ ....

g. Philippe a déclenché l'alarme car il a appuyé sur le bouton.

→ ....

h. Quand ils ont prononcé ce mot, ils avaient l'air ravi.

→ ....

407 Complétez avec un pronom.

> *Exemple :* J'ai gagné cette course en *m'*entraînant tous les jours.

a. En .... promenant dans les parcs, ils ont admiré la beauté de cette ville.

b. Nous avons décidé de chercher une solution en .... consultant les uns les autres.

c. En .... comportant ainsi, vous vous faites des ennemis.

d. Il chantait toujours en .... douchant.

e. Tu as l'air de faire ton travail en ....amusant.

f. Ce comique fait rire le public en .... moquant des politiciens.

g. Ce n'est pas en ....énervant ainsi qu'on y arrivera.

h. Ils ont appris à se connaître en ....échangeant des méls.

B. VERBES EN -IR, -RE ET -OIR

408 Cochez ce qu'expriment le participe présent ou le gérondif dans chaque phrase (plusieurs possibilités).

> *Exemple :* En buvant une boisson chaude, vous vous sentirez mieux.
>
>   **1.** ☐ Simultanéité   **2.** ☒ *Condition*   **3.** ☒ *Manière*   **4.** ☐ Cause

a. En lisant ce roman, j'ai découvert un écrivain génial.

   1. ☐ Simultanéité   **2.** ☐ Condition   **3.** ☐ Manière   **4.** ☐ Cause

b. En souscrivant un abonnement maintenant, vous économisez 30 %.

   1. ☐ Simultanéité   **2.** ☐ Condition   **3.** ☐ Manière   **4.** ☐ Cause

c. En répondant à ces questions, tu peux gagner un voyage en Tunisie.
   1. ☐ Simultanéité   **2.** ☐ Condition   **3.** ☐ Manière   **4.** ☐ Cause

d. Elle a embrassé tout le monde en partant.
   1. ☐ Simultanéité   **2.** ☐ Condition   **3.** ☐ Manière   **4.** ☐ Cause

e. Ils ont raconté cette histoire en riant.
   1. ☐ Simultanéité   **2.** ☐ Condition   **3.** ☐ Manière   **4.** ☐ Cause

f. Se souvenant qu'il avait un rendez-vous, il est parti précipitamment.
   1. ☐ Simultanéité   **2.** ☐ Condition   **3.** ☐ Manière   **4.** ☐ Cause

g. Tu as provoqué un courant d'air en ouvrant la fenêtre.
   1. ☐ Simultanéité   **2.** ☐ Condition   **3.** ☐ Manière   **4.** ☐ Cause

h. Nous avons un peu discuté en t'attendant.
   1. ☐ Simultanéité   **2.** ☐ Condition   **3.** ☐ Manière   **4.** ☐ Cause

409 **Conjuguez au présent (*nous*), puis formez le participe présent.**

> *Exemple :*   Finir. → ***Nous finissons. Finissant.***

a. Apprendre. → ....
b. Dire. → ....
c. Peindre. → ....
d. Lire. → ....
e. Connaître. → ....
f. Mettre. → ....
g. Croire. → ....
h. Boire. → ....

410 **Mettez dans l'ordre.**

> *Exemple :*   quittés/revoir/se/Ils/promettant/se/./sont/en/de/se
>
> → ***Ils se sont quittés en se promettant de se revoir.***

a. En/,/affaire/vendant/une/bonne/actions/tu/./fais/tes
→ ....

b. ai/./questionnaire/posté/une/joignant/J'/le/photo/en
→ ....

c. en/nouvelle/entendant/pleuré/./Ils/cette/ont
→ ....

d. a/./à/endormant/pensé/lui/s'/en/Elle
→ ....

e. faire/avez/croyant/./bien/agi/Vous/en
→ ....

f. l'/en/./pris/aéroport/sortant/un/Ils/de/ont/taxi
→ ....

g. en/On/se/fait/./suivant/route/a/la
→ ....

h. ta/./J'/lettre/ai/surprise/une/eu/bonne/recevant/en
→ ....

144

111 Changez le présent de l'indicatif en gérondif.

Exemple : Vous ne réussirez pas cette mission si vous y mettez de la mauvaise volonté,
→ ***Vous ne réussirez pas cette mission en y mettant de la mauvaise volonté,***

a. si vous vous prenez trop au sérieux, → ....

b. si vous vous perdez dans les détails, → ....

c. si vous craignez de prendre des risques, → ....

d. si vous vous conduisez comme un tyran, → ....

e. si vous ne tenez pas vos promesses, → ....

f. si vous ne comprenez pas le point de vue des autres,

→ ....

g. si vous ne réfléchissez pas aux conséquences de vos actes,

→ ....

h. si vous ne parvenez pas à faire des compromis. → ....

112 Répondez par le gérondif.

Exemple : Comment as-tu trouvé cette idée ? (réfléchir) → ***En réfléchissant.***

a. Comment ont-ils pu faire ces recherches ? (vivre dans le pays)

→ ....

b. Comment avez-vous pu jouer au tennis régulièrement ? (s'inscrire à un club)

→ ....

c. Quand ont-ils dit cela ? (revenir du stade) → ....

d. Comment s'est-elle cassé la jambe ? (descendre la piste noire)

→ ....

e. Comment est-il devenu plus raisonnable ? (vieillir) → ....

f. Comment vous êtes-vous quittés ? (se promettre de se revoir)

→ ....

g. Quand as-tu pleuré ? (partir) → ....

h. Quand a-t-elle souri ? (découvrir le cadeau) → ....

113 Complétez avec les verbes entre parenthèses.

Exemple : Vous avez irrité tout le monde en ***vous conduisant*** ainsi. (se conduire)

a. Ils se sont quittés en .... « À bientôt ! ». (se dire)

b. Nous sommes restés discrets, ... au fond de la salle. (se mettre)

c. Vous avez surestimé vos forces en .... invincibles. (se croire)

d. Tu t'es rassuré en .... que ce n'était pas ta faute ? (se convaincre)

e. .... fatigué, j'ai refusé l'invitation. (se sentir)

f. En .... sur ce banc, elle a taché sa jupe. (s'asseoir)

g. Nous sommes tombés amoureux en .... sur un site Internet ! (s'écrire)

h. En .... de ce logiciel, j'ai économisé du temps et de l'argent. (se servir)

C. PASSÉ DU PARTICIPE PRÉSENT

 Reliez les éléments.

a. La neige n'ayant pas cessé de tomber toute la nuit,

b. N'ayant pas eu de nouvelles,

c. Ayant été bousculé par la presse,

d. S'étant endormie dans le train,

e. Je suis resté au bureau jusqu'à 20 h,

f. Le chien, ayant senti le danger,

g. Impossible de passer par ce quartier,

h. Nous étant informés auparavant,

1. la préfecture ayant interdit la circulation

2. le chanteur a décidé de porter plainte.

3. elle s'est retrouvée à la frontièr espagnole !

4. les routes étaient bloquées.

5. dressait ses deux oreilles.

6. nous n'étions pas surpris.

7. ne m'étant pas rendu compte de l'heure

8. je commençai à m'inquiéter.

 Rayez ce qui ne convient pas.

Exemple : **Ayant**/~~Étant~~ oublié de faire son travail, il décida de ne pas aller au cours.

a. *Ayant/Étant* eu connaissance de ce document, je certifie qu'il est authentique.

b. Il reste encore des personnes *ayant/étant* connu la Première Guerre mondiale.

c. Le printemps *ayant/étant* arrivé brusquement, toutes les femmes ont sorti leurs robe légères.

d. Ce joueur, *ayant/étant* gagné des fortunes, n'est plus admis dans les casinos.

e. S'*ayant/étant* dévoués sans compter pour les autres, ils ont bien mérité cet hommage.

f. *Ayant/Étant* interprété le concerto avec brio, le pianiste fut acclamé par le public.

g. Elle est arrivée la première, en *ayant/étant* partie la dernière.

h. M'*ayant/étant* promis de ne plus y retourner, j'ai refusé la proposition.

416 **Accordez le participe passé si nécessaire.**

Exemple : Ne les ayant pas vu**s** au cours, on a pensé qu'ils étaient malades.

a. Ne s'étant pas informé...... sur les heures d'ouverture, elle a trouvé portes closes.

b. L'élève était incapable de réciter sa leçon, ne l'ayant pas étudié......

c. S'étant blessé...... à la cheville, la championne de tennis n'a pu participer à ce match.

d. Étant arrivé...... les premiers, ils ont choisi les meilleures places.

e. S'étant réveillé...... à cinq heures du matin, ils étaient déjà sur la route à 6 heures.

f. Je t'ai apporté des objets ayant appartenu...... à ton grand-père.

g. La police a le témoignage d'une personne les ayant aperçu...... près de la rivière.

h. Étant tombé...... en panne sur l'autoroute, nous avons dû appeler un garagiste.

417 Exprimez la cause avec le participe présent au passé.

Exemple : Je n'ai pas cru à cette histoire/je ne t'en ai pas parlé.
→ ***N'ayant pas cru à cette histoire, je ne t'en ai pas parlé.***

a. Il n'a pas dormi de la nuit/il est fatigué.

→ ....

b. Nous nous sommes trompés/nous nous sommes excusés.

→ ....

c. L'État lui a passé une commande/il est devenu célèbre.

→ ....

d. Il est revenu chez lui/il a retrouvé sa routine.

→ ....

e. Elle s'est fait mal au dos/elle est allée chez le kiné.

→ ....

f. Ils avaient passé leur enfance ensemble/ils se connaissaient très bien.

→ ....

g. Nous avons récolté 50 kilos de cerises/nous avons fait des confitures.

→ ....

h. Le candidat n'a pas su répondre/il a été éliminé.

→ ....

Bilans

418 Remplacez les éléments soulignés par des participes présents ou des gérondifs.

Une journée qui commence mal

Lundi matin, comme je m'étais réveillé en retard, j'ai avalé mon petit déjeuner à toute vitesse, ai écouté la radio et ai lu en même temps mon courrier électronique. Quand je suis parti, j'ai claqué la porte... Catastrophe ! J'avais oublié mes clés à l'intérieur ! Comme je ne pouvais pas régler ce problème dans l'immédiat (et surtout comme je n'avais pas une minute à perdre), je me suis précipité dans l'escalier, mais quand j'ai descendu les dernières marches, j'ai perdu l'équilibre, je suis tombé et j'ai poussé un cri. Un voisin, qui a entendu ce vacarme, a ouvert sa porte et, comme il m'a vu allongé sur le palier, est venu à mon secours. Quand il m'a relevé, il m'a demandé si je m'étais fait mal. Je lui ai dit que ce n'était pas grave puis je l'ai remercié, je suis sorti de l'immeuble et me suis dirigé vers le métro : je boitais. Lorsque je suis arrivé, je me suis rendu compte, quand j'ai fouillé dans mes poches, que j'avais oublié mon portefeuille !...

....

....

....

....

....

....

....

....

....

....

....

....

....

....

....

419 Complétez avec des participes présents.

Comment vous êtes-vous rencontrés ?

*En **(1)** .... (faire) du ski... ou plutôt en **(2)** .... (prendre) le télésiège. J'avais décidé de partir à la montagne, me **(3)** .... (dire) que je devais faire un peu de sport tout en **(4)** .... (savoir) que je n'étais pas très douée. Le premier jour, en **(5)** .... (s'asseoir) sur le télésiège, j'ai glissé, **(6)** .... (atterrir) dans les bras d'un beau jeune homme ! Très gênée, je me suis redressée en **(7)** .... (s'excuser). Puis on a bavardé un peu et, en **(8)** .... (arriver) en haut, il m'a proposé d'aller boire un chocolat chaud... En **(9)** .... (discuter) avec lui, je me suis rendu compte que nous avions beaucoup de points communs, **(10)** .... (partager) même certaines passions, comme celle de la musique. En **(11)** .... (sortir) du café, il m'a demandé en **(12)** .... (rire) de faire une descente avec lui, me **(13)** ....(lancer) ainsi un vrai défi que j'ai bien sûr relevé. En le **(14)** .... (suivre) sur la piste rouge, **(15)** .... (trembler) de froid et de peur, je me suis dit que j'étais folle, **(16)** ....(être) une vraie débutante et **(17)** .... (ne pas oser) le lui dire...*

XIV. INFINITIF PRÉSENT ET INFINITIF PASSÉ

▪ INFINITIF PRÉSENT

20 **Soulignez les infinitifs.**

Exemple : <u>Partir</u> c'est <u>mourir</u> un peu.

a. Mieux vaut prévenir que guérir.

b. Donner c'est donner, reprendre c'est voler.

c. Quand le vin est tiré, il faut le boire.

d. Rien ne sert de courir, il faut partir à point.

e. Il faut manger pour vivre et non vivre pour manger.

f. L'important c'est de participer.

g. Il faut battre le fer quand il est chaud.

h. Tel est pris qui croyait prendre.

21 **Trouvez l'infinitif (plusieurs possibilités).**

Exemple : Cet incident fit grand bruit. → *faire*

a. Il faut que tu saches ! → ....

b. Il a beaucoup plu. → ....

c. Il ne vit pas. → ....

d. Ils m'ont convaincu. → ....

e. Ce fut grandiose ! → ....

f. Il aurait fallu. → ....

g. Elle a été interrompue. → ....

h. Qu'il y aille ! → ....

22 **Complétez avec un pronom.**

Exemple : Nous n'aurions jamais pensé *nous* trouver dans une telle situation.

a. Vous avez dû .... poser des questions.

b. Pour .... réveiller le matin, j'ai besoin de trois réveils !

c. Tu iras .... laver les mains avant de .... mettre à table.

d. Ils ont fini par ....installer au Liban.

e. Je vous prie de ....excuser.

f. Nous venons de .... rappeler la date.

g. On pourra ....en occuper plus tard.

h. La situation économique va .... dégrader.

423 Transformez l'impératif en infinitif.

> *Exemple :* Asseyez-vous !
> → Vous devriez ***vous asseoir.***

a. Détends-toi ! → Il faut ....

b. Rends-toi utile ! → Tu ferais mieux de .... utile.

c. Mets-toi à l'aise ! → Tu peux .... à l'aise.

d. Amuse-toi bien ! → Je te souhaite de bien ....

e. Souvenez-vous ! → Vous devez ....

f. Va-t'en ! → Il faut ....

g. Sers-toi ! → Tu peux ....

h. Arrêtons-nous ! → Nous devrions ....

424 Mettez dans l'ordre.

> *Exemple :* ne/affirment/cette/connaître/./pas/Ils/personne
> → ***Ils affirment ne pas connaître cette personne.***

a. grave/./de/parents/C'/respecter/pas/ne/est/ses

→ ....

b. Il/pas/dit/./vouloir/vexer/ne/vous

→ ....

c. jamais/juré/./retourner/J'/de/y/ai/ne

→ ....

d. promis/./plus/de/ne/Il/boire/a

→ ....

e. voir/./heureux/est/de/très/vous/On

→ ....

f. est/de/./mettre/colère/se/C'/ridicule/en

→ ....

g. désolée/pouvoir/de/pas/venir/suis/./Je/ne

→ ....

h. absents/./regrettons/là/./d'/-/Nous/ce/être/jour

→ ....

425 Reformulez avec l'infinitif présent.

> *Exemple :* Christophe pense qu'il sera bientôt nommé à un nouveau poste.
> → ***Christophe pense être bientôt nommé à un nouveau poste.***

a. Nous affirmons que nous pourrons trouver un compromis.

→ ....

b. Ce chef d'entreprise espère qu'il devra embaucher du personnel.

→ ....

c. Les syndicats croient qu'ils obtiendront satisfaction.

→ ....

d. Nous pensons que nous entreprenons un projet ambitieux.

→ ....

e. Croyez-vous que vous ayez intérêt à agir ainsi ?

→ ....

f. Faudrait-il que nous résolvions ce problème par la force ?

→ ....

g. Il pense qu'il tient la solution.

→ ....

h. Ils croient qu'ils peuvent tout faire.

→ ....

26 **Changez l'ordre en demande.**

Exemple : Ne fais pas de scandale !

→ *Je te demande de ne pas faire de scandale.*

a. Ne dites rien ! → Je vous prie de ....

b. Ne ris pas ! → Je te demande de ....

c. N'ayez pas peur ! → Je vous dis de ....

d. Ne répondez pas ! → Je vous conseille de ....

e. N'attendez pas lundi ! → Je vous dis de ....

f. Ne mets pas le désordre ! → Je te supplie de ....

g. Ne suis pas son exemple ! → Je te conseille de ....

h. Ne parle plus de tout cela ! → Je te prie de ....

3. INFINITIF PASSÉ

27 **Reliez les éléments (parfois plusieurs possibilités).**

a. Je suis ravie
b. Elle est furieuse
c. C'est magnifique
d. Encore merci
e. C'est scandaleux
f. Il se rappelait
g. On ne peut pas être
h. Êtes-vous fatigué

1. d'être allée là-bas pour rien.
2. d'avoir eu ce prix !
3. d'avoir fait du stop ?
4. et avoir été.
5. avoir fait ce pèlerinage quand il était jeune.
6. d'avoir pu rencontrer cet homme admirable.
7. de ne pas l'avoir su à temps.
8. d'être venu !

28 **Complétez avec** *être* **ou** *avoir* **pour former l'infinitif passé (parfois plusieurs possibilités).**

Exemple : ***Avoir*** été.

a. .... venu.

b. .... souffert.

c. S'......... trompé.

d. .... cru.

e. .... eu.

f. .... passé.

g. .... compris.

h. S'......... levé.

429 **Mettez dans l'ordre.**

Exemple : sûr/avoir/chemin/d'/Tu/bon/es/?/le/pris

→ ***Tu es sûr d'avoir pris le bon chemin ?***

a. d'/./contents/allés/Nous/y/être/sommes

→ ....

b. cela/avoir/choqué/./J'/entendu/d'/étais

→ ....

c. avoir/pense/./patient/Il/très/été

→ ....

d. gagné/./persuadés/d'/Ils/sont/avoir

→ ....

e. vous/vu/./ravis/est/de/avoir/On

→ ....

f. bar/ce/Il/être/nie/dans/./allé

→ ....

g. triste/parlé/de/pas/suis/lui/./ne/Je/avoir

→ ....

h. message/ne/./reçu/Il/avoir/pas/affirme/le

→ ....

430 **Posez des questions avec** *après* **suivi de l'infinitif passé.**

Exemple : Qu'as-tu fait hier ? Le matin, je me suis reposé chez moi.

→ ***Et après t'être reposé ?***

a. J'ai passé quelques coups de fil. → ....

b. J'ai répondu à mes méls. → ....

c. J'ai fait des courses. → ....

d. Je me suis fait couper les cheveux. → ....

e. J'ai vu Évelyne. → ....

f. Nous nous sommes raconté notre semaine. → ....

g. Je suis rentré chez moi. → ....

h. J'ai regardé les infos à la télé. → ....

31 Reliez les infinitifs passés de sens équivalent.

a. avoir patienté
b. être allé
c. avoir placé
d. avoir inventé
e. être retourné
f. s'être rappelé
g. avoir acheté
h. avoir trouvé

1. être revenu
2. avoir attendu
3. s'être souvenu
4. avoir découvert
5. s'être rendu
6. avoir mis
7. avoir conçu
8. avoir acquis

32 Accord du participe passé. Rayez ce qui ne convient pas.

Exemple :   Ils sont persuadés de ne pas s'être ~~trompé~~/~~trompées~~/**trompés.**

a. Sarah est ravie d'être *venu/venue/venus* en France.
b. Tous deux ont regretté de s'être *énervé/énervée/énervés.*
c. Messieurs, vous avez déclaré être *rentré/rentrées/rentrés* vers 23 heures, n'est-ce pas ?
d. Elle était vexée de s'être *endormi/endormie/endormis* pendant la conférence.
e. Après nous être *promené/promenée/promenés* dans le parc, nous sommes allés au cinéma.
f. Elles étaient contentes de s'être *assis/assises/assise* l'une à côté de l'autre.
g. Après s'être *maquillé/maquillée/maquillés* légèrement, elle est sortie de chez elle.
h. Tout le monde était content de s'être bien *amusé/amusés/amusées.*

33 Transformez avec un infinitif passé.

Exemple :   Tu as gagné le premier prix. Tu es surpris ?
→ *Tu es surpris d'avoir gagné le premier prix ?*

a. J'ai vu cela quelque part. Je suis sûr. → ....
b. Ils sont venus. Ils sont contents. → ....
c. Tu es sorti hier. Tu n'es pas raisonnable. → ....
d. Elle a grossi. Elle n'est pas contente. → ....
e. Nous avons réussi. Nous sommes fiers. → ....
f. On est rentrés chez nous. On est heureux. → ....
g. Vous avez vendu votre maison. Vous regrettez ?
→ ....
h. Ils ont mangé tous les chocolats. Ils exagèrent !
→ ....

34 Accordez le participe passé.

Exemple :   Les clés ? Je suis sûre de les avoir pos**ées** là.

a. Sa maison ? Il est content de l'avoir acheté......
b. Cette histoire ? Il me semble l'avoir déjà entendu......
c. Tu as les photocopies ? Merci de me les avoir fait......
d. Oui, les lumières, je pense les avoir toutes éteint......

e. Voilà la liste des participants. On espère les avoir contacté...... d'ici demain.

f. Alors, cette règle de grammaire, vous êtes sûrs de l'avoir compris...... ?

g. Vous n'êtes pas prêtes ? Je croyais vous avoir pourtant prévenu...... !

h. Les photos ? Nous pensions te les avoir déjà montré......

435 **Infinitif présent ou infinitif passé ? Transformez avec _sans_.**

> _Exemples :_ Les ministres ont débattu toute la journée, mais ils n'avaient pas pu trouver u accord.
>
> → _**Les ministres ont débattu toute la journée sans avoir pu trouver u accord.**_
>
> L'un d'eux a quitté la réunion, il n'a rien dit.
>
> → _**L'un d'eux a quitté la réunion sans rien dire.**_

a. Elle était déprimée, mais elle ne savait pas pourquoi.

→ ....

b. Ils sont rentrés à minuit, mais n'ont pas fait de bruit.

→ ....

c. Tu as pris le train et tu n'avais pas composté ton billet !

→ ....

d. Elle a maigri et pourtant elle n'avait pas suivi de régime.

→ ....

e. Vous avez vendu ce tableau et vous ne vous étiez même pas assurés de son authenticité

→ ....

f. Ils décident seuls et n'ont consulté personne.

→ ....

g. Ce jeune homme a conduit une voiture alors qu'il n'a pas le permis.

→ ....

h. Il m'a décrit toute la scène et pourtant il n'était pas allé sur les lieux.

→ ....

Bilans

436 **Complétez ce dialogue avec des verbes à l'infinitif présent ou passé (pour ce faire, aidez-vous des verbes soulignés).**

> – _Je suis désolé d'_**(1)** .... _votre travail..._
>
> – _Mais vous n'underline{interrompez} pas mon travail : je ne travaille pas._
>
> – _Excusez-moi d'_**(2)** .... _en retard !_
>
> – _Mais... vous n'_underline{êtes} _pas en retard..._
>
> – _Ah bon ? Mais je croyais_ **(3)** .... _rendez-vous avec vous..._
>
> – _Vous n'_underline{avez} _pas rendez-vous avec moi puisque je ne vous_ underline{connais} _pas !_

– Mais je croyais vous **(4)** .... Oh ! je dois vous **(5)** .... avec une autre personne...

– En effet, il me semble que vous me confondez avec une autre personne.

– Mais je suis sûr de vous **(6)** .... déjà ....

– Cela m'étonnerait que vous m'ayez déjà rencontrée.

– Ah bon ? Je suis vraiment confus de vous **(7)** .... si impoliment.

– Mais non, vous ne m'avez pas abordée trop impoliment.

– Excusez-moi de **(8)** .... à votre table.

– Ce n'est pas grave mais vous pouvez vous asseoir ailleurs : il y a de la place.

– Je suis ridicule de **(9)** ....

– Vous savez cela arrive à tout le monde de se tromper.

– Excusez-moi de vous **(10)** ....

– Mais non, ce n'est pas grave, vous ne m'avez pas ennuyée.

– Je vous remercie d'**(11)** .... de dîner avec moi ce soir pour me faire pardonner.

– Mais ! Je n'ai pas accepté ! Il n'en est pas question !

437 Complétez en mettant les verbes à l'infinitif passé.

Une mère de famille

Mon mari et moi-même pensons **(1)** .... (avoir) beaucoup de chance de **(2)** .... (se rencontrer) il y a 50 ans, d'**(3)** .... (mettre) au monde cinq enfants et de les **(4)** .... (élever). Aujourd'hui, nous estimons **(5)** .... (vivre) une vie bien remplie et sommes heureux de **(6)** .... (ne jamais se séparer) malgré les difficultés que nous pouvons **(7)** .... (se rencontrer) – notamment le fait d'**(8)** .... (souffrir) de la guerre et d'**(9)** .... (connaître) des privations. Je ne regrette pas d'**(10)** .... (arrêter) de travailler et de **(11)** .... (se consacrer) à l'éducation de mes enfants. Je suis fière d'**(12)** .... (remplir) ma mission. Ma petite-fille me demande si je ne regrette pas de **(13)** .... (ne jamais aller) à l'étranger, de **(14)** .... (ne jamais prendre) l'avion, d'**(15)** .... (rester) à la maison, d'**(16)** .... (accomplir) des tâches ménagères jour après jour. Non ! je suis heureuse d'**(17)** .... (construire) une vie simple et honnête et d'**(18)** .... (transmettre) des valeurs morales à mes enfants.

XV. LA VOIX PASSIVE

A. ÊTRE, AVOIR, VERBES EN -ER, SEMI-AUXILIAIRES

438 Reliez les éléments.

a. Il est terriblement exigeant :

b. Haut les mains !

c. Je n'ai pas pu lui parler longtemps au téléphone.

d. Tous les jeunes Européens

e. Cette nouvelle a été confirmée :

f. L'entreprise a été délocalisée

g. De nouvelles mesures sont annoncées

h. Ces animaux sont protégés

1. On a été coupé.

2. car ils ont été trop chassés au siè[cle] dernier.

3. tout lui est dû !

4. Vous êtes faits comme des rats !

5. et on espère qu'elles seront respectées

6. seront-ils dispensés du service militaire

7. et les salariés ont été licenciés.

8. on a été informé immédiatement.

439 Voix passive ou voix active ? Cochez.

> **Exemple :** On avait été attentifs. **1.** ⊠ *Voix active* **2.** ☐ Voix passive
>
> Ces jouets ont été faits en Indonésie. **1.** ☐ Voix active **2.** ⊠ *Voix passive*

a. Tu n'avais pas pu le faire. **1.** ☐ Voix active **2.** ☐ Voix passiv[e]

b. Vous avez été félicités. **1.** ☐ Voix active **2.** ☐ Voix passiv[e]

c. Ils s'étaient mariés en 1930. **1.** ☐ Voix active **2.** ☐ Voix passiv[e]

d. Nous étions déguisés. **1.** ☐ Voix active **2.** ☐ Voix passiv[e]

e. Ce mouvement s'est bien développé. **1.** ☐ Voix active **2.** ☐ Voix passiv[e]

f. Nous avons été gâtés. **1.** ☐ Voix active **2.** ☐ Voix passiv[e]

g. Tous se sont donné rendez-vous devant le théâtre. **1.** ☐ Voix active **2.** ☐ Voix passiv[e]

h. Les joueurs ont été encouragés. **1.** ☐ Voix active **2.** ☐ Voix passiv[e]

440 Rayez ce qui ne convient pas.

> **Exemple :** La maison est ~~située~~/située près du centre-ville.

a. Elle est *classé/classée* monument historique.

b. Nous sommes *frappé/frappés* par la beauté de cette demeure.

c. La maison est *loué/louée* à un milliardaire.

d. Celui-ci est *supposé/supposés* l'habiter.

e. Mais les volets sont *fermé/fermés*.

f. Le jardin est *entouré/entourés* d'une haute grille.

g. Trois ou quatre personnes sont *employés/employées* à l'année.

h. Une Rolls Royce est *garé/garée* devant l'entrée.

141 Faites les accords si nécessaire.

Exemple : La réunion est terminé**e**.

a. Les jeux sont fait......

b. La décision est pris......

c. Les dés sont jeté......

d. La séance est annulé......

e. Le pari est lancé......

f. Les salles sont fermé......

g. La table est débarrassé......

h. Les invitations sont envoyé......

42 Transformez la voix active en voix passive, au présent de l'indicatif, selon l'exemple.

Exemple : Le gouvernement accorde des aides au logement aux étudiants.

→ *Des aides au logement sont accordées aux étudiants par le gouvernement.*

a. Une commission d'équivalence examine les diplômes.

→ ....

b. Le bureau des inscriptions convoque les étudiants.

→ ....

c. On vous enregistre sur une liste.

→ ....

d. Le secrétariat délivre la carte d'étudiant.

→ ....

e. On modifie parfois les horaires.

→ ....

f. L'académie fixe le programme.

→ ....

g. On distribue des polycopiés.

→ ....

h. L'université organise des manifestations culturelles.

→ ....

43 Transformez ces titres de journaux en communiqués à la voix passive, au passé composé.

Exemple : Lancement de la campagne anti-tabac.

→ *Une campagne anti-tabac a été lancée.*

a. Élimination de l'équipe de France de basket. → ....

b. Arrestation de trois prisonniers évadés. → ....

c. Création d'un observatoire d'astronomie. → ....

d. Signature d'un contrat sur le temps de travail.

→ ....

e. Suppression de certaines taxes douanières.
→ ....
f. Contrôle de mille automobilistes. → ....
g. Inauguration d'un nouveau centre culturel. → ....
h. Les pompiers de Nantes à l'honneur. → ....

444 Complétez à la voix passive, au plus-que-parfait, avec les verbes entre parenthèses.
Exemple : Quand nous sommes revenus, la ville *avait été transformée.* (transformer)
a. Tu .... à Bordeaux. (envoyer)
b. L'école .... (rénover)
c. La mairie .... (transformer)
d. Le jardin public .... (modifier)
e. Un centre commercial .... (créer)
f. Des parcmètres .... (installer)
g. Beaucoup d'arbres .... (couper)
h. Ta maison .... (préserver)

445 Complétez au subjonctif présent.
Exemple : C'est bien qu'une journée, le 8 mars, *soit* consacrée aux femmes.
a. En effet, pensez-vous que la parité .... respectée ?
b. Il est important que les femmes .... représentées en politique.
c. Mesdames, il faut que vous .... mieux informées.
d. Il est scandaleux que les femmes .... moins bien payées que les hommes.
e. Il n'est pas question que nous .... défavorisées à travail égal.
f. Il est normal que tous les métiers .... exercés par les femmes.
g. On aimerait que plus de crèches .... créées.
h. Il faudrait que les hommes .... plus impliqués dans l'éducation des enfants.

B. VERBES EN *-IR*, *-RE*, *-OIR*

446 Rayez ce qui ne convient pas.
Exemple : La chanteuse *a été*/~~ont été~~ ~~vu~~/*vue* en compagnie de son chauffeur.
a. La photographie *a été/ont été pris/prise* au téléobjectif.
b. Les organisateurs *a été/ont été tenu /tenus* responsables de l'accident.
c. La responsable *a été/ont été accueilli/accueillie.*
d. Ces candidats *a été/ont été élu/élus.*
e. Son roman *a été/ont été traduit/traduits* en vietnamien.
f. Des cadeaux *a été/ont été offert/offerts* à tous.
g. Ces écrivains *a été/ont été maudit/maudits.*
h. Ce poème *a été/ont été écrit/écrits* sous l'emprise de la drogue.

47 Complétez à la voix passive, au futur.

Exemple : Parmi ces joueurs certains **seront** choisis pour faire partie de l'équipe.

a. Je ne sais pas si nous .... bien accueillis.

b. Ses affaires .... mises dans un musée.

c. Toute personne n'ayant pas réglé ses contraventions .... poursuivie.

d. ....-vous déçu si vous n'arrivez pas premier ?

e. Les bureaux de vote .... ouverts de 8 heures à 20 heures.

f. Notre émission .... suivie d'un débat.

g. Je .... perdue au milieu de tous ces gens.

h. Tu .... reçu avec tous les honneurs qui te sont dus.

48 Donnez des informations non confirmées, à la voix passive et au conditionnel passé.

Exemple : Débat à l'Assemblée nationale sur le problème du clonage.

→ *Le problème du clonage aurait été débattu à l'assemblée nationale.*

a. Prise d'otage : deux employés de la BNL.

→ ....

b. Démolition d'un immeuble squatté.

→ ....

c. Exclusion de trois joueurs de l'équipe de France.

→ ....

d. Nombreux applaudissements pour Johnny Halliday.

→ ....

e. Découverte de tombes gauloises.

→ ....

f. Réception du président nigérien à l'Élysée.

→ ....

g. Interruption des discussions sur la politique agricole.

→ ....

h. Vente aux enchères de tableaux de Renoir.

→ ....

Bilans

449 Complétez à la forme passive du passé composé (attention à l'accord des participes passés).

Quelques dates historiques.

• *La grotte de Lascaux* **(1)** .... (découvrir) en 1940, mais

(2) .... (fermer) au public en 1963. De nombreux autres sites préhisto-

riques **(3)** .... (mettre) à jour en France. Ainsi, dans une grotte, à Nice,

la trace de la plus ancienne cabane connue dans le monde **(4)** ....
(retrouver). On peut la voir au musée Terra Amata, ainsi que des outils qui **(5)**
.... (fabriquer) il y a quatre à cinq cent mille ans.

• Au cours du XVIᵉ siècle, de nombreux châteaux **(6)** .... (construire)
dans la vallée de la Loire, parmi lesquels celui d'Amboise où les noces de François Iᵉʳ
(7) .... (célébrer). C'est dans cette ville que Léonard de Vinci
(8) .... (héberger) à la fin de sa vie. Toutes les œuvres des peintres et
des architectes italiens **(9)** .... (introduire) en France à l'époque de la
Renaissance.

• Trois semaines après la prise de la Bastille, les privilèges **(10)** ....
(supprimer). Peu après, l'esclavage **(11)** .... (abolir)... mais il
(12) .... (rétablir) quelques années plus tard par Napoléon ! De
nombreuses règles qui régissent la vie des Français **(13)** .... (instituer)
à cette époque et **(14)** .... (consigner) dans le code civil, qui
(15) .... aussi .... (appeler) « code Napoléon ».

450 Mettez les éléments soulignés à la forme passive.

Vous avez gagné !

*Madame, on vous a sélectionnée parmi les cent clientes qu'on a élues meilleures
clientes de l'année. Maître Arnak a tiré au sort votre nom. On a récompensé ainsi votre
fidélité. Nos services vous contacteront dans les prochains jours : on vous remettra votre
prix dans nos locaux. Il s'agit d'un voyage pour deux en Andalousie, où notre équipe
vous accueillera. Ce week-end de rêve vous enchantera.*

*Afin qu'on puisse valider votre bulletin, n'oubliez pas de nous le renvoyer avant le
8 avril avec votre bon de commande. Passé cette date, on attribuera votre prix à un(e)
autre client(e). Pour vous remercier encore de votre fidélité, on déduira dix euros de votre
prochaine commande.*

....
....
....
....
....
....
....
....
....
....
....

N° d'éditeur : 10139394 – Desk – Janvier 2007
Imprimé en France par imprimerie MAME

CORRIGÉS

I. PRÉSENT DE L'INDICATIF

1 **a.** 5 **b.** 3 **c.** 1 **d.** 8 **e.** 2 **f.** 7 **g.** 4 **h.** 6

2 *Conviennent* : **a.** est **b.** es **c.** ai **d.** est **e.** es **f.** est **g.** ai **h.** est

3 *Conviennent* : **a.** sont **b.** sont **c.** ont **d.** sont **e.** ont **f.** ont **g.** ont **f.** ont

4 **a.** a/est **b.** avons/sommes **c.** ont/sont **d.** as/es **e.** suis/ai **f.** est/a **g.** a/est **h.** avez/êtes

5 **a.** Êtes-vous vraiment très pressé ? **b.** As-tu très envie de venir ? **c.** Est-elle déjà prête ? **d.** Avez-vous très faim ? **e.** A-t-elle du mal à comprendre ? **f.** Est-ce la bonne solution ? **g.** A-t-il une idée à proposer ? **h.** Y a-t-il une autre possibilité ?

6 **a.** 2 **b.** 1 **c.** 3 **d.** 2 **e.** 3 **f.** 1 **g.** 2 **h.** 2

7 **a.** 4 **b.** 6 **c.** 1 **d.** 5 **e.** 2 **f.** 7 **g.** 8 **h.** 3

8 **a.** ent **b.** es **c.** e **d.** e **e.** ent **f.** ent **g.** e **h.** es

9 **a.** Je vous déconseille de prendre un crédit sur 20 ans. **b.** Nous vous prêtons cette somme sans intérêt. **c.** Mes beaux-parents dépensent beaucoup d'argent. **d.** Tu retires une grosse somme ? **e.** Le coût de la vie augmente. **f.** Les prix montent. **g.** Vous annulez ce virement bancaire ? **h.** Les actions chutent.

10 **a.** ...mémorise ce que je note par écrit. **b.** ...pensons que nous progressons. **c.** ...invitons nos amis, nous cuisinons. **d.** ...compare les prix quand j'achète. **e.** ...discutons d'un sujet sensible, nous gardons notre calme. **f.** ...ne trouvons pas tout ce que nous cherchons sur Internet. **g.** ...consulte mon médecin, je lui pose beaucoup de questions. **h.** ...ne rêve pas beaucoup et je ne raconte pas mes rêves.

11 *Conviennent* : **a.** crient **b.** multiplient **c.** distribue **d.** plie **e.** parie **f.** publient **g.** étudie **h.** bénéficie

12 **a.** remue **b.** fatigue **c.** divergent **d.** précède **e.** plie **f.** désespère **g.** purifie **h.** provoque

13 **a.** Non, nous ne déménageons pas cette année. **b.** Non, nous ne remplaçons pas notre vieux canapé. **c.** Non, nous ne recommençons pas à fumer. **d.** Non, nous ne mélangeons pas le sucré et le salé. **e.** Non, nous ne dérangeons pas les voisins avec notre musique. **f.** Non, nous ne rédigeons pas de thèse de doctorat. **g.** Non, nous ne mangeons pas beaucoup de viande. **h.** Non, nous ne plaçons pas notre argent en bourse.

14 **a.** lançons **b.** partagez **c.** renforçons **d.** prononcez **e.** obligeons **f.** voyagez **g.** dénonçons **h.** rédigeons

15 **a.** Tu appelles souvent le centre de renseignements ? **b.** Vous projetez d'aller passer un week-end en Normandie ? **c.** Je rejette totalement cette proposition. **d.** Comment épelles-tu ce mot ? **e.** Nous vous rappelons que vous avez rendez-vous à 10 heures. **f.** Tu jettes l'argent par les fenêtres. **g.** Nous jetons ces vieux journaux, d'accord ? **h.** Ils m'appellent de temps en temps.

16 **a.** 3 **b.** 6 **c.** 8 **d.** 5 **e.** 1 **f.** 4 **g.** 7 **h.** 2

17 **a.** è **b.** è **c.** é **d.** é **e.** è **f.** è **g.** é **h.** è

18 **a.** reflète **b.** considèrent **c.** adhérons **d.** exagérez **e.** préfère **f.** succède **g.** emmène **h.** possède

19 **a.** 4 **b.** 2 **c.** 3 **d.** 1 **e.** 2 **f.** 4 **g.** 2 **h.** 1

20 **a.** peut **b.** pouvez **c.** ne peut pas **d.** peut **e.** peux **f.** ne peux pas **g.** ne pouvons pas **h.** ne peut pas

21 *Conviennent* : **a.** viens **b.** vont **c.** va/vient **d.** allons **e.** viennent **f.** venez **g.** vais **h.** vient

22 **a.** À qui voulez-vous parler ? **b.** Personne ne vient jamais ici. **c.** Je ne peux pas vous renseigner. **d.** Il ne faut pas réserver. **e.** Vous ne devez pas fumer ici. **f.** Ils ne doivent rien modifier. **g.** Ils ne savent absolument rien. **h.** Personne ne veut les croire.

23 *Conviennent* : **a.** connaissez **b.** sais **c.** savent **d.** connaissons **e.** sait **f.** savez **g.** connais **h.** connaissent

24 **a.** fait/ai **b.** a/fait **c.** ai/fait **d.** fait/a **e.** avons/fait **f.** avez/faites **g.** fait/ai **h.** fais/as

25 **a.** Quand est-ce que vous devez prendre le train ?/Quand devez-vous prendre le train ? **b.** Qui est-ce que je dois annoncer ?/Qui dois-je annoncer ? **c.** Combien est-ce qu'ils doivent à leur propriétaire ?/Combien doivent-ils à leur propriétaire ? **d.** À qui est-ce que nous devons écrire ?/À qui devons-nous écrire ? **e.** Pourquoi est-ce que tu dois y aller ?/Pourquoi dois-tu y aller ? **f.** Quel jour est-ce qu'il doit rendre ce travail ?/Quel jour doit-il rendre ce travail ? **g.** Pourquoi est-ce qu'on doit remplir cette fiche ?/Pourquoi doit-on remplir cette fiche ? **h.** Comment est-ce qu'elle doit répondre à cette lettre ?/Comment doit-elle répondre à cette lettre ?

26 a. Elle me fait comprendre. **b.** Ils les font chanter. **c.** Je te fais manger. **d.** Il la fait danser. **e.** Tu me fais rire. **f.** Vous nous faites marcher. **g.** Ils nous font payer. **h.** Je le fais lire.

27 a. peut/peut **b.** est/est **c.** fait **d.** vient **e.** a **f.** veut **g.** faut **h.** va/va

28 a. Les inspecteurs viennent inspecter les classes. **b.** En France, les enfants vont à l'école dès l'âge de 3 ans. **c.** Les élèves savent normalement lire à 7 ans. **d.** Les collégiens doivent apprendre au moins une langue étrangère. **e.** Les lycéens font beaucoup de devoirs à la maison. **f.** Les étudiants ont plus de liberté que les lycéens. **g.** Ces jeunes gens ne peuvent pas trouver facilement du travail. **h.** Les adultes veulent parfois reprendre des études.

29 a. a/fait **b.** savez/sont **c.** veux/ai **d.** êtes/devez **e.** avons/Pouvez **f.** faut/venez **g.** faites/êtes **h.** viens/avez/faut

30 *Conviennent* : **a.** durcissent **b.** atterrit **c.** grandissent **d.** éclaircit **e.** réfléchissent **f.** réunit **g.** enrichit **h.** finit

31 a. Rougissez **b.** définissez **c.** Réfléchissez **d.** Applaudissez **e.** Réussissez **f.** Fleurissez **g.** Investissez **h.** Choisissez

32 a. souffrir **d.** offrir **f.** découvrir **g.** cueillir

33 Phrases possibles : **a.** Oui, quand j'arrive dans une pièce surchauffée, j'ouvre/Non, je n'ouvre pas la fenêtre. **b.** Oui, si on m'agresse, je réagis/Non, si on m'agresse, je ne réagis pas violemment. **c.** Oui, j'organise une fête et j'offre des cadeaux./Non, je n'organise pas de fête et je n'offre pas de cadeaux. **d.** Oui, j'accueille beaucoup d'étrangers./Non, je préfère rester avec mes compatriotes. **e.** Si je découvre qu'un ami me ment, j'en souffre/Si je découvre qu'un ami me ment, je n'en souffre pas beaucoup. **f.** Oui, quand je finis de déjeuner avec des invités, j'offre toujours un café./Non, quand je finis de déjeuner avec des invités, je n'offre pas toujours de café. **g.** En général, je cours les magasins./En général, je reste chez moi. **h.** Oui, je parcours beaucoup de kilomètres par an et je pars/Non, je ne parcours pas beaucoup de kilomètres par an et je ne pars pas à l'étranger.

34 a. Mon ami part loin de moi. **b.** Le petit dort dans la chambre. **c.** Ce cigare vient de Cuba. **d.** Cette terre appartient à mon oncle. **e.** Le bateau sort du port. **f.** Cette ligne sert à marquer la limite. **g.** Le jardinier entretient la propriété. **h.** Le client n'obtient pas satisfaction.

35 a. Est-ce que vous partez/Partez-vous en vacances ? **b.** Est-ce que vous dormez/Dormez-vous bien ? **c.** Est-ce que vous courez/Courez-vous un risque ? **d.** Est-ce que vous sortez/Sortez-vous bientôt de l'hôpital ? **e.** Est-ce que vous tenez/Tenez-vous vos comptes ? **f.** Est-ce que vous entretenez/Entretenez-vous bien votre voiture ? **g.** Est-ce que vous devenez/Devenez-vous facilement irritable ? **h.** Est-ce que vous soutenez/Soutenez-vous cette politique ?

36 a. mourons **b.** vivent **c.** vivons **d.** naissent **e.** naissons **f.** meurent **g.** naît **h.** vis

37 a. 7 **b.** 4 **c.** 8 **d.** 3 **e.** 1 **f.** 2 **g.** 5 **h.** 6

38 a. prend/est **b.** entend/est **c.** prennent/sont **d.** prenez/êtes **e.** comprends/suis **f.** descend/est **g.** entendons/sommes **h.** attends/suis

39 a. Ces artistes peignent sur les murs de la ville. **b.** Vous me rejoignez au café des Halles. **c.** Les températures atteignent parfois 45 degrés. **d.** Nous plaignons son mari ! **e.** Ces investisseurs craignent un krach boursier. **f.** Vous n'éteignez jamais votre ordinateur ? **g.** Nous joignons une photo à notre lettre. **h.** Vous repeignez votre appartement ?

40 a. éteignez/partez **b.** plains/entendent **c.** nettoyons/repeignons **d.** pressentent/craignent **e.** partez/rejoignons **f.** attendent/contraignent **g.** obtiens/atteins **h.** voyageons/joignons

41 a. 8 **b.** 5 **c.** 7 **d.** 3/4 **e.** 2 **f.** 1 **g.** 3/4 **h.** 6

42 a. t **b.** ts **c.** ts **d.** t **e.** ts **f.** t **g.** ts **h.** ts

43 a. Est-ce que vous promettez/Promettez-vous de rester ? **b.** Est-ce que vous mettez/Mettez-vous des gants ? **c.** Est-ce que vous débattez/Débattez-vous de ce problème avec vos amis ? **d.** Est-ce que vous remettez/Remettez-vous votre rapport demain ? **e.** Est-ce que vous admettez/Admettez-vous que ce n'est pas simple ? **f.** Est-ce que vous me permettez/Me permettez-vous de vous tutoyer ? **g.** Est-ce que vous compromettez/Compromettez-vous vos collègues ? **h.** Est-ce que vous combattez/Combattez-vous l'injustice ?

44 a. voit/croit **b.** pleut/prévoit **c.** conçoit/prévoient **d.** croyez/reçoit **e.** crois/déçoivent **f.** croient/prévoient **g.** recevons/vaut **h.** croyez/voyez

45 a. dort/dîne **b.** appartient **c.** va/perd **d.** craint **e.** est/rit **f.** plaît **g.** parle/voit **h.** vaut

46 *Conviennent* : **a.** interrompent **b.** convaincs **c.** résolvent **d.** vivent **e.** suit **f.** acquièrent **g.** inclut **h.** poursuit

47 a. t **b.** s **c.** s **d.** t **e.** s **f.** t **g.** s **h.** t

48 a. t'inscrire **b.** m'organiser **c.** se lancent/se poser **d.** se demande **e.** se dit/se réunir **f.** nous arrangeons **g.** te lèves **h.** se propose/se porter

49 a. 2 **b.** 2 **c.** 1 **d.** 2 **e.** 3 **f.** 2 **g.** 1 **h.** 3

50 a. C/8 **b.** E/1 **c.** D/2 **d.** A/7 **e.** F/6 **f.** B/5 **g.** H/3 **h.** G/4

51 a. m **b.** vous **c.** se **d.** s' **e.** nous **f.** se **g.** te **h.** se

52 a. On se repose. **b.** Tu te calmes. **c.** Ils se détestent. **d.** Nous nous ennuyons. **e.** La situation s'améliore. **f.** Je me rappelle/Je me souviens. **g.** Les formalités se compliquent. **h.** Vous vous endormez ?

53 a. Tu ne te remets jamais en question. **b.** Vous ne vous comparez pas à lui ! **c.** Je ne m'inquiète plus du tout. **d.** Il ne se doute de rien. **e.** Pourquoi vous disputez-vous encore ? **f.** Ils se contentent de peu. **g.** Ce produit ne se conserve pas bien. **h.** Personne ne s'en occupe plus.

54 a. Est-ce que vous vous attachez/Vous attachez-vous aux détails ? **b.** Est-ce que vous vous créez/Vous créez-vous un monde imaginaire ? **c.** Est-ce que vous vous confiez/Vous confiez-vous à vos amis ? **d.** Est-ce que vous vous fâchez/Vous fâchez-vous avec vos amis ? **e.** Est-ce que vous vous sentez/Vous sentez-vous bien dans votre peau ? **f.** Est-ce que vous vous révoltez/Vous révoltez-vous contre l'injustice ? **g.** Est-ce que vous vous rendez/Vous rendez-vous compte de votre chance ? **h.** Est-ce que vous vous énervez/Vous énervez-vous facilement ?

55 a. ...ne me souviens pas de ce livre. **b.** ...ne s'agit pas d'un roman. **c.** ...ne me rappelle pas le nom de l'auteur. **d.** ...ne se termine pas bien. **e.** ...ne m'intéresse pas aux romans policiers. **f.** ...ne m'achète pas souvent des C.D. de musique. **g.** ...ne nous forçons pas à avoir des activités culturelles. **h.** ...ne me rends pas souvent dans une bibliothèque.

56 a. Ce dessert s'accompagne d'une crème anglaise. **b.** Ce plat se prépare la veille. **c.** Cette spécialité se déguste dans le sud de la France. **d.** Les couverts se placent de chaque côté de l'assiette. **e.** Les cartes de vœux s'envoient pendant tout le mois de janvier. **f.** En France, les boîtes à lettres se trouvent près des bureaux de tabac. **g.** À Paris, les appartements se louent très cher. **h.** Les médicaments ne s'achètent pas dans les supermarchés.

57 a. s'écrit/se prononce **b.** s'emploie **c.** se dit **d.** se placent **e.** s'utilise **f.** se conjuguent **g.** se transforme **h.** s'associent

58 Phrases possibles : a. Oui, je me sers/Non, je ne me sers pas d'un ordinateur. **b.** Oui, je m'organise/Non, je ne m'organise pas toujours bien. **c.** Oui, je me pose/Non, je ne me pose pas beaucoup de questions sur la vie. **d.** Oui, je me plais/Non, je ne me plais pas dans mon logement. **e.** Oui, je me plains/Non, je ne me plains pas souvent. **f.** Oui, je me décourage/Non, je ne me décourage pas facilement. **g.** Oui, je m'entends/Non, je ne m'entends pas bien avec mes voisins. **h.** Oui, je m'investis/Non, je ne m'investis pas beaucoup dans mon travail.

59 Bilan : 1. pouvez **2.** disposez **3.** choisissent **4.** voulez **5.** faut **6.** privilégient **7.** préfèrent

8. permet **9.** remédie **10.** font **11.** doivent **12.** paie **13.** sont **14.** se passe **15.** craignent **16.** se rendent **17.** plaît

60 Bilan : 1. me lève **2.** fais **3.** considère **4.** dois **5.** rappelle **6.** nettoie **7.** devient **8.** est **9.** oublie **10.** vas **11.** te douches **12.** réveilles **13.** comprends **14.** me couche **15.** essaie **16.** veux **17.** vit **18.** excusez **19.** interviens **20.** devons **21.** jette **22.** mettons **23.** mangeons **24.** partageons **25.** voient

II. IMPARFAIT DE L'INDICATIF

61 *Conviennent* : **a.** étais **b.** avions **c.** avait **d.** étiez **e.** avaient **f.** étaient **g.** avait **h.** aviez

62 a. 3 **b.** 5 **c.** 7 **d.** 2 **e.** 1 **f.** 4 **g.** 8 **h.** 6

63 a. Avais-tu la nostalgie de ton pays ? **b.** Étais-tu très sociable ? **c.** Aviez-vous beaucoup d'argent ? **d.** Étiez-vous pessimistes ? **e.** Aviez-vous envie d'apprendre ? **f.** Étais-tu toujours occupé ? **g.** Étiez-vous une bonne équipe ? **h.** Avais-tu des regrets ?

64 a. était/étions **b.** étions/était **c.** était **d.** avait/était **e.** étaient **f.** avais/étais **g.** avait **h.** étais/avais

65 *Conviennent* : **a.** apportaient **b.** disposaient **c.** allumait **d.** chantaient **e.** participais **f.** sautait **g.** brillaient **h.** célébrait

66 a. Oui, nous organisions des stages. **b.** Oui, nous logions tout le monde. **c.** Oui, nous rencontrions des personnes intéressantes. **d.** Oui, nous marchions beaucoup. **e.** Oui, nous profitions du soleil. **f.** Oui, nous respirions le bon air. **g.** Oui, nous admirions de beaux paysages. **h.** Oui, nous rêvions de liberté.

67 a. éclatait **b.** adoptaient **c.** fondait **d.** signaient **e.** publiait **f.** admiraient **g.** restait **h.** proposait

68 a. jetons/jetais **b.** considérons/considérais **c.** adhérons/adhéraient **d.** prononçons/prononçait **e.** bougeons/bougeait **f.** appelons/appelais **g.** préférons/préféraient **h.** complétons/complétait

69 a. se maquillaient **b.** s'entraînaient **c.** s'habillait **d.** s'agitaient **e.** se tortillait **f.** se disputaient **g.** s'amusaient **h.** s'impatientaient

70 a. J'achetais des produits à la ferme. **b.** Je vous emmenais voir les animaux. **c.** On longeait la rivière. **d.** Les petits lançaient des pierres. **e.** Ils dérangeaient les canards qui nageaient. **f.** On partageait le repas avec les fermiers. **g.** On mangeait du saucisson à l'ail. **h.** L'hiver, il neigeait dans cette région.

71 a. dérangeait b. jugeait c. commencions d. changeait e. exigiez f. partageais g. dénonçait h. convergeaient

72 b. oubliions e. photographiions f. copiiez h. criiez

73 a. photocopiiez/intéressaient b. pliions/faisait c. remerciions/aidaient d. vérifiiez/était e. oubliions/payions f. essayiez/copiiez g. nettoyiez/rangiez h. employions/pouvions

74 a. 5 b. 1 c. 3 d. 8 e. 2 f. 7 g. 4 h. 6

75 a. Il b. On/Il/Elle c. Nous-nous d. Il e. Tu/Je-tu/je f. Je/Tu g. Ils/Elles h. Vous

76 *Conviennent* : a. faisaient b. pouvait c. faisais d. devait e. pouvais f. voulait g. devais h. allaient

77 a. Non, nous ne voulions pas visiter tous les sites archéologiques. b. Non, nous ne savions pas que c'était risqué. c. Non, nous n'avions pas peur. d. Non, nous n'allions pas dans des grands hôtels. e. Non, nous ne venions pas souvent dans cette région. f. Non, nous ne pouvions pas photographier. g. Non, nous ne devions pas suivre d'itinéraire précis. h. Non, nous n'étions pas nombreux.

78 a. pouvait b. pouvaient c. pouvait d. pouvions e. pouvaient f. pouvais g. pouvais h. pouviez

79 a. Fallait-il tout lui dire ? b. Ils étaient très souvent en voyage. c. On voulait simplement s'amuser. d. Elle ne savait absolument rien. e. Cela pouvait être très amusant. f. Avait-il oui ou non raison ? g. Deviez-vous donner une réponse ? h. Que faisiez-vous ce jour-là ?

80 a. Soit il allait à Lyon, soit elle venait à Paris. b. Cela faisait six mois qu'il voulait lui déclarer son amour. c. Il avait trop de responsabilités et il devait rester à son poste. d. Vous saviez que ce n'était pas facile. e. Il fallait s'organiser. Nous ne pouvions pas improviser. f. On faisait ce qu'on pouvait. g. Que faisaient-ils quand il y avait des grèves ? h. Ils devaient changer leurs projets même s'ils avaient des engagements.

81 a. 5 b. 4 c. 7 d. 8 e. 1 f. 2 g. 6 h. 3

82 a. Vous b. Il/Elle/On c. Nous d. Ils/Elles e. Je/Tu f. Vous g. Ils/Elles h. Nous

83 a. ss/ss b. s/ss c. ss/s d. ss/ss e. s/s f. s/s g. ss/ss h. ss/s

84 a. ...ne servions pas d'alcool. b. ...nous endormions à l'aube. c. ...entretenions de bonnes relations. d. ...me sentais à l'aise. e. ...découvrions l'amitié. f. ...n'appartenais pas à un clan. g. ...nous connaissions depuis longtemps. h. ...nous entendions tous bien.

85 a. Tu réussissais tes examens. b. Nous sortions sans faire de bruit. c. On descendait l'escalier quatre à quatre. d. Vous vous endormiez tard. e. La semaine finissait/se terminait bien. f. Avec le train, tu perdais beaucoup de temps. g. Il connaissait tout de notre vie. h. Je me souvenais de son visage./ Je me rappelais son visage .

86 a. 3 b. 8 c. 6 d. 2 e. 1 f. 7 g. 4 h. 5

87 a. gn b. n c. gn d. gn e. n f. gn g. n h. gn

88 a. Certains rejoignaient un être aimé. b. D'autres se perdaient dans les rues. c. D'autres encore se rendaient à un rendez-vous. d. On prenait le train, le bus ou le métro. e. Les vitrines des boutiques s'éteignaient. f. Les magasins descendaient leur rideau de fer. g. Dans les kiosques, on vendait le journal du soir. h. On entendait la pluie tomber.

89 a. Que lui disiez-vous ? b. Je ne me souvenais plus du nom. c. Ils vivaient dans un petit chalet. d. Vous le connaissiez depuis quand ? e. On recevait beaucoup de lettres. f. Il ne pleuvait presque jamais. g. On ne s'entendait pas parler. h. Tu ne te plaisais pas là-bas ?

90 a. ait b. ions c. iez d. ais e. ait f. ais g. aient h. ions

91 a. Est-ce que vous croyiez/Croyiez-vous à la justice ? b. Est-ce que vous suiviez/Suiviez-vous un régime ? c. Est-ce que vous voyiez/Voyiez-vous souvent le médecin ? d. Est-ce que vous connaissiez/Connaissiez-vous beaucoup de monde/Sortiez-vous beaucoup ? e. Est-ce que vous receviez/Receviez-vous des hommes politiques ? f. Est-ce que vous buviez/Buviez-vous du lait tous les jours ? g. Est-ce que vous vous serviez/Vous serviez-vous d'une machine à écrire ? h. Est-ce que vous vous plaigniez/Vous plaigniez-vous souvent ?

92 Bilan : – Tu étais bon en histoire ?

– Moi ? j'étais une vraie catastrophe ! Il fallait mémoriser un nombre incalculable de dates et je ne pouvais pas. En plus, la manière dont on nous l'enseignait ne nous incitait pas à la curiosité : on lisait pendant tout le cours et nous devions apprendre presque tout par cœur. C'était sec et abstrait. Je m'endormais. Bref, cela ne m'intéressait pas.

– Moi, j'adorais ça. Notre prof nous fascinait. Quand il racontait le siège d'Alésia par les Romains, on s'y croyait vraiment ! Il nous emmenait visiter des monuments. Nous pouvions lui poser plein de questions, il y répondait toujours. Nous essayions de le coller mais nous n'y arrivions pas. Il connaissait tout ! Incroyable...

– Vous aviez de la chance...

93 Bilan : 1. recouvrait **2.** était **3.** vivaient **4.** se réunissaient **5.** essayaient **6.** opposaient **7.** descendaient **8.** avaient **9.** buvaient **10.** s'appelait **11.** croyaient **12.** intervenaient **13.** exécutaient **14.** cueillaient **15.** faisaient

III. PASSÉ COMPOSÉ

94 **a.** 4 **b.** 2 **c.** 8 **d.** 7 **e.** 3 **f.** 1 **g.** 6 **h.** 5

95 **a.** fallu **b.** su **c.** dû **d.** voulu **e.** fait **f.** eu **g.** été **h.** appelé

96 *Conviennent* : **a.** ai **b.** avons **c.** a **d.** ont **e.** a **f.** a **g.** as **h.** avez

97 **a.** Je ne l'ai plus jamais revu. **b.** Nous l'avons bien reconnu. **c.** Il n'a jamais voulu accepter. **d.** Vous ne l'avez pas encore prévenu ? **e.** Tu as très bien fait. **f.** Je vous ai aperçu l'autre jour. **g.** Ils ne lui ont rien dit. **h.** On n'a plus reçu de nouvelles.

98 **a.** Préférer./Ils ont préféré. **b.** Appuyer./Tu as appuyé sur cette touche. **c.** Essayer./Elle a essayé. **d.** Projeter./On a projeté ce film. **e.** Régler./Tu as réglé l'addition ? **f.** Rappeler./J'ai rappelé. **g.** Photographier./Elles t'ont photographié(e). **h.** Emmener./On l'a emmené(e) .

99 **a.** On n'a pas cru à cette histoire. **b.** Vous n'avez pas reçu ce papier ? **c.** Tu n'as pas mis de petite annonce ? **d.** Ils n'ont pas souffert d'allergie ? **e.** Elle n'a pas vécu en Nouvelle-Calédonie. **f.** Je n'ai rien entendu. **g.** Elles ne nous ont pas écrit. **h.** Nous n'avons pas encore choisi.

100 **a.** On a failli se tromper. **b.** Tu as failli te faire mal ! **c.** Ils ont failli partir. **d.** Elle a failli le dire. **e.** Nous avons failli rater le train. **f.** J'ai failli m'évanouir. **g.** Vous avez failli heurter le trottoir ! **h.** Elles ont failli être licenciées.

101 **a.** Est-ce que tu as traduit/As-tu traduit le texte ? **b.** Est-ce qu'on a construit/A-t-on construit un aéroport ? **c.** Est-ce qu'elle a peint/A-t-elle peint sa chambre ? **d.** Est-ce qu'ils ont rejoint/Ont-ils rejoint leur groupe ? **e.** Est-ce qu'il a confondu/A-t-il confondu les deux mots ? **f.** Est-ce que vous avez perdu/Avez-vous perdu la tête ? **g.** Est-ce que cela vous a plu ?/Cela vous a-t-il plu ? **h.** Est-ce que je vous ai convaincu(e)(s) ?/Vous ai-je convaincu(e)(s) ?

102 **a.** acquérir **b.** pleuvoir/plaire **c.** concevoir **d.** extraire **e.** requérir **f.** valoir **g.** résoudre **h.** émouvoir

103 **a.** it **b.** is **c.** it **d.** i **e.** i **f.** i **g.** it **h.** is

104 **a.** (e)s **b.** ø **c.** (e)s **d.** e **e.** ø **f.** ø **g.** e **h.** ø

105 **a.** a interrompu(e)s **b.** a vécu **c.** avons convaincu(e)s **d.** a suffi **e.** a valu **f.** avez admis **g.** a déçu(e)s **h.** ont conclu

106 **a.** ...ne l'ai jamais crue. **b.** ...ne les ont pas encore définies. **c.** ...ai déjà appartenu à un club de scrabble. **d.** ...ne l'a pas encore soumis. **e.** ...nous a bien rendu service. **f.** ...les ai toujours choisis pour leur expérience. **g.** ...les avons beaucoup applaudis. **h.** ...ne les ont pas du tout résolus.

107 **a.** (e)s **b.** (e)s **c.** (e) **d.** e **e.** es **f.** ø **g.** (e) **h.** s

108 **a.** est venue **b.** sont montés **c.** est tombée **d.** êtes rentré(e)s **e.** est décédée **f.** sommes né(e)s **g.** sont arrivés **h.** suis devenue

109 **a.** Il est mort il y a trois ans. **b.** Tu es devenu un homme ! **c.** On n'est pas intervenu dans la discussion. **d.** Nous sommes repassés à cinq heures. **e.** Cet auteur est tombé dans l'oubli. **f.** Je n'en suis pas revenue ! **g.** Ils n'y sont plus jamais retournés. **h.** Êtes-vous déjà partis en croisière ?

110 **a.** Non, nous ne sommes pas allés sur place. **b.** Non, je ne suis pas devenu cynique. **c.** Non, ils ne sont pas morts de mort naturelle. **d.** Non, ce n'est pas arrivé accidentellement. **e.** Non, il n'est pas rentré chez lui. **f.** Non, ils ne sont pas revenus du laboratoire. **g.** Non, nous ne sommes pas arrivés à une conclusion. **h.** Non, la famille n'est pas repartie.

111 **a.** C/3 **b.** D/7 **c.** A/6 **d.** E/2 **e.** F/8 **f.** B/4 **g.** E/1 **h.** B/5

112 **a.** Elle s'est fait agresser. **b.** Ils se sont fait cambrioler. **c.** Je me suis fait rembourser le billet d'avion. **d.** Tu t'es fait renvoyer du collège ? **e.** Il s'est fait siffler. **f.** Nous nous sommes fait livrer à domicile. **g.** Vous vous êtes fait licencier ? **h.** Elles se sont fait inviter au restaurant.

113 **a.** e **b.** s **c.** e **d.** ø **e.** ø **f.** e **g.** s **h.** (e)

114 **a.** se sont transformées **b.** s'est stabilisée **c.** se sont améliorées **d.** nous sommes adapté(e)s **e.** s'est révélé **f.** se sont multipliées **g.** se sont intégrés **h.** s'est développée

115 **a.** Nous nous sommes lavé les mains. **b.** Ils se sont cogné la tête. **c.** Vous vous êtes coupé les cheveux. **d.** Je me suis pincé le doigt. **e.** Elle s'est brûlé la main. **f.** Tu t'es tordu la cheville. **g.** Il s'est teint les cheveux. **h.** Elle s'est maquillé les yeux.

116 **b.** se sont souri **c.** nous sommes plu **f.** se sont téléphoné

117 **a.** Est-ce que vous vous êtes déjà soigné(e)(s)/Vous êtes-vous déjà soigné(e)(s) par les plantes ? **b.** Est-ce que vous vous êtes déjà déguisé(e)/Vous êtes-vous déjà déguisé(e) en sorcier/sorcière ? **c.** Est-ce que vous vous êtes déjà présenté(e)(s)/Vous êtes-vous déjà présenté(e)(s) à des élections ? **d.** Est-ce que vous vous êtes déjà assis(e)(s)/Vous êtes-vous déjà assis(e)(s) au bord d'un lac ? **e.** Est-ce que vous vous êtes déjà senti(e)(s)/Vous êtes-vous déjà senti(e)(s) humilié(e)(s) ? **f.** Est-ce que vous vous êtes déjà passionné(e)(s)/Vous êtes-vous déjà passionné(e)(s) pour un sport ? **g.** Est-ce que vous vous êtes déjà offert/Vous êtes-vous déjà offert un beau voyage ? **h.** Est-ce que vous vous êtes déjà ennuyé(e)(s)/Vous êtes-vous déjà ennuyé(e)(s) au cinéma ?

118 **a.** Ils se sont connus au lycée. **b.** On ne s'est jamais pris au sérieux. **c.** Nous ne nous sommes pas plaints. **d.** Vous ne vous êtes pas revus ? **e.** Elle s'est très vite endormie. **f.** Tu ne t'es pas encore inscrit ? **g.** Ils se sont associés au mouvement. **h.** Je ne me suis pas inquiétée.

119 **a.** s'est répandue **b.** se sont éteintes **c.** s'est cru **d.** nous sommes assis **e.** ne me suis pas senti(e) **f.** s'est mise **g.** ne vous êtes pas servis **h.** ne se sont pas entendus

120 **a.** 2 **b.** 3 **c.** 3 **d.** 1 **e.** 3 **f.** 3 **g.** 2 **h.** 3

121 **a.** est **b.** a **c.** a **d.** a **e.** est **f.** a **g.** a **h.** sommes

122 **a.** Nous avons sorti les déguisements. **b.** La famille est venue nous voir. **c.** On a passé beaucoup de temps à préparer le spectacle. **d.** Tu as monté et descendu sans arrêt les escaliers. **e.** Les acteurs sont entrés en scène. **f.** Je suis resté(e) dans les coulisses. **g.** Nous avons sorti le champagne. **h.** Tout le monde est reparti heureux.

123 **a.** Dans quel hôtel est-ce que vous êtes descendu(e)(s) ?/êtes-vous descendu(e)(s) ? **b.** Qu'est-ce qu'il a sorti/Qu'a-t-il sorti de sa poche ? **c.** Quand est-ce qu'elle a passé/Quand a-t-elle passé son permis ? **d.** Où est-ce qu'ils ont monté/Où ont-ils monté la tente ? **e.** Pourquoi est-ce que tu as retourné/Pourquoi as-tu retourné la lettre ? **f.** Quel jour est-ce que vous êtes parti(e)(s) ?/êtes-vous parti(e)(s) ? **g.** Est-ce qu'il a prévenu/A-t-il prévenu les voisins ? **h.** Comment est-ce que tu es tombé(e) ?/es-tu tombé(e) ?

124 **a.** F/2/3/4/7 **b.** D/6/8 – C/4 **c.** E/5/8 **d.** A/1 **e.** H/6/8 **f.** G/2/3/4/7 **g.** B/3/4/7 A/8 **h.** C/2/3/4/7

125 **a.** a donné/s'est donné **b.** ont cru/se sont crus **c.** avons offert/nous sommes offert **d.** ai rappelé/me suis rappelé **e.** a dit/s'est dit **f.** avez mis/vous êtes mis **g.** as servi/t'es servi **h.** ai perdu/me suis perdu(e)

126 *Conviennent* : **a.** est-il **b.** avons **c.** J'ai **d.** ont **e.** est **f.** a **g.** est **h.** as

127 **a.** avez dit/se sont radoucis **b.** a eu beau/n'a pas tenu **c.** avez découvert/vous êtes mis **d.** suis revenu(e)/n'ai pas réussi **e.** ont conçu/nous sommes servis **f.** es allé(e)/ne t'a pas plu **g.** a beaucoup vieilli/est partie **h.** avons appelé/avons descendu

128 **a.** Il y est allé et il a fait une proposition. **b.** Nous avons payé et nous sommes sortis. **c.** On est partis et on a eu beau temps. **d.** J'ai vu l'accident quand je suis revenu. **e.** Ils y sont nés et ils y ont toujours vécu. **f.** Tu as essayé mais tu n'y es pas arrivé ? **g.** Quand vous êtes montés, vous avez eu peur ? **h.** Elle est venue et elle a pris la parole.

129 **a.** est **b.** ai **c.** est **d.** es **e.** est **f.** es **g.** est **h.** est

130 **a.** Je viens de m'en rendre compte. **b.** Vous venez de vous en servir ? **c.** Tu viens de te laver ? **d.** Ils viennent de se baigner. **e.** On vient de se mettre d'accord. **f.** Vanessa vient de se plaindre auprès de moi. **g.** Nous venons de nous excuser. **h.** Les enfants viennent de s'endormir.

131 **a.** ...venons de nous asseoir. **b.** ...viens de la recevoir. **c.** ...viennent d'y aller. **d.** ...viens de les entendre. **e.** ...vient de partir. **f.** ...venons d'en prendre. **g.** ...vient de revenir. **h.** ...viens de la découvrir.

132 *Conviennent* : **a.** a élu **b.** venez d'avoir **c.** a appelé **d.** vient de s'éteindre **e.** J'ai fait **f.** ont perdu **g.** venons d'ouvrir **h.** viens de conduire

133 **a.** se sont rencontrés/venait de sortir **b.** a couru/venait d'apprendre **c.** venais de rentrer/a sonné **d.** venions d'acheter/avons eu **e.** venait de s'endormir/a entendu **f.** venait de s'arrêter/est revenu/est apparu **g.** venais de finir/se sont décommandés **h.** ont appelés/venaient de prendre

134 **a.** 3 **b.** 6 **c.** 1 **d.** 5 **e.** 2 **f.** 8 **g.** 4 **h.** 7

135 **a.** Elle a reconnu qu'elle agissait sans réfléchir. **b.** Ils ont prétendu qu'ils entretenaient de bonnes relations. **c.** Vous avez promis que vous alliez être ponctuels. **d.** Je t'ai rappelé que tu devais régler cette facture. **e.** Tu as répété qu'il fallait s'organiser. **f.** Nous avons senti qu'il craignait de se lancer dans cette aventure. **g.** On a appris qu'il écrivait un roman. **h.** Ils ont voulu/voulaient savoir si vous croyiez à leur projet.

136 *Conviennent* : **a.** s'est aperçue/l'a cherché **b.** rouliez/a arrêté(e)(s) **c.** Je prenais/a frappé **d.** partait/a éclaté **e.** ont choisi/convenait **f.** sommes mis/avait pas **g.** a monté/menaient **h.** attendais/j'ai rencontré

137 **a.** commençait **b.** chantait **c.** ai oublié **d.** accompagnait **e.** répétait **f.** adorions **g.** ai pensé **h.** avez donné

138 **a.** Parce que je ne connaissais pas le quartier. **b.** Quand j'ai lu son premier livre. **c.** Parce qu'il a commis une faute grave. **d.** Parce qu'ils se sont inscrits trop tard. **e.** Quand ils vivaient en Inde. **f.** Parce qu'elle souffrait trop. **g.** Parce qu'il a composé un opéra. **h.** Quand nous étions jeunes.

139 À cinq heures du soir, il a quitté son bureau car il se sentait un peu fiévreux. Il a pris son autobus, est rentré chez lui où personne ne l'attendait. Dès qu'il est arrivé, il s'est laissé tomber sur son canapé qui commençait à être défraîchi. Il s'est allongé un moment, a fermé les yeux et s'est assoupi. Les enfants du voisin, qui couraient dans l'escalier, l'ont réveillé. Alors, il s'est levé et s'est installé devant son ordinateur qui se trouvait dans sa chambre. Il a entré son code d'accès, a attendu : aucune image n'est apparue sur l'écran. Il s'est énervé, a vérifié si tout était bien branché, a fait des commentaires à voix haute. Et il a vu soudain sur son écran un insecte qui remuait… Était-ce un virus ?

140 **a.** s'est entendu/devait **b.** se sont laissés/voulaient **c.** s'est laissé/desservaient **d.** me suis entendu/mentais **e.** s'est senti/ne pensait pas **f.** vous êtes laissé/étiez **g.** ne prenaient pas/se sont vu **h.** correspondais/t'es fait

141 **a.** ont eu appris **b.** a eu fini **c.** a eu neigé **d.** as eu publié **e.** avons eu réglé **f.** ont eu vite fait **g.** ai eu gagné **h.** a eu obtenu

142 **a.** Nous avons eu reçu. **b.** Ils ont eu bu. **c.** Elle a eu obligé. **d.** Vous avez eu soumis. **e.** Tu as eu conclu. **f.** On a eu détruit. **g.** J'ai eu rejoint. **h.** Il a eu convaincu.

143 **a.** Une fois qu'ils ont eu testé le produit, ils l'ont commercialisé. **b.** Une fois que nous avons eu vérifié la liste des destinataires, nous avons envoyé le courrier. **c.** Une fois que vous avez eu repeint tout l'appartement, vous avez déménagé ? **d.** Une fois qu'il a eu réuni la somme nécessaire, il la leur a donnée. **e.** Une fois que les électeurs ont eu voté, ils sont rentrés chez eux. **f.** Une fois que tu as eu réussi cet examen, tu as cherché du travail. **g.** Une fois qu'on a eu augmenté les salaires, on a cessé les embauches. **h.** Une fois que j'ai eu vendu ma maison, j'ai acheté un appartement.

144 **Bilan : 1.** avez répondu **2.** a paru **3.** a retenu **4.** avez vécu **5.** était **6.** suis resté **7.** nous sommes installés **8.** ai fait **9.** étiez **10.** étais **11.** prenais **12.** ai créé **13.** permettait **14.** avez eu obtenu **15.** a proposé **16.** ai passé **17.** suis pas resté **18.** commençais **19.** suis rentré **20.** n'ai pas voulu **21.** ai monté **22.** ai revendue **23.** suis parti

145 **Bilan :** Nicolas de Staël est né à Saint Petersbourg en 1914. Cinq ans après sa naissance, ses parents ont émigré en Pologne. Après leur mort, il s'est rendu à Bruxelles où il est entré à l'Académie Royale des Beaux-Arts. Ses peintres préférés étaient Cézanne, Matisse et Soutine. Il a beaucoup voyagé en Europe, a visité les musées et a étudié les maîtres anciens. En 1941, il s'est installé à Nice où il a entrepris ses premières natures mortes. En 1943, il s'est lié d'amitié avec Braque à Paris. C'était l'époque où les peintres, qui formaient « l'École de Paris », ne voulaient plus d'un art purement descriptif mais désiraient exprimer leur émotion face au spectacle du monde. Nicolas de Staël a ainsi commencé à marier l'abstrait et le figuratif. En moins de douze ans, il a peint 1000 œuvres. De nombreuses expositions en France, en Angleterre et aux États-Unis l'ont fait connaître. En 1953, il s'est retiré dans le Vaucluse, puis à Antibes où il s'est suicidé.

IV. PLUS-QUE-PARFAIT

146 **a.** 1 **b.** 2 **c.** 1 **d.** 2 **e.** 1 **f.** 2 **g.** 1 **h.** 2

147 **a.** 5 **b.** 3 **c.** 1 **d.** 8 **e.** 2 **f.** 7 **g.** 4 **h.** 6

148 **a.** Ils étaient venus vous voir. **b.** Vous aviez eu de la chance. **c.** J'avais pu parler. **d.** Tu avais été gentil. **e.** On avait tout fait. **f.** Nous avions dû payer. **g.** Elle avait su s'exprimer clairement. **h.** Il avait fallu partir.

149 **a.** Il avait été gravement malade. **b.** Je n'en avais jamais eu besoin. **c.** Avaient-ils fait tout le nécessaire ? **d.** Son père n'était pas venu à son mariage. **e.** Il avait fallu se réveiller très tôt. **f.** Elle n'avait pas voulu le déranger. **g.** Nous avions dû changer de stratégie. **h.** Tu n'y étais jamais allé ?

150 **a.** …n'avaient rien acheté. **b.** …ne l'avait pas essayé. **c.** …l'avais rapporté. **d.** …avions pu faire un échange. **e.** …n'avait pas fallu nous/me justifier. **f.** …avions su l'expliquer. **g.** …n'avaient pas discuté avec la vendeuse. **h.** …n'était pas venue.

151 *Conviennent :* **a.** développés **b.** collectionné **c.** posées **d.** consultée **e.** classé **f.** distribués **g.** allée **h.** augmenté

152 **a.** On s'était donné rendez-vous à 17 heures. **b.** Tu ne t'étais pas déplacé(e) **c.** Les conférenciers s'étaient présentés. **d.** Ils s'étaient installés sur la scène. **e.** Nous nous étions placés au premier rang. **f.** Tout s'était bien passé. **g.** Le congrès s'était déroulé sans incident. **h.** À la fin, le public s'était levé pour applaudir.

153 **a.** avait/ø/étions/(e)s **b.** étaient/s/étaient/ø **c.** avais/ø/avait/s **d.** avait/e/était/ø **e.** avait/ø/avait/es **f.** étiez/(e)(s)/étiez/(e)(s) **g.** était/e/avait/ø **h.** avions/ø/étions/s

154 **a.** s'était dégradée/avait changé **b.** avait composé/avait eu **c.** avaient commencé/n'avaient pas respecté **d.** était restée/avait critiquée **e.** aviez affirmé/n'aviez pu **f.** n'étais jamais allé(e)/m'étais acheté **g.** avions dû/nous étions ennuyés **h.** étais venu(e)/avait passé

155 **a.** ø/es **b.** ø/e **c.** (e)/ø **d.** ø/ø **e.** ø/s **f.** (e)/(e)(s) **g.** s/ø **h.** ø/e

156 **a.** Ils n'avaient pas tenu compte de cet élément. **b.** Je n'avais jamais vu cela nulle part. **c.** Avaient-ils souffert de son absence ? **d.** Nous nous étions assis sur ce banc. **e.** Combien de temps avait-elle attendu ? **f.** L'enquête avait finalement conclu au suicide. **g.** Nous nous étions déjà servis deux fois. **h.** Vous étiez-vous perdus de vue ?

157 **a.** Parce qu'il avait reçu des menaces. **b.** Parce que j'en avais entendu parler. **c.** Parce qu'elle n'avait pas pris de parapluie. **d.** Parce qu'ils n'avaient pas vu d'amélioration. **e.** Parce qu'ils s'étaient bien conduits. **f.** Parce que vous n'aviez jamais dit cela. **g.** Parce qu'ils ne s'étaient pas reconnus. **h.** Parce qu'il n'était pas revenu des États-Unis.

158 **a.** Elle avait découvert le secret. **b.** Tu avais vécu un événement historique. **c.** Il s'était battu avec ses camarades. **d.** Vous vous étiez inscrits à ce club ? **e.** Nous avions conclu un accord important. **f.** Elle avait repeint sa salle de bains. **g.** Ils avaient élu leur représentant. **h.** Il avait reçu sa convocation.

159 **a.** avait choisie **b.** avions craint **c.** avait souri **d.** était devenue **e.** n'avais jamais lu **f.** avait convaincu **g.** n'aviez pas bu **h.** était mort

160 *Conviennent :* **a.** l'aviez conseillé **b.** je me suis aperçu(e) **c.** avait éteint **d.** j'avais su **e.** a fait **f.** s'étaient promis **g.** avions **h.** l'avait fait

161 **a.** J'avais/J'ai cru comprendre qu'ils avaient la nationalité française. **b.** Le chat n'a rien mangé parce que ses maîtres avaient oublié de le nourrir. **c.** comme tu n'avais pas répondu à l'invitation, nous avons pensé/pensions que cela ne t'intéressait pas. **d.** Ils avaient tout préparé, quand soudain on leur a dit que tout était annulé. **e.** Elle était un peu anxieuse car elle n'avait pas conduit depuis longtemps. **f.** Jean a raconté l'histoire d'un ami qui s'était fait tatouer tout le corps. **g.** Tout le monde a répété qu'on n'avait pas pris les mesures nécessaires. **h.** Une fois qu'il avait fermé les volets, il se sentait plus en sécurité chez lui.

162 **a.** n'avions pas réservé/n'avons pas eu - n'avions pas **b.** appartenait/avait fui **c.** avait hérité/valait **d.** se rappelait/avait dit **e.** était - a été/avait explosé **f.** n'aviez pas laissé/n'a pas pu – ne pouvait pas **g.** débordaient/ avait plu **h.** fallait/ avait commises

163 **Bilan :** **1.** nous avions réfléchi à l'organisation de la fête. **2.** je m'étais renseigné(e) sur les salles à louer. **3.** j'avais surfé sur Internet. **4.** Claire et moi avions choisi cinq adresses. **5.** nous étions allé(e)s visiter ces salles. **6.** nous en avions réservé une. **7.** Christian était venu la voir. **8.** nous étions tombés d'accord. **9.** nous nous étions cotisés pour payer la location. **10.** Michael avait convaincu des amis musiciens. **11.** ils avaient accepté d'animer la soirée. **12.** nous avions tout prévu. **13.** nous avions réussi à garder le secret.

164 **Bilan :** **1.** était revenue **2.** avait quitté **3.** s'était aperçue **4.** s'étaient écoulées **5.** étaient revenus **6.** avait suivis **7.** avait dû **8.** avait faits **9.** avait croisés **10.** avaient aidée **11.** s'était liée **12.** ne l'avaient pas acceptée **13.** n'avait pas été **14.** s'était battue **15.** ne s'était jamais reposée **16.** avait survécu **17.** avait décidé **18.** avait pris **19.** avait atteint

V. FUTUR SIMPLE

165 *Conviennent :* **a.** seras **b.** seront **c.** auras **d.** serai **e.** Serez **f.** auront **g.** serons **h.** sera

166 **a.** a **b.** ai **c.** ez **d.** a **e.** ont **f.** a **g.** ai **h.** as

167 **a.** J'aurai beaucoup de plaisir à vous voir. **b.** Nous serons enchantés. **c.** Je serai ravie. **d.** Ce sera avec grand plaisir. **e.** Vous serez les bienvenus. **f.** Tout le plaisir sera pour nous. **g.** Ils auront l'honneur de vous rencontrer. **h.** Elle aura la joie de vous voir.

168 **a.** sera/aurez **b.** aurez/serez **c.** seras/sera **d.** aura/sera **e.** aura/seront **f.** aurons/serons **g.** aurai/serai **h.** sera/aura

169 **a.** envoyer **b.** jeter **c.** employer **d.** remercier **e.** appuyer **f.** acheter **g.** emmener **h.** payer

170 **a.** ai **b.** ez **c.** a **d.** ons **e.** ez **f.** ai **g.** as **h.** ont

171 **a.** Nous étudierons la question de très près. **b.** On n'oubliera jamais son visage. **c.** Je la remercierai de ta part. **d.** Cela pèsera lourd dans la discussion. **e.** Il photographiera toute la famille. **f.** Tu ne t'y promèneras pas le soir. **g.** Vous nous enverrez une confirmation. **h.** Ils complèteront tout le questionnaire.

172 **a.** ...emmènes les enfants à l'école./Tu emmèneras les enfants à l'école. **b.** ...ne jette pas l'argent par les fenêtres./Il ne jettera pas l'argent par les fenêtres. **c.** ...se rappellent ce jour mémorable./Ils se rappelleront ce jour mémorable. **d.** ...s'achète un bateau./On s'achètera un bateau. **e.** ...achèvent les travaux en mai./Ils achèveront les travaux en mai. **f.** ...sème des graines./Je sèmerai des graines. **g.** ...se promène à bicyclette./Elle se promènera à bicyclette. **h.** ...préfère passer par une agence. /Il préférera passer par une agence.

173 **a.** protégera **b.** libèrera **c.** possédera **d.** sèmeront **e.** vous inquièterez **f.** se révèlera **g.** règlera **h.** règnera

174 **a.** i/y **b.** i **c.** i **d.** i/y **e.** i **f.** i **g.** i **h.** i/y

175 **a.** Tu salueras Catherine de ma part. **b.** Je vous confierai cette mission. **c.** Vous ne crierez pas ! **d.** Elle photocopiera cette page. **e.** Ils loueront une voiture. **f.** La situation évoluera. **g.** Nous publierons ce livre. **h.** Cela polluera les plages.

176 **a.** confiera/succèdera **b.** me rappellerai/ oublierai **c.** enlèverons/nettoierons **d.** modifierez/ distribuerez **e.** étudieras/apprecieras **f.** essayeront-essaieront/ répèteront **g.** se mariera/enverra **h.** payera-paiera/ louera

177 **a.** 5 **b.** 4 **c.** 1 **d.** 7 **e.** 8 **f.** 3 **g.** 2 **h.** 6

178 *Conviennent :* **a.** voudra **b.** pourras **c.** devras **d.** saura **e.** sera **f.** viendra **g.** feras **h.** ira

179 **a.** Pourrez-vous venir ?/Pourras-tu venir ? **b.** Viendra-t-il ? **c.** Feront-ils la grève ? **d.** Voudra-t-elle être là lundi ? **e.** Sauras-tu te débrouiller ? **f.** Devrez-vous payer ? **g.** Faudra-t-il nous préparer ? **h.** Ira-t-elle au stade ?

180 **a.** Cela lui fera de la peine. **b.** Je ne pourrai pas y aller **c.** Ils ne viendront pas à la fête. **d.** Nous n'irons plus jamais là-bas. **e.** Il ne faudra pas se perdre. **f.** La photo devra être récente. **g.** Sauront-ils défendre leur cause ? **h.** Que ferez-vous l'été prochain ?

181 **a.** Vous irez **b.** Vous pourrez **c.** Vous aurez **d.** Vous ferez **e.** Vous saurez **f.** Vous voudrez **g.** Vous serez **h.** Vous viendrez

182 **a.** 1 **b.** 2 **c.** 1 **d.** 2 **e.** 1 **f.** 2 **g.** 1 **h.** 2

183 **a.** 6 **b.** 4 **c.** 5 **d.** 7 **e.** 2 **f.** 8 **g.** 1 **h.** 3

184 **a.** ...ne viendrons pas cette semaine. **b.** ...soutiendrai ce candidat/le soutiendrai. **c.** ...ouvrirons un compte/en ouvrirons un dans cette banque. **d.** ...préviendrai mes parents/les préviendrai. **e.** ...n'obtiendrai pas ce que je demande/ne l'obtiendrai pas. **f.** ...nous offrirons une semaine de repos/nous en offrirons une. **g.** ...me sentirai à l'aise. **h.** ...maintiendrons notre position/la maintiendrons.

185 *Conviennent* : **a.** dormira **b.** découvriras **c.** partirons **d.** appartiendra **e.** deviendrez **f.** offrirai **g.** accueilleront **h.** servirai

186 **a.** Tu la couvriras de cadeaux. **b.** Tu lui ouvriras ton cœur. **c.** Tu agiras avec délicatesse. **d.** Tu réfléchiras avant de parler. **e.** Tu tiendras compte de ses désirs. **f.** Tu répondras à ses attentes. **g.** Tu lui diras des mots tendres. **h.** Tu la rendras heureuse.

187 **a.** On finira par y arriver un jour ! **b.** Elle ne courra pas aux Jeux Olympiques. **c.** Avec cela, nous ne mourrons pas de faim ! **d.** J'espère que vous tiendrez bon. **e.** Elle ne reviendra pas sur sa décision. **f.** Je ne me sentirai pas vraiment chez moi. **g.** Ils ne vieilliront pas ensemble. **h.** Peut-être deviendra-t-il célèbre.

188 **a.** Vous ne mettrez pas les coudes sur la table. **b.** Vous attendrez avant de commencer. **c.** Vous vous conduirez en adultes. **d.** Vous ne lirez pas à table. **e.** Vous ne vous resservirez pas trois fois. **f.** Vous ne choisirez pas les meilleurs morceaux. **g.** Vous ne sortirez pas de table avant la fin du repas. **h.** Vous direz merci.

189 **a.** tiendrai **b.** sortiras **c.** reviendra **d.** accueilleront **e.** découvrirez **f.** servira **g.** m'endormirai **h.** préviendront

190 **a.** La société Axla construira un nouvel aéroport. **b.** Les retraités perdront leur pouvoir d'achat. **c.** Les salariés de l'entreprise éliront leurs représentants. **d.** Le ministère de la Santé produira un film sur le SIDA. **e.** Des comédiens liront des poèmes à la mairie. **f.** Le nombre des demandeurs d'emploi s'accroîtra. **g.** Le président recevra l'équipe de foot d'Argentine. **h.** Il pleuvra dans le Nord et l'Est.

191 **a.** ez/ez **b.** as/as **c.** a/ez **d.** ons/ons **e.** ai/ez **f.** ont/ont **g.** ez/ez **h.** a/ont

192 **a.** Vous acquérez de nouvelles compétences. **b.** Nous recevons 40 personnes. **c.** Ils s'asseyent à cette table. **d.** On prévoit des boissons pour les invités. **e.** Je ne vous interromps pas. **f.** Cela me déçoit beaucoup. **g.** Il vaut mieux changer de date. **h.** Tu ne t'aperçois de rien.

193 courir/envoyer/pouvoir/mourir/voir

194 **a.** acquerras **b.** permettra **c.** convaincrez **d.** assiérai/assoirai **e.** vaudra **f.** apercevrez **g.** concluront **h.** vous tairez

195 **Bilan :** Allô ? Tristan ? Je te téléphone pour t'expliquer comment venir à la maison. D'abord, tu essayeras de ne pas partir trop tard car il y aura beaucoup de monde sur les routes ce week-end. Ce sera le départ des vacances scolaires. Bon, alors, tu prendras l'autoroute et tu sortiras à... Puis tu suivras la direction « Toulouse˙». Tu continueras toujours dans cette direction. Quand tu arriveras au centre de Toulouse, tu iras à la place du Capitole et ensuite tu prendras la rue de Metz et tu traverseras la Garonne et, 300 mètres plus loin, tu verras une petite place, la place Saint-Cyprien. Il faudra te garer là. Tu trouveras facilement le numéro 4. Tu devras faire le code A502. Je serai chez moi toute la journée. En cas d'imprévu, tu pourras me joindre sur mon portable. Le soir, on dînera dans un petit restaurant sympa. Katia nous y rejoindra. On aura toute la soirée pour discuter...

196 **Bilan : 1.** pourrez **2.** viendront **3.** apprendrez **4.** animerez **5.** aurez **6.** serez **7.** vaincrez **8.** découvrirez **9.** acquerrez **10.** développerez **11.** oublierez **12.** vous souviendrez **13.** vous apercevrez **14.** deviendra **15.** saurez **16.** deviendrez **17.** vous ferez **18.** recevrez **19.** se transformera

VI. FUTUR ANTÉRIEUR

197 **a.** sera allée **b.** aura envoyé **c.** auront ... mangé **d.** aura gagné **e.** aura fallu **f.** se seront entraînés **g.** aurai pu **h.** n'auras pas eu

198 **a.** 1/2/6/7 **b.** 4/8 **c.** 4/8 **d.** 1/7 **e.** 1 **f.** 2 **g.** 3 **h.** 5

199 **a.** Il sera venu. **b.** Ils auront eu du mal. **c.** Tu auras dû attendre. **d.** Vous aurez su négocier. **e.** Il aura fallu accepter. **f.** On aura fait notre possible. **g.** Nous serons allés voir. **h.** Je n'aurai pas pu lui dire.

200 *Conviennent* : **a.** aurai **b.** serez **c.** serai **d.** aura **e.** auras **f.** aura **g.** aurez **h.** sera

201 a. seras **b.** aura **c.** auront **d.** auras
e. sera **f.** aurez **g.** serons **h.** sera

202 a. Il n'aura pas encore rencontré le responsable. **b.** J'espère qu'ils n'auront pas oublié. **c.** Elle ne sera pas arrivée dans une heure. **d.** Il y aura sûrement eu un malentendu. **e.** Nous ne serons pas rentrés avant trois heures. **f.** Cela aura été une journée mouvementée ! **g.** Il aura fallu faire beaucoup de concessions. **h.** Vous aurez tout fait pour éviter le pire.

203 a. aurons tout essayé **b.** aurez fait **c.** ne seront pas venus **d.** aura pu **e.** auras amélioré **f.** aurai donné **g.** aura fallu **h.** aurons dû

204 *Conviennent :* **a.** choisis **b.** vendue **c.** inscrites **d.** revenus **e.** attendue **f.** pris **g.** découvert **h.** vues

205 a. Tu auras agi pour le bien de tous. **b.** Vous ne serez pas venus pour rien ! **c.** Il aura vécu une belle histoire d'amour. **d.** On aura tout dit sur le sujet. **e.** Finalement, nous aurons beaucoup ri. **f.** Je ne serai pas revenu avant une heure. **g.** Ils auront bien pris leur temps ! **h.** Elle aura tout perdu dans cette histoire.

206 a. Non, ils n'auront pas mis la nouvelle moquette./Non, ils ne l'auront pas mise. **b.** Non, nous n'aurons pas fini les travaux./Non, nous ne les aurons pas finis. **c.** Non, on n'aura pas repeint tous les bureaux./Non, on ne les aura pas repeints. **d.** Non, ils ne seront pas revenus le 20 août. **e.** Non, tout le monde ne se sera pas remis au travail. **f.** Non, ils ne se seront pas vus pendant les vacances. **g.** Non, nous n'aurons pas reçu tous les documents avant la rentrée./Non, nous ne les aurons pas reçus. **h.** Non, elle ne sera pas redevenue normale.

207 a. se seront perdus **b.** se sera sentie **c.** se seront endormis **d.** ne seront finalement pas sortis **e.** n'auront pas compris **f.** aurai prévenus **g.** auront attendus **h.** n'auront pas entendu

208 a. Tant que tu n'auras pas lu le mode d'emploi, tu ne réussiras pas à assembler les pièces. **b.** Tant qu'on ne se sera pas entendu sur les prix, on ne passera pas de commande. **c.** Tant qu'elle n'aura pas vécu seule, elle ne saura pas se débrouiller. **d.** Tant qu'ils n'auront pas mis fin à cette relation, ils souffriront. **e.** Tant que vous n'aurez pas pris de leçons de conduite, vous ne vous présenterez pas à l'examen. **f.** Tant que nous n'aurons pas répondu à ces questions, nous ne pourrons pas gagner à ce jeu. **g.** Tant que vous ne vous serez pas mis d'accord, la situation ne s'améliorera pas. **h.** Tant que je ne serai pas morte, je continuerai à travailler.

209 D'ici là, nous aurons pris quelques jours de vacances et j'espère que l'atmosphère se sera détendue, car une fois que vous aurez lu nos propositions, que vous les aurez comprises, vous changerez votre point de vue. De plus, comme j'aurai reçu d'autres informations entre-temps et que je vous les aurai transmises, vous vous rendrez compte de la justesse de notre jugement. Dans peu de temps, nous aurons rétabli des relations cordiales, nous aurons vaincu cette crise de confiance et nous aurons reconstruit un avenir meilleur.

210 a. Quand il se sera joint à notre équipe, il nous fera gagner. **b.** Quand elle aura vaincu sa timidité, elle pourra parler en public. **c.** Quand vous aurez suivi des cours de phonétique, vous aurez moins d'accent. **d.** Quand on aura traduit ce texte, il sera lu par des milliers de personnes. **e.** Quand nous aurons conçu le prototype, nous le présenterons à des industriels. **f.** Quand ils auront produit l'article en série, les prix baisseront. **g.** Quand on aura détruit ces vieux bâtiments, on construira des H.L.M. **h.** Quand le professeur sera sorti, les étudiants pourront quitter la salle.

211 Bilan : Je me réveillerai tôt et dès que je me serai réveillé(e), je prendrai le petit déjeuner. Quand j'aurai pris le petit déjeuner, je me doucherai et après que je me serai douché(e), je m'habillerai. Une fois que je me serai habillé(e), j'irai à la banque et je déposerai un chèque. Quand je serai allé(e) à la banque et que j'aurai déposé le chèque, je passerai au pressing. Après que je serai passé(e) au pressing, je reviendrai chez moi. Quand je serai revenu(e) chez moi, je téléphonerai à Angela. Quand j'aurai téléphoné à Angela, je m'installerai devant l'ordinateur et je ferai des recherches sur Internet. Quand j'aurai fait mes recherches sur Internet, je travaillerai pendant deux heures. Quand j'aurai travaillé pendant deux heures, je prendrai un sandwich. Quand j'aurai pris mon sandwich, je sortirai et me promènerai en faisant du lèche-vitrines. Quand je me serai promené(e), je rentrerai à la maison. Dès que je serai rentré(e) à la maison, je consulterai ma messagerie électronique et je répondrai aux messages. Quand j'aurai répondu aux messages, je lirai le journal. Quand j'aurai lu le journal, je ressortirai pour dîner avec des amis.

212 Bilan : Nous reprendrons les discussions quand vous aurez reconnu vos erreurs, quand vous aurez lu nos revendications, quand vous les aurez comprises et quand vous aurez mis en place des commissions pour les examiner de plus près. Nous accepterons d'arrêter la grève quand vous nous aurez promis de discuter avec nos représentants, quand vous vous serez assis à la table des négociations, quand vous serez tombés d'accord avec eux, quand vous serez parvenus à un compromis acceptable et quand l'ensemble du personnel aura obtenu satisfaction.

VII. PASSÉ SIMPLE ET PASSÉ ANTÉRIEUR

213 *Conviennent :* **a.** fûmes **b.** eurent **c.** furent **d.** fut **e.** eûmes **f.** fut **g.** eus **h.** eûtes

214 **a.** Ils/Elles **b.** Il/Elle **c.** Vous **d.** Vous **e.** Ils/Elles **f.** Je/Tu **g.** Il **h.** J'/Tu

215 **a.** furent **b.** eûmes **c.** fut **d.** fut **e.** fûtes **f.** eurent **g.** eus **h.** eut

216 **a.** 7 **b.** 4 **c.** 8 **d.** 6 **e.** 5 **f.** 1 **g.** 3 **h.** 2

217 *Conviennent :* **a.** inaugura **b.** inventas **c.** attacha **d.** racontèrent **e.** créa **f.** adoptèrent **g.** dessina **h.** collaboras

218 **a.** Elles se consacrèrent à cette étude. **b.** Ils ajoutèrent une clause au contrat. **c.** Ils se marièrent dans une petite chapelle. **d.** Elles s'habillèrent tout en blanc. **e.** Ils invitèrent tout le voisinage. **f.** Elles se retrouvèrent seules. **g.** Ils résistèrent aux pressions. **h.** Ils tentèrent de s'expliquer.

219 **a.** Vous inventâtes un système ingénieux. **b.** Ils n'apprécièrent guère cette remarque. **c.** Jamais il ne se découragea. **d.** Elle préféra partir au bord de la mer. **e.** Jura-t-il de dire toute la vérité ? **f.** La sorcière lui jeta un mauvais sort. **g.** Nous nous promenâmes le long de la Seine. **h.** Tu ne dénonças pas cette injustice.

220 **a.** Je progressai lentement. **b.** Vous imposâtes vos règles. **c.** Ils participèrent à cette compétition. **d.** Nous félicitâmes le lauréat. **e.** Tu exploras cette région sauvage. **f.** Des groupes se formèrent spontanément. **g.** Je m'excusai aussitôt. **h.** Les négociations progressèrent.

221 **a.** cherchèrent **b.** s'étonna/se moqua **c.** éprouvai/éclatai **d.** grimpèrent/se stabilisèrent **e.** marqua/fut **g.** acceptâmes/examinâmes **g.** entoura/salua **h.** remportas/tourna

222 **a.** On commença à trouver le temps long. **b.** Je dénonçai cette imposture. **c.** Il jugea la plainte injustifiée. **d.** Elle partagea ses idées. **e.** Il s'engagea dans l'armée. **f.** On exigea des comptes. **g.** Je me protégeai les yeux. **h.** Il neigea à gros flocons.

223 **a.** ç **b.** ç **c.** c **d.** ç **e.** ç **f.** c **g.** ç **h.** c

224 **a.** Elles voyagèrent au bout du monde. **b.** Ils rédigèrent un essai philosophique. **c.** Elles changèrent de vie. **d.** Ils longèrent le canal du Midi. **e.** Ils dérangèrent toute l'assemblée. **f.** Ils engagèrent du personnel. **g.** Elles aménagèrent les lieux. **h.** Ils se corrigèrent.

225 **a.** assiégea **b.** déclarèrent **c.** développa **d.** rivalisa **e.** annexa **f.** ravagea **g.** se prolongea **h.** encouragea/chantèrent

226 **a.** Succéder. Il succéda à son père. **b.** S'ennuyer. Ils s'ennuyèrent. **c.** Rejeter. Elle rejeta ses propositions. **d.** S'achever. L'année s'acheva. **e.** S'inquiéter. Ils s'inquiétèrent. **f.** Se lever. Elle se leva. **g.** Essayer. J'essayai. **h.** Envoyer. On envoya un message.

227 **a.** 5 **b.** 3 **c.** 1 **d.** 8 **e.** 2 **f.** 7 **g.** 4 **h.** 6

228 **a.** 4 **b.** 3 **c.** 2 **d.** 1 **e.** 2 **f.** 1 **g.** 2 **h.** 1

229 *Conviennent :* **a.** sut **b.** firent **c.** voulut **d.** put **e.** dut **f.** vint **g.** purent **h.** dut

230 **a.** Vous **b.** Tu **c.** Je/Tu **d.** Nous **e.** Nous **f.** Il/Elle **g.** Nous **h.** Il

231 **a.** Nous n'avons pas su éclaircir ce mystère. **b.** Tout le village est venu la consoler. **c.** J'ai dû me cacher derrière l'arbre. **d.** Le père a été impitoyable. **e.** Nous avons dû attendre jusqu'au printemps. **f.** C'est alors qu'ils sont allés consulter une voyante. **g.** Il a fallu appeler un prêtre. **h.** Chacun a fait ce qu'il a pu.

232 **a.** t/rent **b.** t/rent **c.** t/rent **d.** t **e.** t **f.** s/s **g.** rent **h.** s/s

233 **a.** surent **b.** voulut **c.** purent **d.** dus **e.** fut/eut **f.** firent **g.** vint/fallut **h.** fut/durent

234 **a.** 6 **b.** 8 **c.** 5 **d.** 7 **e.** 2 **f.** 3 **g.** 1 **h.** 4

235 **a.** Ils se battirent pour leur liberté. **b.** Il mourut seul, oublié de tous. **c.** L'homme entendit la voix d'un enfant. **d.** De cette union, naquirent trois filles. **e.** Ils écrivirent une lettre à leur supérieur. **f.** On lui servit un repas très copieux. **g.** Nous suivîmes les préceptes du maître. **h.** Elle ne vit pas le danger imminent.

236 **b.** Réussir : je réussis, tu réussis, il réussit. **d.** Réunir : je réunis, tu réunis, il réunit. **e.** Réfléchir : je réfléchis, tu réfléchis, il réfléchit. **f.** Conclure : je conclus, tu conclus, il conclut. **h.** S'enfuir : je m'enfuis, tu t'enfuis, il s'enfuit.

237 **a.** it **b.** ut **c.** it **d.** it **e.** it **f.** ut **g.** ut **h.** it

238 **a.** Il prit le train jusqu'au Khirghistan. **b.** Il poursuivit sa route à cheval. **c.** Plus de cent fois il se perdit. **d.** Il parcourut plus de mille kilomètres. **e.** Il dormit sous la tente des nomades. **f.** Il franchit les hauts plateaux du Tibet. **g.** Il redescendit vers la vallée de Katmandou. **h.** Il vit le pont de la Liberté.

239 **a.** int **b.** int **c.** inrent **d.** int **e.** inrent **f.** inrent **g.** int **h.** int

240 **a.** mit **b.** vinrent **c.** connut **d.** crut **e.** comprit **f.** reçut **g.** acquirent **h.** découvrit

241 **a.** se furent habitués **b.** eut parcouru **c.** eûmes compris **d.** fut rentrée **e.** eut achevé **f.** se fut calmée **g.** se furent concertés **h.** eurent vendu

242 **a.** fut **b.** eûmes **c.** fut **d.** eut **e.** fut **f.** eurent **g.** eut **h.** fut

243 **a.** Elle eut été flattée. **b.** Il eut fait son devoir. **c.** Ils se furent réunis. **d.** On eut créé cette institution. **e.** Il fut parti. **f.** Elles eurent répondu. **g.** Vous eûtes ouvert le coffre. **h.** Nous eûmes rejoint les autres.

244 a. s b. es c. ø d. es e. s f. e g. s h. s

245 a. exposait/parut b. affirma/avait c. crut/dit/tournait d. conduisirent/allait e. était/devint f. permit/faisaient/engageaient g. fit/étudiait h. mit/permettait

246 Il dormit dix heures. Quand il ouvrit les yeux, il découvrit qu'il n'était pas chez lui. Il sentit un parfum flotter dans l'air. Il s'assit sur son lit et ne comprit pas ce qui lui arrivait. Il entendit une petite musique qui venait de la pièce d'à côté. Il crut un moment qu'il rêvait. Il vit alors une enveloppe qui était posée sur la cheminée. Il se leva, la prit et s'aperçut qu'un nom était écrit sur l'enveloppe mais ne parvint pas à le déchiffrer...

247 a. Tant qu'ils n'eurent pas vaincu l'ennemi, ils se battirent. b. Tant qu'il n'eut pas donné sa parole, on ne le crut pas. c. Tant qu'ils n'eurent pas répondu à l'appel, on les sollicita. d. Tant que sa femme ne fut pas rentrée, il s'inquiéta. e. Tant qu'elle n'eut pas vécu dans ce pays, elle n'en comprit pas la culture. f. Tant qu'il ne l'eut pas vu de ses yeux, il ne put pas y croire. g. Tant que la nouvelle ne se fut pas répandue, la population resta calme. h. Tant que personne ne s'en fut aperçu, tout se passa bien.

248 a. Quand elle se fut reposée quelques jours, elle put recommencer à marcher. b. Dès que nous fûmes sortis, nous nous sentîmes soulagés. c. Une fois qu'ils eurent fixé des règles, ils les respectèrent. d. Lorsqu'on eut découvert ce manuscrit, des scientifiques vinrent l'étudier. e. Tant qu'il n'eut pas fini son roman, personne ne put lui parler. f. Après qu'ils se furent expliqués, ils se réconcilièrent. g. Quand tout le monde fut parti, on ferma la maison. h. Lorsque la pluie eut cessé, le soleil réapparut.

249 Bilan : 1. s'appelait 2. décida 3. confia 4. entreprit 5. engagea 6. rédigea 7. furent 8. contribuèrent 9. eurent 10. étaient 11. jugèrent 12. firent 13. triompha 14. vit 15. devint 16. marqua 17. prépara

250 Bilan : 1. était 2. avait 3. était 4. avait 5. alla 6. vint 7. demanda 8. offrit 9. eut fini 10. était 11. remercia 12. disparut 13. fut rentrée 14. gronda 15. murmura 16. sortirent 17. poussa 18. se fut calmée 19. questionna 20. raconta 21. décida 22. prit 23. partit 24. fut ... arrivée 25. vit 26. était

VIII. IMPÉRATIF PRÉSENT

251 a. 3 b. 5 c. 2 d. 8 e. 1 f. 7 g. 4 h. 6

252 a. Ayons b. Ayez c. Soyons d. Sois e. aie f. Soyez g. Ayez h. Soyons

253 a. è b. é c. è d. é e. è f. e g. é h. é

254 a. Achète-le ! b. Appelle-moi ! c. Vas-y ! d. Lève-toi ! e. Répète après moi ! f. Jette ce chewing-gum ! g. Enlève-le ! h. Vérifie !

255 a. Ne coupez pas b. Ne cherche pas c. Ne tournez pas d. Ne tentons pas e. Ne brûle pas f. Ne crions pas g. Ne jetez pas h. Ne change pas

256 Conviennent : a. Va b. Change c. Pense d. Arrête e. Penses f. Informe g. Vas h. Repose

257 a. Coupe b. Sélectionnes d. Consulte e. Recherches f. Sèche g. Achète h. Places

258 a. c b. ç c. ç d. c e. c f. c g. ç h. c

259 a. Ne nous photographiez surtout pas ! b. Ne leur confiez jamais cette tâche ! c. Ne prononce jamais ce mot ! d. Ne jette pas l'argent par les fenêtres ! e. Ne t'énerve pas pour rien ! f. Rappelez-moi la semaine prochaine ! g. N'emploie pas de mots grossiers ! h. Ne me remerciez surtout pas !

260 a. Ne la dérangeons pas ! b. Ne change pas d'attitude ! c. Ne la surprotégeons pas ! d. Ne voyage pas ce jour-là ! e. N'exigez pas trop de choses ! f. Ne mélangeons pas tout ! g. Ne déménage pas ! h. Ne le jugeons pas !

261 a. Continue ! b. Appuie ici ! c. Envoie un fax ! d. Loue un bateau ! e. Paie/Paye immédiatement ! f. Remercie-moi ! g. Nettoie ! h. Balaie/Balaye devant ta porte !

262 a. Ne vous inquiétez pas ! b. Ne t'en va pas ! c. Ne le faites pas ! d. N'y allons pas ! e. N'en parle pas ! f. Ne t'en occupe pas ! g. Ne te fâche pas ! h. Ne te désespère pas !

263 a. 6 b. 8 c. 4 d. 5 e. 1 f. 3 g. 2 h. 7

264 a. 3 b. 1 c. 1 d. 4 e. 3 f. 4 g. 2 h. 3

265 a. ez b. ons c. ez d. s e. ons f. ez g. ez h. s

266 a. Sers-toi de petits gâteaux ! b. Permettez-moi de parler ! c. Réponds-moi ! d. Assieds-toi ! e. Inscrivez-vous ! f. Souviens-toi ! g. Sentons-nous concernés ! h. Mettez-vous à notre place !

267 a. Ne te mets pas devant ! b. Ne vous asseyez pas ici ! c. Ne t'endors pas ! d. Ne te sers pas de cela ! e. Ne vous dites pas que c'est sûr ! f. Ne te prends pas de petit studio ! g. Ne vous mettez pas en colère ! h. Ne vous réjouissez pas !

268 a. Choisissons des produits de qualité ! b. Réfléchissons à notre stratégie ! c. Offrons davantage de services ! d. Ouvrons de nouvelles boutiques ! e. Agrandissons nos locaux ! f. Rajeunissons nos équipes ! g. Devenons plus compétitifs ! h. Servons mieux nos clients !

269 a. Ouvrez la fenêtre ! b. Finissez votre travail ! c. Venez voir ! d. Sortez de la pièce ! e. Ne rougissez pas ! f. Ne souffrez pas inutilement ! **g.** Mettez-vous à l'aise ! **h.** Applaudissez !

270 a. Ne te mets pas dans cet état ! **b.** Ne leur interdisez pas de sortir ! **c.** Ne t'endors pas au cinéma ! **d.** Ne te sers plus de cette machine ! **e.** Attendons-nous au pire ! **f.** Ne repars pas tout de suite ! **g.** Ne confondez pas ces deux mots ! **h.** Buvons à la santé des jeunes mariés !

271 a. Ne dis pas du mal des autres ! **b.** Ne ris pas bêtement ! **c.** Ne prends pas les affaires des autres ! **d.** Tiens-toi correctement ! **e.** Ne mens pas ! **f.** Ne perds pas ton temps ! **g.** Ne te plains pas ! **h.** Ne te bats pas avec ton frère !

272 a. Prends ta douche ! **b.** Venez nous voir ! **c.** Découvre notre site Internet ! **d.** Prévenons le directeur ! **e.** Rends les livres à la bibliothèque ! **f.** Suivez les instructions ! **g.** Écrivons cette lettre ! **h.** Bois ton thé !

273 a. Permettons aux gens de s'exprimer ! **b.** Répondons à leurs attentes ! **c.** Définissons des priorités ! **d.** Inscrivons des réformes à notre programme. **e.** Combattons le racisme ! **f.** Battons-nous pour la justice ! **g.** Vivons tous en harmonie ! **h.** Tenons nos promesses !

274 Bilan : Levez-vous, joignez les mains, tendez les bras, décrivez un large cercle, étirez-vous, descendez doucement, prenez vos chevilles entre les mains, ne pliez pas les jambes, lâchez les mains, asseyez-vous/assoyez-vous en tailleur, fermez les yeux, respirez profondément, couchez-vous sur le dos, détendez-vous.

275 Bilan : Sois méthodique ! Tout d'abord, détermine la durée de ton séjour et préviens ta famille ou ton employeur. Réfléchis bien ! Choisis une destination. Va dans les agences de voyage. Prends toutes les brochures sur ta destination et étudie-les. Si tu optes pour un séjour organisé, ne t'inscris pas avant d'avoir bien lu le contrat. N'aie pas peur de poser des questions. Paye/Paie en plusieurs fois. Prévois une assurance. Si tu organises toi-même ton séjour, achète des guides de voyage, fais des recherches sur Internet, lis beaucoup et obtiens tous les renseignements possibles sur le pays. Apprends quelques phrases utiles dans la langue du pays. Ne perds pas tes papiers. Sois à l'aéroport deux heures avant le départ. Pars l'esprit tranquille ! Mais souviens-toi qu'un voyage est toujours une aventure !

IX. CONDITIONNEL PRÉSENT

276 a. Il y aurait du monde. **b.** Ce serait bien. **c.** Nous en aurions besoin. **d.** Ils seraient là. **e.** Vous seriez satisfait. **f.** Je serais prête. **g.** Vous auriez de la chance. **h.** Tu aurais le temps.

277 *Conviennent :* **a.** serait **b.** aurait **c.** seraient **d.** serais **e.** auraient **f.** serais **g.** aurait **h.** aurais

278 a. ais **b.** ions **c.** aient **d.** ait **e.** ais **f.** iez **g.** ait **h.** aient

279 a. 1 **b.** 1 **c.** 3 **d.** 2 **e.** 1 **f.** 2 **g.** 3 **h.** 2

280 a. On/Il/Elle **b.** Nous **c.** Ils/Elles **d.** Tu **e.** On/Il/Elle **f.** Vous **g.** Je **h.** Ils

281 a. ais **b.** ait **c.** aient **d.** ait **e.** ions **f.** aient **g.** ais **h.** iez

282 a. encourageraient **b.** désirerait **c.** aimerais **d.** hésiterait **e.** profiteraient **f.** causerait **g.** souhaiterions **h.** annoncerait

283 a. Souhaiteriez-vous recevoir notre brochure ? **b.** Désirerait-il s'exprimer en public ? **c.** Détesterais-tu être interviewé dans la rue ? **d.** Disposeraient-ils d'une fortune personnelle ? **e.** Cela vous dérangerait-il de changer l'heure du rendez-vous ? **f.** Se chargerait-elle de ce travail ? **g.** Mériterait-il tous ces honneurs ? **h.** Vous opposeriez-vous à cette décision ?

284 Phrases possibles : a. Oui, j'assisterais/Non, je n'assisterais pas à un match de boxe. **b.** Oui, je caresserais un serpent./Non, je ne caresserais pas de serpent. **c.** Oui, je monterais/Non, je ne monterais pas sur un chameau. **d.** Oui, je porterais un sac à dos très lourd pendant trois jours de marche./Non, je ne porterais pas de sac à dos très lourd pendant trois jours de marche. **e.** Oui, j'adopterais un chimpanzé./Non, je n'adopterais pas de chimpanzé. **f.** Oui, je chanterais/Non, je ne chanterais pas sur une scène. **g.** Oui, je traverserais/Non, je ne traverserais pas l'Atlantique sur un voilier. **h.** Oui, je participerais/Non, je ne participerais pas à une course à pied.

285 a. appeler **b.** payer **c.** se lever **d.** s'ennuyer **e.** peser **f.** enlever **g.** inquiéter **h.** compléter

286 a. 5 **b.** 1 **c.** 8 **d.** 6 **e.** 7 **f.** 4 **g.** 2 **h.** 3

287 a. J'achèterais du pain. **b.** Ils se promèneraient. **c.** On règlerait la facture. **d.** Ils ne céderaient pas au chantage. **e.** Tu pèserais tes mots. **f.** Elle amènerait ses amis. **g.** Cela compléterait le dossier. **h.** Il soulèverait 100 kilos.

288 a. Cela ne m'ennuierait absolument pas. **b.** Sinon, vous nous enverriez un message ? **c.** On créerait un grand centre culturel. **d.** Nous nous lèverions très tard. **e.** Ils rejetteraient certainement cette solution. **f.** Autrement, nous essaierions autre chose. **g.** Tu apprécierais sûrement ce roman. **h.** Je ne lui confierais jamais un secret.

289 a. dirais **b.** louerions **c.** saluerait **d.** enverriez **e.** essaierait/essayerait **f.** jouerais **g.** évoluerait **h.** se marieraient

290 a. 1 **b.** 2 **c.** 3 **d.** 2 **e.** 3 **f.** 2 **g.** 2 **h.** 1

291 *Conviennent :* **a.** devraient **b.** pourrait **c.** viendrais **d.** ferait **e.** irais **f.** voudraient **g.** saurait **h.** irait

292 **a.** Tu/Je   **b.** Nous   **c.** Il/Elle/On   **d.** Vous
e. Tu   **f.** Ils/Elles   **g.** Il   **h.** Vous

293 **a.** 5   **b.** 1   **c.** 8   **d.** 6   **e.** 7   **f.** 4   **g.** 2   **h.** 3

294 **a.** Tu pourrais quand même nous remercier !
b. Ils devraient quand même participer
financièrement !   **c.** Elle pourrait quand même se
déranger !   **d.** Vous pourriez quand même vous
changer !   **e.** On devrait quand même s'arrêter cinq
minutes !   **f.** Nous pourrions quand même aller la
voir à l'hôpital !   **g.** Je devrais quand même faire du
sport !   **h.** Vous devriez quand même vérifier si c'est
exact !

295 **a.** Pourriez-vous m'aider ?   **b.** Sauriez-vous
où est le Musée d'Orsay ?   **c.** Quand faudrait-il se
présenter ?   **d.** Me feriez-vous ce plaisir ?
e. Pourrais-tu répéter la question ?   **f.** Voudriez-
vous nous accompagner ?   **g.** Viendrais-tu avec
moi ?   **h.** Voudrais-tu voir ce film ?

296 **a.** irait   **b.** irais   **c.** irions   **d.** viendraient
e. irait   **f.** iriez   **g.** viendraient/iraient   **h.** irais

297 **b.** courraient   **e.** réunirait   **f.** offrirais
h. ouvrirait

298 **a.** ait   **b.** ions   **c.** ais   **d.** aient   **e.** ait
f. ions   **g.** ais   **h.** aient

299 **a.** On ne se servirait jamais de ces ouvrages.
b. Personne ne les ouvrirait.   **c.** J'en choisirais un.
d. Nous l'ouvririons.   **e.** Nous le découvririons
ensemble.   **f.** Tu choisirais des passages qui te
plairaient.   **g.** Nous réfléchirions à leur
signification.   **h.** Ces livres réussiraient à nous faire
rêver.

300 *Conviennent* : **a.** mettrait   **b.** prendrais
c. croiraient   **d.** dirait   **e.** tairais   **f.** rirais
g. suivraient   **h.** répondrait

301 **a.** S'ils apprenaient la nouvelle, ils devien-
draient fous.   **b.** Si on gagnait, on obtiendrait la
médaille.   **c.** Si on te demandait de voter, tu
t'abstiendrais ?   **d.** S'il le fallait, j'attendrais un an.
e. Ils choisiraient certainement cette solution.   **f.** Si
on partait tôt, on reviendrait tôt.   **g.** Nous ne tien-
drions pas compte de cet incident.   **h.** Offririez-
vous des fleurs à une inconnue ?

302 **a.** agrandirions   **b.** plairait   **c.** réussirais
d. viendraient   **e.** mourrais   **f.** rejoindriez
g. comprendrions   **h.** s'entendrait

303 **a.** 3   **b.** 5   **c.** 7   **d.** 2   **e.** 1   **f.** 4   **g.** 8   **h.** 6

304 **a.** ...lui interdirions.   **b.** ...conduirais la nuit.
c. ...le reconnaîtrais.   **d.** ...ne me battrais pas
contre lui.   **e.** ...ne le mettrions pas en pension.
f. ...lui permettrions.   **g.** ...les poursuivrais.
h. ...les verrais souvent.

305 **a.** recevrais   **b.** dirait   **c.** percevrais
d. m'assiérais   **e.** vivrait   **f.** convaincriez
g. verrait   **h.** vaudrait

306 **a.** Au cas où on interdirait de stationner...
b. Au cas où vous réussiriez...   **c.** Au cas où tu
perdrais...   **d.** Au cas où on découvrirait...   **e.** Au
cas où il mourrait...   **f.** Au cas où ils envahiraient...
g. Au cas où vous vous réuniriez...   **h.** Au cas où
nous nous inscririons...

307 **a.** se passerait/se réchauffait   **b.** proposait/
accepterais   **c.** oubliait/diriez   **d.** arriverait/
interdisait   **e.** fumait/demanderiez   **f.** mettrait/
diminuerait   **g.** confiais/garderais   **h.** ferais/dispa-
raissais

308 **a.** Si tu parlais parfaitement cette langue, tu en
comprendrais toutes les subtilités.   **b.** Si un autre
pétrolier coulait, il y aurait une nouvelle marée
noire.   **c.** Si vous grossissiez de trois kilos, suivriez-
vous un régime ?   **d.** Il se pourrait qu'on installe un
distributeur de boissons si tout le monde le
demandait.   **e.** Si votre photo paraissait dans le
journal sans votre autorisation, porteriez-vous
plainte ?   **f.** Si vous arrêtiez de vous disputer, on
pourrait dîner tranquille !   **g.** Changeraient-ils de
région si on leur proposait un autre travail ?   **h.** Si
votre télévision explosait, que feriez-vous ?

309 **a.** Si un inconnu m'abordait dans la rue, je ne
lui répondrais pas.   **b.** Si on te faisait attendre
20 minutes dans un restaurant, tu ferais un
scandale ?   **c.** Si vous lisiez une information fausse
dans un journal, vous écririez à ce journal ?   **d.** Si on
construisait une centrale nucléaire près de chez toi,
tu protesterais ?   **e.** Si une voyante vous prédisait
un malheur, vous la croiriez ?   **f.** Si tu faisais une
plaisanterie de mauvais goût, tu t'excuserais ?
g. Si vous trouviez une montre dans la rue, vous la
garderiez ?   **h.** Si quelqu'un vous téléphonait au
milieu de la nuit, vous auriez peur ?

310 **Bilan :** **1.** aimerais   **2.** devrais   **3.** vaudrait
4. faudrait **5.** deviendrait   **6.** tombais   **7.** résoudrait
8. saurait **9.** mourrait **10.** seraient **11.** s'apercevrait
12. se mettrait **13.** dirais **14.** prendrions **15.** aurais
16. traiterait   **17.** irait   **18.** ferais   **19.** serions
20. pourrais **21.** voudrais

311 **Bilan :** **1.** souhaiterais **2.** seraient **3.** voudrais
4. faudrait   **5.** transformions   **6.** pourraient
7. aiderait   **8.** emploierait   **9.** donnerait
10. accueillerais   **11.** servirais   **12.** viendraient
13. organiserait   **14.** joueraient   **15.** écrirais
16. ferais   **17.** distribuerait   **18.** parlerait
19. fonctionnerait **20.** revivrait

X. CONDITIONNEL PASSÉ

312 **a.** 1   **b.** 2   **c.** 1   **d.** 2   **e.** 2   **f.** 1   **g.** 2   **h.** 1

313 **a.** 3   **b.** 5   **c.** 8   **d.** 1   **e.** 4   **f.** 6   **g.** 2   **h.** 7

314 **a.** On aurait parlé de lui à la télévision.   **b.** Il
aurait eu six enfants.   **c.** Ils auraient habité dans un
grand château.   **d.** D'après certains, sa femme

aurait été danseuse de cabaret. **e.** Elle aurait dilapidé sa fortune. **f.** Il aurait été très malade pendant dix ans. **g.** Ses amis auraient eu pitié de lui. **h.** Grâce à eux, il aurait terminé sa vie paisiblement.

315 *Conviennent :* **a.** aurais **b.** serais **c.** auraient **d.** aurais **e.** aurait **f.** aurais **g.** seraient **h.** aurait

316 a. On n'aurait pas dû changer de quartier. **b.** Sans elle, je n'aurais jamais rien su. **c.** Cela aurait été une bonne occasion. **d.** Il y aurait eu une foule de curieux. **e.** Vous n'auriez sûrement pas pu entrer. **f.** Ils seraient tous venus en même temps. **g.** Nous aurions bien voulu la rencontrer. **h.** Elle n'y serait pas allée seule.

317 a. ...aurais pu réussir. **b.** ...n'aurait pas su l'expliquer. **c.** ...ne seraient pas venues. **d.** ...vous seriez fâchés. **e.** ...aurais voulu l'acheter. **f.** ...ne se seraient pas fait mal. **g.** ...n'aurait pas fallu l'accompagner. **h.** ...aurais été fière de toi.

318 a. serions **b.** auriez **c.** aurais **d.** aurait **e.** seraient **f.** aurais **g.** serait **h.** serait

319 a. Nous n'aurions pas pu trouver mieux. **b.** Ils n'auraient pas pensé gagner aussi facilement. **c.** Vous n'auriez pas soupçonné une telle méchanceté ! **d.** On n'aurait pas envisagé une telle réaction ! **e.** Tu n'aurais pas pensé faire un tel voyage. **f.** Ils n'auraient pas deviné ce que l'avenir leur réservait. **g.** Cela aurait nécessité un temps de réflexion. **h.** Il aurait fallu écouter des avis différents.

320 a. J'aurais voulu aller à la gym/y aller. **b.** Vous auriez pu parler de notre projet/en parler. **c.** Il aurait fallu demander le tarif horaire/le demander. **d.** Tu aurais pu te laver les mains/les laver. **e.** Ils auraient dû s'entendre sur le prix. **f.** J'aurais dû acheter un cadeau pour Antoine/lui en acheter un. **g.** Il aurait pu appeler un taxi/en appeler un. **h.** Nous aurions dû envoyer le paquet/l'envoyer.

321 a. se serait/se serait **b.** nous serions **c.** se seraient **d.** vous seriez **e.** me serais **f.** te serais **g.** se serait **h.** se serait

322 a. e/e **b.** ø/s **c.** es/ø **d.** ø/(e)s **e.** ø/s **f.** (e)s/(e)s **g.** ø/s **h.** ø/(e)s

323 a. aurait planté **b.** aurait soignés **c.** aurait récolté **d.** auraient fait **e.** aurais adoré **f.** aurions ... semé **g.** nous serions ... impliqué(e)s **h.** aurais ... expliqué

324 a. 5 **b.** 7/8 **c.** 1 **d.** 8 **e.** 2 **f.** 3/7 **g.** 6 **h.** 4

325 *Conviennent :* **a.** seraient **b.** aurais **c.** aurait **d.** serait **e.** aurait **f.** seraient **g.** serait **h.** aurais

326 a. À ma place, vous seriez revenu là-bas ? **b.** À ma place, vous vous seriez enfui ? **c.** À ma place, vous auriez menti ? **d.** À ma place, vous auriez écrit au maire ? **e.** À ma place, vous lui auriez tout dit ? **f.** À ma place, vous auriez craint sa réaction ? **g.** À ma place, vous auriez répondu à ses questions ? **h.** À ma place, vous lui auriez promis de revenir ?

327 a. Vous ne vous seriez pas bien entendus. **b.** Il aurait mieux valu se taire. **c.** Cela nous aurait pris cinq minutes. **d.** Tous les gens auraient accouru. **e.** Sans eux, nous ne nous serions jamais revus. **f.** Je ne me serais pas assise à côté d'elle. **g.** Auriez-vous convaincu tous vos partenaires ? **h.** Te serais-tu battu pour défendre tes idées ?

328 *Conviennent :* **a.** peinte **b.** crus **c.** née **d.** écrite **e.** mises **f.** descendus **g.** reconnue **h.** traduit

329 a. ...n'aurais pas pris cet argent./Je ne l'aurais pas pris. **b.** ...n'aurions pas offert de cadeau./Non, nous n'en aurions pas offert. **c.** ...ne me serais pas plainte. **d.** ...ne les aurions pas revus. **e.** ...ne m'en serais pas aperçu. **f.** ...ne me serais pas assis. **g.** ...ne serions pas sortis. **h.** ...ne le lui aurais pas permis.

330 a. On aurait découvert trente tableaux volés chez un dentiste parisien. **b.** Les oiseaux migrateurs seraient partis vers le sud avec un mois d'avance. **c.** Des scientifiques auraient réussi à cloner des êtres humains. **d.** Une Française de 25 ans aurais mis au monde des sextuplés. **e.** Des députés se seraient battus en plein séance parlementaire. **f.** La météo aurait prévu un été très pluvieux. **g.** On se serait servi d'un robot pour opérer un malade. **h.** La nouvelle mode de Hong-Kong aurait envahi les plages françaises.

331 a. Il aurait réussi. **b.** Nous nous serions endormis. **c.** Elle aurait vécu. **d.** Vous auriez ralenti. **e.** Tu aurais détruit. **f.** On aurait éteint. **g.** Elle se serait assise. **h.** Ils auraient maigri.

332 a. Ils auraient souscrit à une assurance, ils auraient perçu une indemnité. **b.** Vous les auriez convaincus, vous auriez conclu l'affaire. **c.** On se serait vu, on se serait plu. **d.** Nous aurions vécu ensemble, nous nous serions battus. **e.** J'aurais reçu cette lettre, j'aurais cru à une plaisanterie. **f.** Tu n'aurais pas pris parti, tu m'aurais déçu(e). **g.** Elle aurait réagi rapidement, elle aurait résolu le problème. **h.** Il aurait plu, on aurait prévu autre chose.

333 a. ne se seraient pas fanées **b.** serais arrivé **c.** vivrait **d.** pourriez **e.** aurions ... fini **f.** aurions **g.** aurait fallu **h.** se serait cotisé

334 a. 8 **b.** 3 **c.** 4 **d.** 1 **e.** 5 **f.** 2 **g.** 7 **h.** 6

335 *Conviennent :* **a.** resterait-il **b.** j'avais profité **c.** te serais bien amusé **d.** aviez insisté **e.** n'était pas allé **f.** avaient suivi **g.** faisait **h.** aurait mieux valu

336 a. Les agents de la SNCF seraient en grève. **b.** Un lion se serait échappé du zoo de Vincennes. **c.** Le conseil municipal se réunirait demain. **d.** Le taux de pollution aurait atteint un seuil dangereux. **e.** La cigarette serait à l'origine de 80 % des cancers du poumon. **f.** Le nombre de mariages augmenterait. **g.** 10 % des citadins auraient une bicyclette. **h.** Les enfants mange-raient trop de sucreries.

337 Bilan : ...je n'aurais pas appris le français, je n'aurais pas vu la Joconde au Louvre, je n'aurais pas bu de chocolat chaud chez Angelina, je n'aurais pas dévoré des tonnes de croissants, je ne me serais pas assis(e) à la terrasse du Flore, je ne me serais pas promené(e) sur l'île Saint-Louis, je n'aurais pas découvert les Catacombes, je n'aurais pas couru dans le jardin des Tuileries, je n'aurais pas applaudi les danseurs de l'Opéra, je ne me serais pas inté-ressé(e) à la politique, je n'aurais pas suivi de débats télévisés, je n'aurais pas lu le *Canard Enchaîné*, je ne me serais pas amusé(e) au parc Astérix, je ne serais pas monté(e) sur les tours de Notre-Dame, je n'aurais pas pris le funiculaire de Montmartre, je ne me serais pas perdu(e) dans le métro, je ne serais pas sorti(e) dans les boîtes branchées, je ne me serais pas fait d'amis, je ne serais pas tombé(e) amoureux(euse), je ne me serais pas marié(e), je ne serais pas devenu(e) parisien(ne)!

338 Bilan : 1. aurait voulu **2.** serait parti **3.** aurait descendu **4.** auraient accueilli **5.** aurait vécu **6.** aurait ... appris **7.** ne serait pas resté **8.** serait reparti **9.** aurait traversé **10.** aurait dormi **11.** se serait baigné **12.** aurait marché **13.** aurait franchi **14.** aurait été **15.** aurait parcouru **16.** aurait faites **17.** aurait enrichi **18.** se seraient gravés **19.** aurait eu **20.** serait revenu **21.** serait mort **22.** aurions su

XI. SUBJONCTIF PRÉSENT

339 a. 8 **b.** 7 **c.** 6 **d.** 5 **e.** 4 **f.** 3 **g.** 2 **h.** 1

340 a. Il ne faut pas que tu sois arrogant. **b.** Il ne faut pas que vous ayez des regrets. **c.** Il ne faut pas que vous soyez imprudent. **d.** Il ne faut pas que tu aies une attitude négative. **e.** Il ne faut pas que nous soyons en retard. **f.** Il ne faut pas que tu sois triste ! **g.** Il ne faut pas que nous ayons des scrupules. **h.** Il ne faut pas que tu aies honte.

341 a. Il ne faut pas que ce soit un obstacle. **b.** C'est bien que vous soyez présents. **c.** Il vaut mieux que nous soyons fermes. **d.** C'est drôle que vous ayez la même idée. **e.** Il faudrait qu'ils soient plus attentifs. **f.** C'est possible qu'il y ait une erreur. **g.** J'aimerais qu'ils aient leur chance. **h.** Dommage que tu n'aies pas ses coor-données.

342 Conviennent : a. soient **b.** aies **c.** ait **d.** aie **e.** sois **f.** ait **g.** soit **h.** soient

343 a. Il faut que tu sois calme. **b.** Il faut qu'ils aient plus d'assurance. **c.** Il faut que la réunion ait lieu. **d.** Il faut que tu aies une excellente note. **e.** Il faut que nous soyons prêts. **f.** Il faut que les clients soient satisfaits. **g.** Il faut que nous ayons notre mot à dire. **h.** Il faut que ce soit une belle cérémonie.

344 a. ait **b.** soit **c.** soient **d.** soit **e.** ait **f.** soient **g.** aies **h.** aient

345 a. étudiions **b.** appelle **c.** vérifies **d.** traitent **e.** me trompe **f.** se stabilise **g.** laisse **h.** restiez

346 a. vous **b.** il/elle/on **c.** tu **d.** je **e.** nous **f.** vous **g.** ils/elles **h.** il/elle/on

347 a. ...discutiez avec lui. **b.** ...écoutiez ses conseils/les écoutiez. **c.** ...examiniez ses proposi-tions/les examiniez. **d.** ...calculiez votre budget/le calculiez. **e.** ...contactiez les banques/les contactiez. **f.** ...compariez les taux d'intérêt/les compariez. **g.** ...regardiez attentivement les devis/les regardiez attentivement. **h.** ...vous décidiez après réflexion.

348 a. e **b.** ent **c.** ions **d.** iez **e.** e **f.** es **g.** iez **h.** ions

349 a. 1 **b.** 1 **c.** 2 **d.** 2 **e.** 1 **f.** 2 **g.** 2 **h.** 1

350 a. Voulez-vous qu'on continue la discussion ? **b.** Je souhaiterais que vous chan-giez d'avis. **c.** Penses-tu vraiment qu'ils exagèrent ? **d.** On voudrait que tu nous emmènes au théâtre. **e.** Il ne faut pas que vous l'oubliiez. **f.** Il est inutile que nous photocopiions ceci. **g.** Il est urgent que j'envoie ce paquet. **h.** J'aimerais qu'ils me rappellent ce soir.

351 Conviennent : a. vérifiiez **b.** achètes **c.** remerciiez **d.** envoient **e.** ennuies **f.** tutoyions **g.** planifiions **h.** essaie

352 a. é **b.** è **c.** è **d.** é **e.** e **f.** è **g.** è **h.** e

353 a. emmenions **b.** loue **c.** suppliez **d.** envoie **e.** paient/payent **f.** essaie/essaye **g.** remercies **h.** achève

354 a. J'aimerais que tu enlèves tes affaires, s'il te plaît. **b.** Il vaudrait mieux que tu renvoies le paquet à l'expéditeur. **c.** Ce serait bien que tu jettes ces vieux journaux. **d.** Je suis surprise que tu préfères ce modèle. **e.** C'est inutile que tu élèves la voix. **f.** C'est ridicule que tu rejettes tout en bloc. **g.** Je ne peux pas croire que tu n'oublies jamais rien ! **h.** Il faut que tu planifies tes rendez-vous.

355 a – b – f – g – h

356 Conviennent : a. viennes **b.** veuille **c.** aient **d.** saches **e.** puisse **f.** veuillent **g.** doive **h.** vienne

357 a. ions **b.** ions **c.** ions **d.** iez **e.** iez **f.** ions **g.** iez **h.** iez

358 a. Je ne pense pas qu'il faille en parler. **b.** Que vous le vouliez ou non, c'est ainsi. **c.** Il faut que nous sachions la vérité. **d.** Dommage que nous devions déménager ! **e.** C'est bête que vous ne puissiez pas rester. **f.** On veut que tu fasses ce qui te plaît. **g.** Il est important que vous y alliez. **h.** Crois-tu qu'on puisse le lui demander ?

359 a. alliez **b.** puissiez **c.** vouliez **d.** sachiez **e.** veniez **f.** fassiez **g.** deviez **h.** ayez

360 a. Que grand-mère aille bien ! **b.** Que vous fassiez fortune ! **c.** Que nous sachions vivre en harmonie ! **d.** Que les beaux jours viennent ! **e.** Que vous fassiez de beaux voyages ! **f.** Que Tristan veuille sortir avec moi ! **g.** Que nous puissions nous voir souvent ! **h.** Que tu ne t'en ailles pas !

361 a. alliez **b.** puisse **c.** soyez **d.** veniez **e.** fassent **f.** sachiez **g.** veuille **h.** faille

362 a. 4 **b.** 7 **c.** 8 **d.** 5 **e.** 2 **f.** 1 **g.** 3 **h.** 6

363 a. choisissent/choisisse **b.** se sentent/se sente **c.** dorment/dormes **d.** se servent/me serve **e.** obtiennent/obtienne **f.** écrivent/écrives **g.** disent/dise **h.** traduisent/traduise

364 a. Que vous teniez. **b.** Que nous agissions. **c.** Que nous découvrions. **d.** Que vous deveniez. **e.** Que nous obtenions. **f.** Que vous réfléchissiez. **g.** Que nous disions. **h.** Que nous nous servions.

365 a. es **b.** e **c.** iez **d.** ions **e.** ent **f.** e **g.** ent **h.** es

366 compreniez – prenions – parvenions – devenions – vous souveniez – entretenions – tenions – obteniez – maintienne

367 a. 4 **b.** 7 **c.** 5 **d.** 8 **e.** 1 **f.** 3 **g.** 2 **h.** 6

368 a. Que vous vous entendiez ou non... **b.** Qu'ils répondent ou non... **c.** Que tu les connaisses ou non... **d.** Que je leur écrive ou non... **e.** Qu'on nous le permette ou non... **f.** Que vous vous mettiez en colère ou non... **g.** Qu'ils nous croient ou non... **h.** Que nous suivions ce plan ou non...

369 a. ...ils apprennent à être patients. **b.** ...je comprenne un jour. **c.** ...elle lui dise tout. **d.** ...il perde son pari./qu'il le perde. **e.** ...ils s'inscrivent. **f.** ...on leur interdise. **g.** ...il vende son magasin. **h.** ...tu écrives un roman.

370 a. que tu vives en harmonie avec ton entourage. **b.** que tu croies à l'amitié. **c.** que tu te mettes parfois à la place des autres. **d.** que tu voies les côtés positifs. **e.** que tu suives ton intuition. **f.** que tu reconnaisses tes torts. **g.** que tu ne déçoives pas tes amis. **h.** que tu construises des relations sincères.

371 a. Nous gardons bon moral bien que nous craignions une baisse de notre activité. **b.** On doit faire une réunion lundi à moins que vous résolviez le problème d'ici là. **c.** Je mets une marque rouge sur le document pour que vous le reconnaissiez. **d.** Je peux lui envoyer le dossier à moins que vous le transmettiez vous-même. **e.** On fera ces modifications à condition que cela en vaille vraiment la peine. **f.** Tout semble bloqué à moins que nous convainquions notre banquier. **g.** On va essayer bien que cela me paraisse irréaliste. **h.** Il suffit de peu de choses pour qu'ils s'aperçoivent que nous sommes sincères.

372 a. vivre **b.** advenir **c.** sauver **d.** tenir **e.** valoir **f.** comprendre **g.** suivre **h.** être

373 Bilan : 1. apprenne **2.** suivent **3.** se servent **4.** connaisse **5.** lisent **6.** ouvre **7.** mette **8.** conduisent **9.** interdise **10.** fasse **11.** reçoive **12.** vende **13.** vivent

374 Bilan : 1. soit **2.** redise **3.** écrive **4.** ait **5.** attendes **6.** appelles **7.** viennes **8.** espionnes **9.** suives **10.** fasses **11.** sois **12.** vaille **13.** veuilles **14.** faille **15.** arrêtions **16.** continuions **17.** nous détestions **18.** prennes **19.** parviennes **20.** réussisses **21.** saches

XII. SUBJONCTIF PASSÉ

375 a. ait eu **b.** ayez pu **c.** ayez ... été **d.** aies fait **e.** soient ... venus **f.** ait ... su **g.** aient dû **h.** soit allée

376 a. 3 **b.** 1 **c.** 6 **d.** 7 **e.** 8 **f.** 5 **g.** 2 **h.** 4

377 *Conviennent :* **a.** ait été **b.** ayez eu **c.** ayons eu **d.** ait eu **e.** ait été **f.** aient été **g.** aie eu **h.** aient eu

378 a. Nous sommes surpris que vous ayez été très critique. **b.** Cela m'étonne que tu n'aies pas eu un mot gentil. **c.** C'est bizarre qu'ils n'aient eu aucun regret. **d.** C'est étonnant qu'elle ait été assez désagréable. **e.** Je ne comprends pas que vous ayez eu une attitude ambiguë. **f.** C'est normal que nous ayons été satisfaits. **g.** Cela m'a fait plaisir que tu aies été accueillant. **h.** C'est bien qu'ils aient été reconnaissants.

379 a. aies **b.** ait **c.** aient **d.** ayez **e.** ait **f.** ait **g.** aient **h.** ayons

380 *Conviennent :* **a.** soit **b.** soit **c.** aies **d.** soient **e.** ayez **f.** soit **g.** aient **h.** soyez

381 a. Non, je ne crois pas que vous ayez trop parlé. **b.** Non, je ne pense pas que nous ayons exagéré. **c.** Non, je ne pense pas que vous ayez fait le bon choix. **d.** Non, je ne crois pas que nous ayons manqué une bonne occasion. **e.** Non, je ne pense pas que vous vous soyez trompés. **f.** Non, je ne crois pas que vous ayez amélioré la situation. **g.** Non, je ne crois pas que nous nous soyons éloignés de notre objectif.

382 *Conviennent* : **a.** soit **b.** aies **c.** soient **d.** sois **e.** ait **f.** aient **g.** aie **h.** ait

383 a. il **b.** il **c.** nous **d.** je **e.** il **f.** tu **g.** vous **h.** ils

384 a. aies **b.** ayez **c.** soit **d.** ait **e.** ait **f.** ayons **g.** soient **h.** soit

385 a. Moi, je ne pense pas qu'ils soient tous allés là-bas. **b.** Moi, je ne crois pas qu'il soit venu hier. **c.** Moi, je ne suis pas sûr qu'il ait fallu encore attendre. **d.** Moi, je ne pense pas qu'il ait pu la joindre au téléphone. **e.** Je ne suis pas convaincu qu'il ait voulu seulement nous aider. **f.** Moi, je ne pense pas que nous ayons eu raison. **g.** Moi, je n'ai pas l'impression que tout le monde l'ait su. **h.** Moi, je ne crois pas qu'ils aient dû émigré.

386 a. ait fait **b.** aies pu **c.** ait ... voulu **d.** ayons eu **e.** ayez dû **f.** soient venus **g.** aie su **h.** ait fallu

387 *Conviennent* : **a.** occupée **b.** venus **c.** choqués/allés **d.** inquiétées **e.** oubliées **f.** installé **g.** allés **h.** installés

388 a. se/e **b.** se/s **c.** vous/(e)(s) **d.** se/e **e.** se/ø **f.** vous/(e)(s) **g.** nous/(e)s **h.** me/ø

389 a. C'est scandaleux qu'ils aient fait cela. **b.** Je ne crois pas qu'il ait voulu faire du mal. **c.** Nous regrettons que vous ne soyez pas venus. **d.** Cela m'étonne qu'ils n'y soient pas allés. **e.** C'est incroyable qu'il ait fallu tout annuler. **f.** C'est bien que tu te sois reposé. **g.** Dommage que nous n'ayons pas pu rester. **h.** C'est drôle que je ne me sois pas posé la question.

390 a. C'est dommage que tous les invités ne se soient pas déplacés. **b.** C'est dommage que personne ne se soit présenté. **c.** C'est dommage que les gens ne se soient pas parlé. **d.** C'est dommage que la conférence ne se soit pas bien déroulée. **e.** C'est dommage que les conférenciers ne se soient pas bien exprimés. **f.** C'est dommage que les organisateurs ne se soient pas bien occupés du public. **g.** C'est dommage que le public ne se soit pas intéressé aux conférences. **h.** C'est dommage que la journée ne se soit pas bien terminée.

391 a. 5 **b.** 2 **c.** 1 **d.** 8 **e.** 7 **f.** 3 **g.** 4 **h.** 6

392 a. ait **b.** aies **c.** soient **d.** ait **e.** ayons **f.** soyez **g.** ayez **h.** sois

393 a. C'est étonnant que j'aie obtenu une bonne note à cette épreuve. **b.** C'est bizarre qu'elle ait dit cela calmement. **c.** Ce n'est vraiment pas de chance qu'il ait perdu sa voix la veille du concert. **d.** C'est bien que le directeur ait reconnu ses torts. **e.** C'est drôle que nous soyons nés le même jour. **f.** C'est génial que tu aies reçu le premier prix ! **g.** C'est admirable qu'ils aient traduit toute son œuvre ! **h.** C'est vraiment satisfaisant que nous ayons réussi.

394 a. Je ne pense pas que tu aies bien réfléchi. **b.** C'est incroyable qu'il n'ait pas encore fini ! **c.** Il se peut qu'ils soient devenus fous ! **d.** Penses-tu qu'il ait agi par intérêt ? **e.** On a peur qu'ils soient tous morts. **f.** C'est drôle que vous ne vous soyez pas reconnus. **g.** Cela m'étonne que vous n'ayez pas lu ce livre. **h.** C'est bizarre qu'on n'ait pas détruit cette maison.

395 a. Pourvu qu'elle n'ait pas trop souffert ! **b.** Pourvu qu'ils ne se soient aperçus de rien ! **c.** Pourvu qu'il ne se soit pas produit une catastrophe ! **d.** Pourvu qu'elle n'ait contredit personne ! **e.** Pourvu qu'ils n'aient rien entendu ! **f.** Pourvu qu'il n'ait pas plu toute la semaine ! **g.** Pourvu qu'il ne se soit pas endormi au volant ! **h.** Pourvu qu'ils ne soient pas déjà partis !

396 *Conviennent* : **a.** rejoints **b.** prise **c.** conçu **d.** plainte **e.** conduites **f.** entendu **g.** vécu **h.** reçus

397 a. ait connu **b.** n'ait pas obtenu **c.** aient maintenu/aient conquis **d.** aient conçu **e.** n'ait ... pas résolu **f.** ait établi **g.** aient envahi **h.** aient ... vécu

398 Bilan : 1. aies organisé **2.** n'ait pas pu **3.** ait dû **4.** sois venue **5.** ait passé **6.** ait réussi **7.** ait hospitalisée **8.** se soient déplacés **9.** aient fait **10.** aient ... répondu **11.** aient ... appelée **12.** ne se soient pas manifestés **13.** soit arrivé **14.** soient partis **15.** se soient envolés **16.** aient décidé **17.** te sois réconciliée **18.** vous soyez brouillés **19.** se soit rendu **20.** aies été **21.** aies pardonné

399 Bilan : 1. ait ... consultés **2.** n'ait pas réuni **3.** ayons appris **4.** ait ... prévu **5.** ait ... demandé **6.** se soit décidé **7.** ait ... dit **8.** ait ... tenu **9.** ait voulu **10.** ayons réagi **11.** ayons créé **12.** se soit rallié **13.** soit venu

XIII. PARTICIPE PRÉSENT ET GÉRONDIF

400 a. 8 **b.** 6 **c.** 5 **d.** 3 **e.** 1 **f.** 4 **g.** 2 **h.** 7

401 a. aller **b.** avancer **c.** savoir **d.** faire **e.** oublier **f.** négliger **g.** être **h.** avoir

402 *Conviennent* : **a.** ayant **b.** étant **c.** sachant **d.** sachant **e.** ayant **f.** ayant **g.** sachant **h.** Étant

403 a. appelant **b.** voulant **c.** faisant **d.** pouvant **e.** changeant **f.** étudiant **g.** continuant **h.** remplaçant

404 a. changeant **b.** allégeant **c.** conjuguant **d.** corrigeant **e.** rédigeant **f.** replaçant **g.** renforçant **h.** rallongeant

405 a. une personne voulant travailler à domicile, **b.** un professeur ayant, au minimum, 10 ans d'expérience, **c.** une jeune fille pouvant s'occuper de trois enfants, **d.** des malades devant subir une opération des yeux, **e.** des étrangers venant d'Afrique, **f.** une personne allant tous les jours au travail en bus, **g.** un salarié faisant régulièrement le trajet Paris-Lyon, **h.** des mères de famille ne travaillant pas.

406 a. En rangeant mes affaires, j'ai trouvé cette lettre. **b.** Elle nous a réveillés en criant. **c.** Nous allons examiner chaque cas en commençant par le plus urgent. **d.** En mélangeant du bleu et du jaune, vous obtenez du vert, évidemment. **e.** L'avocat a commencé sa plaidoirie en rappelant l'article 405 du Code Pénal. **f.** En déménageant, j'ai jeté beaucoup de choses. **g.** Philippe a déclenché l'alarme en appuyant sur le bouton. **h.** En prononçant ce mot, ils avaient l'air ravi.

407 a. se **b.** nous **c.** vous **d.** se **e.** t' **f.** se **g.** s' **h.** s'

408 a. 1/3 **b.** 2/3 **c.** 2/3 **d.** 1 **e.** 3 **f.** 1/4 **g.** 1/3/4 **h.** 1

409 a. Nous apprenons./Apprenant. **b.** Nous disons./Disant. **c.** Nous peignons./Peignant. **d.** Nous lisons./Lisant. **e.** Nous connaissons./Connaissant. **f.** Nous mettons./Mettant. **g.** Nous croyons./Croyant. **h.** Nous buvons./Buvant.

410 a. En vendant tes actions, tu fais une bonne affaire. **b.** J'ai posté le questionnaire en joignant une photo. **c.** Ils ont pleuré en entendant cette nouvelle. **d.** Elle a pensé à lui en s'endormant. **e.** Vous avez agi en croyant bien faire. **f.** Ils ont pris un taxi en sortant de l'aéroport. **g.** On a fait la route en se suivant. **h.** J'ai eu une bonne surprise en recevant ta lettre.

411 a. en vous prenant trop au sérieux, **b.** en vous perdant dans les détails, **c.** en craignant de prendre des risques, **d.** en vous conduisant comme un tyran, **e.** en ne tenant pas vos promesses, **f.** en ne comprenant pas le point de vue des autres, **g.** en ne réfléchissant pas aux conséquences de vos actes, **h.** en ne parvenant pas à faire des compromis.

412 a. En vivant dans le pays. **b.** En nous inscrivant/m'inscrivant à un club. **c.** En revenant du stade. **d.** En descendant la piste noire. **e.** En vieillissant. **f.** En nous promettant de nous revoir. **g.** En partant. **h.** En découvrant le cadeau.

413 a. se disant **b.** nous mettant **c.** vous croyant **d.** te convainquant **e.** Me sentant **f.** s'asseyant **g.** nous écrivant **h.** me servant

414 a. 4 **b.** 8 **c.** 2 **d.** 3 **e.** 7 **f.** 5 **g.** 1 **h.** 6

415 *Conviennent* : **a.** Ayant **b.** ayant **c.** étant **d.** ayant **e.** étant **f.** Ayant **g.** étant **h.** étant

416 a. e **b.** e **c.** e **d.** s **e.** s **f.** ø **g.** s **h.** (e)s

417 a. N'ayant pas dormi de la nuit, il est fatigué. **b.** Nous étant trompés, nous nous sommes excusés. **c.** L'État lui ayant passé une commande, il est devenu célèbre. **d.** Étant revenu chez lui, il a retrouvé sa routine. **e.** S'étant fait mal au dos, elle est allée chez le kiné. **f.** Ayant passé leur enfance ensemble, ils se connaissaient très bien. **g.** Ayant récolté 50 kilos de cerises, nous avons fait des confitures. **h.** Le candidat n'ayant pas su répondre, il a été éliminé./N'ayant pas su répondre, le candidat a été éliminé.

418 Bilan : Lundi matin, m'étant réveillé en retard, j'ai avalé mon petit déjeuner à toute vitesse en écoutant la radio et en lisant mon courrier électronique. En partant, j'ai claqué la porte… Catastrophe ! J'avais oublié mes clés à l'intérieur ! Ne pouvant pas régler ce problème dans l'immédiat (et surtout n'ayant pas une minute à perdre), je me suis précipité dans l'escalier, mais en descendant les dernières marches, j'ai perdu l'équilibre et je suis tombé en poussant un cri. Un voisin, entendant ce vacarme, a ouvert sa porte et, me voyant allongé sur le palier, est venu à mon secours. (En) Me relevant, il m'a demandé si je m'étais fait mal. Je lui ai dit que ce n'était pas grave puis, (en) le remerciant, je suis sorti de l'immeuble et me suis dirigé vers le métro en boitant. En arrivant, je me suis rendu compte, en fouillant dans mes poches, que j'avais oublié mon portefeuille !....

419 Bilan : **1.** faisant **2.** prenant **3.** disant **4.** sachant **5.** m'asseyant **6.** atterrissant **7.** m'excusant **8.** arrivant **9.** discutant **10.** partageant **11.** sortant **12.** riant **13.** lançant **14.** suivant **15.** tremblant **16.** étant **17.** n'osant pas

XIV. INFINITIF PRÉSENT ET INFINITIF PASSÉ

420 a. prévenir/guérir **b.** donner/donner/reprendre/voler **c.** boire **d.** courir/partir **e.** manger/vivre/vivre/manger **f.** participer **g.** battre **h.** prendre

421 a. savoir **b.** plaire/pleuvoir **c.** vivre/voir **d.** convaincre **e.** être **f.** falloir **g.** interrompre **h.** aller

422 a. vous **b.** me **c.** te/te **d.** s' **e.** m' **f.** nous **g.** s' **h.** se

423 a. te détendre **b.** te rendre **c.** te mettre **d.** t'amuser **e.** vous souvenir **f.** t'en aller **g.** te servir **h.** nous arrêter

424 a. C'est grave de ne pas respecter ses parents. **b.** Il dit ne pas vouloir vous vexer. **c.** J'ai juré de ne jamais y retourner. **d.** Il a promis de ne plus boire. **e.** On est très heureux de vous voir. **f.** C'est ridicule de se mettre en colère. **g.** Je suis désolée de ne pas pouvoir venir. **h.** Nous regrettons d'être absents ce jour-là.

425 a. Nous affirmons pouvoir trouver un compromis. **b.** Ce chef d'entreprise espère devoir embaucher du personnel. **c.** Les syndicats croient obtenir satisfaction. **d.** Nous pensons entreprendre un projet ambitieux. **e.** Croyez-vous avoir intérêt à agir ainsi ? **f.** Faudrait-il résoudre ce problème par la force ? **g.** Il pense tenir la solution. **h.** Ils croient pouvoir tout faire.

426 a. ...ne rien dire. **b.** ...ne pas rire. **c.** ...ne pas avoir peur. **d.** ...ne pas répondre. **e.** ...ne pas attendre lundi. **f.** ...ne pas mettre le désordre. **g.** ...ne pas suivre son exemple. **h.** ...ne plus parler de tout cela.

427 a. 2/6 **b.** 1/3 **c.** 2/6 **d.** 8 **e.** 7 **f.** 5 **g.** 4 **h.** 3

428 a. Être **b.** Avoir **c.** être **d.** Avoir **e.** Avoir **f.** Être/Avoir **g.** Avoir **h.** être

429 a. Nous sommes contents d'y être allés. **b.** J'étais choqué d'avoir entendu cela. **c.** Il pense avoir été très patient. **d.** Ils sont persuadés d'avoir gagné. **e.** On est ravis de vous avoir vu. **f.** Il nie être allé dans ce bar. **g.** Je suis triste de ne pas lui avoir parlé. **h.** Il affirme ne pas avoir reçu le message.

430 a. Et après avoir passé quelques coups de fil ? **b.** Et après avoir répondu à tes méls ? **c.** Et après avoir fait des courses ? **d.** Et après t'être fait coupé les cheveux. **e.** Et après avoir vu Évelyne ? **f.** Et après vous être raconté votre semaine ? **g.** Et après être rentré chez toi ? **h.** Et après avoir regardé les infos à la télé ?

431 a. 2 **b.** 5 **c.** 6 **d.** 7 **e.** 1 **f.** 3 **g.** 8 **h.** 4

432 *Conviennent* : **a.** venue **b.** énervés **c.** rentrés **d.** endormie **e.** promenés **f.** assises **g.** maquillée **h.** amusé

433 a. Je suis sûr d'avoir vu cela quelque part. **b.** Ils sont contents d'être venus. **c.** Tu n'es pas raisonnable d'être sorti hier. **d.** Elle n'est pas contente d'avoir grossi. **e.** Nous sommes fiers d'avoir réussi. **f.** On est heureux d'être rentrés chez nous. **g.** Vous regrettez d'avoir vendu votre maison ? **h.** Ils exagèrent d'avoir mangé tous les chocolats !

434 a. e **b.** e **c.** es **d.** es **e.** s **f.** e **g.** es **h.** es

435 a. Elle était déprimée sans savoir pourquoi. **b.** Ils sont rentrés à minuit sans faire de bruit. **c.** Tu as pris le train sans avoir composté ton billet ! **d.** Elle a maigri sans avoir suivi de régime. **e.** Vous avez vendu ce tableau sans vous être assurés de son authenticité ? **f.** Ils décident seuls sans avoir consulté personne. **g.** Ce jeune homme a conduit une voiture sans avoir le permis. **h.** Il m'a décrit toute la scène sans être allé sur les lieux.

436 Bilan : **1.** interrompre **2.** être **3.** avoir **4.** connaître **5.** confondre **6.** avoir ... rencontrée **7.** avoir abordée **8.** m'être assis **9.** m'être trompé **10.** avoir ennuyée **11.** avoir accepté

437 Bilan : **1.** avoir eu **2.** nous être rencontrés **3.** avoir mis **4.** avoir élevés **5.** avoir vécu **6.** ne jamais nous être séparés **7.** avoir rencontrées **8.** avoir souffert **9.** avoir connu **10.** avoir arrêté **11.** m'être consacrée **12.** avoir rempli **13.** ne jamais être allée **14.** ne jamais avoir pris **15.** être restée **16.** avoir accompli **17.** avoir construit **18.** avoir transmis

XV. LA VOIX PASSIVE

438 a. 3 **b.** 4 **c.** 1 **d.** 6 **e.** 8 **f.** 7 **g.** 5 **h.** 2

439 a. 1 **b.** 2 **c.** 1 **d.** 2 **e.** 1 **f.** 2 **g.** 1 **h.** 2

440 *Conviennent* : **a.** classée **b.** frappés **c.** louée **d.** supposé **e.** fermés **f.** entouré **g.** employées **h.** garée

441 a. s **b.** e **c.** s **d.** e **e.** ø **f.** es **g.** e **h.** es

442 a. Les diplômes sont examinés par une commission d'équivalence. **b.** Les étudiants sont convoqués par le bureau des inscriptions. **c.** Vous êtes enregistré(e) sur une liste. **d.** La carte d'étudiant est délivrée par le secrétariat. **e.** Les horaires sont parfois modifiés. **f.** Le programme est fixé par l'académie. **g.** Des polycopiés sont distribués. **h.** Des manifestations culturelles sont organisées par l'université.

443 a. L'équipe de France de basket a été éliminée. **b.** Trois prisonniers évadés ont été arrêtés. **c.** Un observatoire d'astronomie a été créé. **d.** Un contrat sur le temps de travail a été signé. **e.** Certaines taxes douanières ont été supprimées. **f.** Mille automobilistes ont été contrôlés. **g.** Un nouveau centre culturel a été inauguré. **h.** Les pompiers de Nantes ont été honorés.

444 a. avait été envoyé **b.** avait été rénovée **c.** avait été transformée **d.** avait été modifié **e.** avait été créé **f.** avaient été installés **g.** avaient été coupés **h.** avait été préservée

445 a. soit **b.** soient **c.** soyez **d.** soient **e.** soyons **f.** soient **g.** soient **h.** soient

446 *Conviennent* : **a.** a été prise **b.** ont été tenus **c.** a été accueillie **d.** ont été élus **e.** a été traduit **f.** ont été offerts **g.** ont été maudits **h.** a été écrit

447 a. serons **b.** seront **c.** sera **d.** Serez **e.** seront **f.** sera **g.** serai **h.** seras

448 **a.** Deux employés de la B.N.L. auraient été pris en otage. **b.** Un immeuble squatté aurait été démoli. **c.** Trois joueurs de l'équipe de France auraient été exclus. **d.** Johnny Halliday aurait été très applaudi. **e.** Des tombes gauloises auraient été découvertes. **f.** Le président nigérien aurait été reçu à l'Élysée. **g.** Les discussions sur la politique agricole auraient été interrompues. **h.** Des tableaux de Renoir auraient été vendus aux enchères.

449 **Bilan :** **1.** a été découverte **2.** a été fermée **3.** ont été mis **4.** a été retrouvée **5.** ont été fabriqués **6.** ont été construits **7.** ont été célébrées **8.** a été hébergé **9.** ont été introduites **10.** ont été supprimés **11.** a été aboli **12.** a été rétabli **13.** ont été instituées **14.** ont été consignées **15.** a été ... appelé

450 **Bilan :** Madame, vous avez été sélectionnée parmi les cent clientes qui ont été élues meilleures clientes de l'année. Votre nom a été tiré au sort par Maître Arnak.Votre fidélité a ainsi été récompensée. Vous serez contactée dans les prochains jours par nos services : votre prix vous sera remis dans nos locaux. Il s'agit d'un voyage pour deux en Andalousie, où vous serez accueilli(e)(s) par notre équipe. Vous serez enchantée par ce week-end de rêve.

Afin que votre bulletin puisse être validé, n'oubliez pas de nous le renvoyer avant le 8 avril avec votre bon de commande. Passé cette date, votre prix sera attribué à un(e) autre client(e). Pour vous remercier encore de votre fidélité, dix euros seront déduits de votre prochaine commande.

N° d'éditeur : 10139394 – Desk – Janvier 2007
Imprimé en FRANCE par MAME